KB028714

상위 1%만
알고 있는
돈 버는

지식
산업
센터

상위 1%만 알고 있는 돈 버는 지식산업센터

개정판 1쇄 인쇄 2022년 9월 26일
개정판 1쇄 발행 2022년 10월 4일

지은이 김성혜

발행인 백유미 조영석
발행처 (주)라온아시아
주소 서울특별시 서초구 효령로34길 4, 프린스효령빌딩 5F

등록 2016년 7월 5일 제 2016-000141호
전화 070-7600-8230 **팩스** 070-4754-2473

값 22,000원
ISBN 979-11-92072-89-0 (03320)

※ 라온북은 (주)라온아시아의 퍼스널 브랜드입니다.
※ 이 책은 저작권법에 따라 보호받는 저작물이므로 무단전재 및 복제를 금합니다.
※ 잘못된 책은 구입하신 서점에서 바꾸어 드립니다.

라온북은 독자 여러분의 소중한 원고를 기다리고 있습니다. (raonbook@raonasia.co.kr)

상위 1%만 알고 있는 돈 버는 지식산업센터

김성혜 지음

RAON BOOK

개정판 프롤로그

출판 이후 지식산업센터의 변화!

주택에 관한 집중된 규제 정책으로 부동산에 대한 관심이 주택 외의 부동산으로 쏠리면서 지식산업센터에 대한 관심은 그 무엇보다 뜨겁고 빠르게 집중되었다. 책이 출판된 이후, 그 관심은 날이 갈수록 열기를 더해 왔다. 서울 시내 지식산업센터는, 개인 투자자는 분양받기가 불가능에 가까울 정도로 경쟁이 치열해졌고, 지식산업센터의 분양가와 매매가는 급등해 왔다.

2020년에 경기도 남양주시의 지식산업센터를 분양받으면 어떻겠냐는 지인의 질문을 받았었다. 그 지역은 내가 토지 거래의 중개를 많이 했던 곳이라 준공 후 임차 수요가 많지 않음을 알기에 조심스레 접근하기를 권했다.1년 뒤 그는 프리미엄 1억을 받고 분양권을 팔았다고 자랑했다. 지식산업센터는 최근 몇 년간 지역과 임대차 수요에 관계없이 계속 프리미엄이 붙었고, 임대차도 예상보다 빠르게 맞춰져 왔다.

지식산업센터에 대한 정부의 규제안이 다수 나왔으나 실제로 이

뤄진 것은 거의 없다. 규제 법안이 발의돼도, 국회에서 잠자기 일쑤고 흐지부지되고 있다. 지자체도 지식산업센터의 입주 업종에 대한 단속은 하지 않고 있는 것으로 보인다. 규제의 무풍지대이다.

2022년 7월 현재 주택에 대해서 하락세가 예상되지만, 오피스 시장은 조금 다르다. 한국부동산원의 통계를 보면 전국 오피스 빌딩 평균 공실률이 10.4%이고 서울의 경우 7.1%로 떨어졌다. 2013년 3분기(9.3%) 이후 8년여 만에 최저치이다. 이에 따라 임대료도 급등하고 있다.

내가 있는 성수동 지식산업센터의 2021년 초 임대료는 전용 면적 기준 평당 9만 원이었는데, 2022년 초에는 12만 원까지 가더니 2022년 8월 현재 13만 원 정도가 되었다. 최근 직원 30여 명의 둔 회사에서 사무실을 임차하였는데, 대표의 나이가 만 26세였다. 일류 대학을 나와서 창업을 한 것이라 했다. 요즘은 우수한 인재가 대학 졸업 후 대기업에 입사하기보다 벤처기업을 비롯, 스타트업 창업을 하는 일이 많아지다 보니 그에 가장 적합한 업무 공간 장소인 지식산업센터의 임차 수요도 줄지 않고 있는 것이다.

2022년 하반기 분양이 예정되어 있는 곳들의 분양가를 보면 역시 상상을 초월하는 높은 가격이다. 곧 분양가가 평당 3,000만 원을 넘기는 곳도 나올 전망이다. 분양가가 이렇게 높아지는데 더해 신용 1등급 투자자의 은행의 지식산업센터 대출 금리가 1년 전 2.7%에서 4.6%(1년 고정금리)까지 올랐다.

높은 분양가, 높아진 대출금리를 생각하면 투자자에게 조심스러운 접근을 권하지만, 실사용 기업들에게 주어지는 정책 자금은 여전히 2%대이고 업무 공간의 안전성을 생각하면 지식산업센터는 여전히 직접 사용할 기업에게는 너무나 매력적인 부동산이다. 그리고 실사용 희망자가 많은 부동산은 가격의 하방경직성이 크기에 아직은 그 어떤 것보다 탄탄한 투자 대상임에는 변함이 없다.

2022년 8월

김성혜

부동산 투기 규제 시대의 마지막 투자처, 지식산업센터에 무조건 투자하라!

임대 수입은 참 좋은 수입원이다. 근로소득이나 사업소득은 내 몸이 아프거나 움직일 수 없는 상황이 생기면 사라지기 쉬우나 임대 수입은 내가 일하지 않아도 생기기 때문이다. 우리나라의 재건축 아파트처럼 매도 후에야 제대로 수익이 남는 차익형 부동산보다는 임대료가 정기적으로 들어오는 수익형 부동산이 선진국에서는 더 선호된다고 일찌감치 들었다.

그래서 60세가 되기 전에 수익형 부동산을 마련해야지 생각했는데, 대기업에 다니던 남편의 명예퇴직이 생각보다 무척 빠른 40대 후반에 찾아왔다. 그 무렵 우리 가족에겐 이렇다 할 고정적 수입이 없었다. 게다가 내 부동산중개업 수입은 들쭉날쭉이라 계획 있는 경제생활을 하기 어려웠다. 그때 '진작 임대수익이 나오는 것을 사 둘걸……'이라는 후회가 들었다. 그 후 보다 더 적극적으로 수익형 부동산에 대해 관심을 갖고 찾아봤다.

상가나 오피스텔은 수익형 부동산이지만 곳곳에 지을 수 있기 때문에 시장이 괜찮으면 공급이 많아지면서 수익률이 하락하고 매매가도 잘 오르지 않는다. 반면에 지식산업센터는 아무 데나 지을 수 없어 안정적 수입뿐만 아니라 매매가의 상승도 기대할 수 있는 좋은 상품이다. 노후 대비 부동산으로 최적이다.

나는 2002년부터 부동산중개업을 시작했으니 이 분야에서 19년차 경력을 갖고 있다. 구리시에 거주할 때는 주로 토지를 중개했고, 2006년 서울로 이사하면서 성수동의 사무실과 공장, 지식산업센터를 중개했다. 일하면서 공부를 계속하여 2009년 건국대학교 부동산대학원에서 석사학위를 받고 같은 대학교 일반대학원에서 부동산학 박사학위를 받았다.

지도 교수님의 권유로 박사학위 논문은 업무와 관련된 지식산업센터에 대해 쓰게 되었다. '서울시 지식산업센터 투자특성에 관한 연구'가 논문의 제목이다. 이 논문에서는 지식산업센터의 매매가·임대가 등 가격에 관한 분석과 보유 기간, 임대·자가 등의 점유 형태에 대해 분석했다.

논문을 쓰고 나니, 고맙게도 〈한국경제신문〉에서 나를 '지식산업센터 전문가'라고 크게 기사를 써주었다. 물론 논문 완성 전에도 지식산업센터에 관한 문의가 많았지만, 이후에는 문의가 부쩍 더 늘었다. 지식산업센터에 대해서 수업 중에 발표를 해야 하는데 나의 조언이 필요하다며 찾아온 한 석사과정 학생은 졸업 후 지식산업센터를 개발하는 회사에 입사를 했다.

또 다른 석사과정 학생은 집안에서 소유한 공장터를 지식산업센터로 개발하기 위해 내게 도움을 청했다. 이들뿐만 아니라 지식산업센터로 논문을 쓰려는 많은 사람이 조언을 얻고자 다녀가기도 한다. 그리고 지식산업센터를 사무실로 쓰고자 하는 사업자, 지식산업센터를 사서 임대 수익을 얻고자 하는 투자자들도 수시로 나를 찾아온다.

일반인들은 '지식산업센터'를 '아파트형공장'이라는 과거 법정 용어로 알고 있어 지식산업센터에 대해 '공장'의 이미지를 갖고 있다. 그러나 요즘 지식산업센터는 오피스에 가까워서 분양 시에 '섹션오피스(Section Office)'라 홍보하면서 분양하기까지 한다. 실제 보기에도 사무실 느낌이 훨씬 크다.

이처럼 지식산업센터가 제대로 알려지지 않은 이유는 그 지역이 제한적이기 때문이다. 서울의 경우 성동구와 금천구, 구로구 등에는 지식산업센터가 50개 넘게 들어서 있지만, 광진구, 동대문구, 동작구, 서초구 등에는 지식산업센터가 하나도 없다. 지식산업센터가 없는 지자체가 훨씬 더 많은 것이다. 상가나 오피스텔처럼 곳곳에 들어서는 물건보다 공급이 제한적인 반면, 수요는 점차 늘고 있어 지식산업센터의 매매가는 계속 상승 중이다.

5억 원이면 큰돈이다. 그러나 그 돈을 들고 투자 가치가 큰 강남과 마용성(마포·용산·성수)에는 투자할 만한 좋은 물건을 고르기가 힘들다. 하지만 그 5분의 1만으로도 충분히 투자 가치가 좋은 지식산업센터를 살 수 있다.

나는 이렇게 블루오션과도 같은 이 분야를 사람들에게 알려주고 싶었다. 그 어떤 투자 대상보다 자신 있고 당당하게 권할 수 있다. 특히 사무실을 임차해서 사용하고 있는 기업 운영자들과 서울의 주택을 사기에는 부족한 2억 원 미만의 돈을 갖고 부동산 투자를 고민하는 분들에게 지식산업센터에 투자하길 권한다. 또한 주택 이외의 투자처를 고민하고 있는 분들에게도 적극 권한다. 상가나 오피스텔 투자보다는 수익이나 차익 면에서 훨씬 낫기 때문이다.

독자분들은 이 책을 통해 지식산업센터가 무엇인지, 왜 굳이 지식산업센터를 구입하는 것이 좋은지 알게 될 것이다. 그리고 지식산업센터를 임대할 때의 주의점 등 지식산업센터에 관해 꼭 알아야 할 것들을 이 책에 담았다.

1장은 왜 지식산업센터를 사야 하는지에 대해 다루고, 2장에서는 지식산업센터에 대한 일반적인 소개를 했다. 3장은 지식산업센터 투자 노하우를 담았고, 4장은 투자 원칙과 세금에 대한 내용을 다뤘다. 5장에서는 주목할 만한 지식산업센터 투자 지역을 분석했으며, 마지막으로 부록에는 지식산업센터 입주 가능 업종을 소개했다. 이 책을 다 보고 나면 자신감을 갖고 지식산업센터 투자에 나설 수 있을 것이다.

모쪼록 사업을 하는 독자분들은 이 책을 통해서 당당히 내 소유의 사무실에서 일하게 되기를, 노후가 걱정인 분들은 다달이 월세를 꼬박꼬박 받는 든든함을 갖게 되기를 바란다.

지식산업센터로 심도 있게 매진하도록 지도해주신 조주현 교수님과 조언을 아끼지 않은 ㈜온새미로디에스의 최승태 대표님에게 고마움을 전한다. 언제나 말 없이 응원해주는 남편에게는 사랑을 전한다.

김성혜

• 차례 •

2 투자 전에 알아두어야 할 기초 상식

3 결코 실패하지 않는 지식산업센터 투자 노하우

4 지식산업센터 투자 원칙과 세금

5 지식산업센터 투자, 이곳을 주목하라

1장

왜 지금,
지식산업센터를
사야 하는가

1
이제는 수익형 부동산에 관심을 가질 때다

수익형과 차익형 부동산의 차이

투자를 위해 어떤 종류의 부동산을 사야 할지 결정하지 않은 채 부동산중개업소에 들른 고객에게 "어떤 부동산을 사고 싶으세요?"라고 물으면 "수익률도 좋고 가격도 잘 오르는 물건이요"라고 흔히들 대답한다.

그러나 '수익률이 좋은 것'과 '가격이 많이 올라 매매 차익이 생기는 것', 즉 '수익'과 '차익'이 공존하기는 정말 힘들다. '수익형 부동산' 물건의 대표 주자는 상가, 오피스텔로, 다달이 월세를 손에 쥘 수 있다. '차익형 부동산' 물건의 대표주자는 재건축, 재개발 물건과 토지이다. 보유기간 동안 수익은 미미하지만 막상 팔고 나면 대박인 경우가 많다.

평균적으로 가격이 2년에 최소 30% 정도는 올라줘야 차익이 많이 난다고 생각하는 고객이 다수인데, 이렇게 가격이 잘 오르는 물건도 임대료는 임대차보호법에 의해 1년에 5% 이상 올리기 힘들다. 매매가격은 자고 일어나면 오르지만, 임대가격은 2년마다 찔끔찔끔 오르다 보니 급등하는 지역에서는 수익률이 가격상승률을 못 쫓아간다. 그러므로 가격이 급등하는 지역은 수익률이 대체로 낮다. 그러나 팔고자 할 때 잘 팔린다. 한마디로 부르는 게 값이다.

지방은 수익률이 높지만 매도가 쉽지 않다

수익률이 높은 곳은 지방이다. 지방에서는 매매가의 8% 이상의 수익이 나는 물건도 많다. 그러나 막상 매도하고자 하면 잘 팔리지 않아 가격을 낮춰야 해서 생각보다 차익이 적다.

얼마 전 어떤 부동산중개업자가 '강남 중개업자 모임'이라는 SNS 단체 채팅방을 만들어 300명 이상의 강남의 중개업자들을 불러들였다. 나는 강북인 성수동에서 부동산중개업을 하고 있음에도 어찌어찌하여 그 채팅방에 초대되었다. 그런데 기대했던 강남 물건은 전혀 올라오지 않고, 지방 물건만 하루에도 수십 개씩 올라오는 것이었다. 강남의 매물은 귀해서 자기네 손님에게 브리핑하기도 바빠 다른 중개업자에게 손님을 붙여달라고 할 필요가 없지만 지방 물건은 안 팔리다 보니 "다른 중개업자들에게 부탁하면 팔릴까?" 하고 부지런히 올리는 것이었다. 내 고객 중에는 지방 물건에 관심이 있는 분이 거의 없는데, 메시지는 계속 양평, 강원도, 충청도 등의 물건이 있음을 알리고 있었다. 그래서 미련 없이 그 방을 나왔다. 이처럼 중개업자들끼리도 팔아달라고 부탁을 할 만큼 지방 물건은 잘 매도되지 않는다.

예전에 평택에 다가구를 갖고 계신 어르신이 계셨다. 수익률이 10%를 훨씬 넘는다고 자랑을 하셨는데, 막상 돈이 급해서 팔려고 하니 매입 가격에도 안 팔렸다. 주변 부동산중개업자들의 조언으로 돈을 들여 다가구를 다세대로 바꾸었다. 다가구는 건물 전체를 통으로 매각해야 하는 데 반해 다세대는 몇 개로 나누어 팔 수 있기에 한 채당 가격이 낮아지므로 팔기 수월해서다. 그러나 그마저도 안 팔리기는 마찬가지여서 무척 힘들어하셨다.

고령화 시대, 수익형 부동산이 답이다

수명이 늘면서 은퇴 후의 생활이 길어지고 있다. 부동산의 확실한 투자처는 재개발, 재건축이 될 곳, 교통 등 환경이 개선될 곳이라 할 것이다. 그러나 재개발, 재건축이나 지하철 개통 등의 투자 요소들은 시간이 너무 오래 걸리고 심지어는 무산되기도 한다. 박원순 시장의 10년간 서울시가 여러 재개발 지역을 해제시키면서 재개발이 무산된 것들이 그 예다.

재개발, 재건축이 진행되더라도 건물이 완공되기까지 시간이 오래 걸린다. 10억 원짜리 아파트가 20억 원이 되는 것을 보는 것은 좋지만, 60세가 넘어서 재건축 아파트를 샀는데, 70세에 완성될지, 80세가 넘어서 완성될지 알 수 없다면 참으로 갑갑한 노릇이 아닐 수 없다. 게다가 이러한 부동산들은 현금흐름을 잘 만들지 못한다.

우리나라는 아파트 가격이 급등하면서부터 아파트에 비해 차익이 적은 수익형 부동산에는 관심이 덜했다. 하지만 선진국일수록 수익형 부동산에 관심이 많다. 수익형 부동산은 다달이 내 주머니에 돈이 들어오므로 노후 자금으로 이용하기에 매우 유용하기 때문이다. 은퇴 후에는 매달 꼬박꼬박 통장에 고정적으로 돈이 들어온다면 훨씬 생활이 여유롭고 마음이 든든할 것이다.

업무용 부동산은 불경기에도 굳건하다

부동산중개를 20년 넘게 하면서 느낀 점은 단독, 다가구, 아파트 등의 주택시장은 상가, 공장, 창고, 사무실 등 업무용 부동산시장과 비교해 등락이 아주 심하다는 것이다. 오를 때는 아주 뜨겁고 식을 때는 정말 고요하다. 아직 우리나라 주택시장은 투자로 접근하는 사람이 많아서 그렇다.

2009~2013년 주택시장이 잠잠할 때, 나는 준공업지 한복판에서 주로 업무용 부동산을 중개했다. 그때 주택을 전문으로 중개하는 부동산중개업자들은 모두 힘들어했다. 재개발 지역의 중개업소들은 하나둘 문을 닫았고, 아파트 전문 중개업소 사무실도 여러 개가 매물로 나왔다. 그러나 나는 그 와중에도 오히려 매출이 늘고 있

었다. 거래했던 고객의 재방문이 많아지면서 서서히 실적이 늘고 있었던 것이다. 동시에 준공업지 내에 점점 많은 중개업소가 생기기 시작했고, 재개발 지역, 아파트 쪽에 있던 중개업소들이 옮겨 와서 나처럼 사무실, 공장, 건물, 창고, 상가 등의 업무용 부동산을 중개하기 시작했다.

업무용 부동산도 임대만 있는 것이 아니라 매매도 많다. 일반적으로 주거용 부동산시장이 뜨거울 때 업무용 부동산의 매매도 활발해지고, 주거용 부동산이 식으면 업무용 부동산도 식는다. 하지만 그 기복이 주거용 부동산만큼 심하지는 않다. 불황에도 일은 해야 하고, 불황에도 먹고살아야 하기 때문에 업무용 부동산의 임대차, 매매 수요는 늘 꾸준하다.

지식산업센터는 '수익형', '업무용' 부동산이다

우리나라도 선진국처럼 주택에 대해서라면 투자든 투기든 규제가 심하고, 대출 제한이 많아서 살 만한 주택은 목돈이 들어갈 수밖에 없다. 그러나 목돈을 모으기란 쉽지 않다. 이런 상황에서 매달 수입이 필요한 노후 생활에 대비해 이제는 대출이 많이 되는 수익형 부동산에 관심을 둘 때다.

또한 요즘 주택의 경우, 수요자들이 원하는 곳에 공급을 늘리는 것이 아니라 대출을 줄여서 수요를 막겠다는 정책을 펴고 있는데, 업무용 부동산의 매수에는 대출 규제가 거의 없어서 더욱 많은 수요가 몰리고 있다. 그래서 불경기에는 주택보다 훨씬 낫다.

이처럼 수익형, 업무용 부동산은 불황기에 더 빛이 나고 고령일수록 갖고 있어야 할 필수 자산이다. 이 두 장점이 하나로 합쳐진 것이 바로 지식산업센터다. 지식산업센터는 대출이 많이 되기 때문에, 불황기에 여의도나 강남에 임차하여 사용하다가 인근의 지식산업센터를 매수하여 옮겨오는 회사들이 많다. 그렇기에 경제 불황의 그늘이 드리워지고 있는 요즘에도 영등포구 양평동, 당산동이나 성동구 성수동에는 지식산업센터의 매매 물건이 없다. 즉 지식산업센터는 불경기에도 침체가 별로 없다.

2
지식산업센터 = 아파트형공장

지식산업센터의 건설이 급증하면서, 곳곳에서 지식산업센터 광고가 눈에 띄게 늘었다. 라디오 광고도 심심찮게 들리고 도로변에 분양받으라는 현수막도 많이 눈에 띄는데, 지식산업센터란 과연 무엇일까? 좀 더 자세히 살펴보자.

지식산업센터는 집합건물이다

지식산업센터는 '산업집적법'에 정의되어 있다. '산업집적법'이란 '산업집적활성화 및 공장설립에 관한 법률'을 말한다. 이 법률에 따르면 지식산업센터는 '동일 건축물에 제조업, 지식산업 및 정보통신산업, 벤처기업을 영위하는 자와 지원시설이 복합적으로 입주할 수 있는 지상 3층 이상 6개 이상의 사업장이 입주할 수 있는 집합건축물'이다. 그러므로 지식산업센터는 건물 전체를 한 개의 등기로 소유해서는 안 된다. 한 개의 건물 내에 6개 이상의 등기가 있어야 하는 집합건물이다.

지식산업센터를 신축하려는 토지 소유주들에게서 여러 번 받은 질문이 "이 호실들의 소유주가 전부 같아도 되느냐?", 즉 "한 명이 다 소유하고 있어도 되느냐?"는 것이다. 가능하다! 내 땅 위에 지식산업센터로 건물을 올릴 때 온전히 내 소유로 하고 싶다면 6개 이상의 호실로 나뉜 3개 층 이상의 건물을 지으면서 등기는 다 내 앞으로 하면 된다.

또한 지식산업센터는 지상층 바닥 면적의 합계가 건축 면적의 3배 이상이 되어야 한다. 땅을 효율적으로 활용하기 위해 집적화하라는 것이다. 지식산업센터는 대부분 100개 호실 이상으로 꽤 규모가 큰 건물이다. 성수동 같은 경우는 부지가 500평, 가산동과 구로동 같은 경우는 1,000평 이상이어야 시행사들이 지식산업센터의 신축을 검토한다. 그 규모 미만인 경우 사업성이 잘 나오지 않기 때문이다. 또 대부분은 분양이 잘되게 하기 위해 역에서 멀지 않은 곳에 건축한다. 건물이 크고 역세권이다 보니 외부에서 찾아오기 편하다. '우리 회사는 여기에 있어요'라고 자랑스럽게 말할 수 있는 건물인 것이다.

지식산업센터는 소유주가 여럿이라 아파트처럼 입주자대표회의를 구성하여 건물의 운영을 협의한다. 전문 관리회사나 관리단을 두고 공동비용의 정산 및 주차장 등 공동구역을 관리한다. 그래서 중소형 건물이나 꼬마 빌딩보다 관리가 잘되어 깔끔하다. 주택에 비유하자면 중소형 건물과 꼬마 빌딩들이 '다세대' 또는 '빌라'라면, '지식산업센터'는 '아파트'이다. 그래서 입주자들의 만족도가 높다.

지식산업센터의 일반적 구성 형태

일반적으로 지식산업센터라 하면 여러 호실로 나뉜 건물 전체를 말한다. 이 호실은 6개부터 수백 개까지 지식산업센터 건물마다 그 수가 천차만별인데, 한 건물 내에서 건축물 용도상 크게 '공장'과 '지원시설' 두 종류의 호실로 나뉜다.

지식산업센터 호실의 대부분을 차지하는 '공장'은 세부적인 건축물 용도상으로는 '도심형 공장' 또는 '기타 공장' 등으로 되어 있다. 그러나 수도권에서는 현실적으로 이 호실들이 '공장'이 아니라 '사무실'로 쓰이고 있다. 제조업체보다는 소프트웨어 개발업체, 설계·엔지니어링 업체, 디자인 회사 등이 주로 입주하고 있다.

'지원시설'은 입주업체의 생산활동을 지원하기 위한 시설로, 대부분은 '근린생활시설(이후 '근생'으로 표기함)'로 되어 있다. 근생은 주로 입주민을 위한 편의시설, 식당, 중개업소, 카페, 미용실 등의 업종이다. 지원시설은 수도권 외 산업단지 밖에서는 건축 연면적의 50% 이내로 제한하고 있고, 수도권 내에서는 건축 연면적의 30% 이내로 지을 수 있다. 또한 근생과 상점의 경우에는 건축 연면적의

20% 이내로 제한하고 있다.

그리고 지식산업센터에는 어린이집과 기숙사를 설치할 수 있다. 단, 지식산업센터 건물에 입주해 있는 기업의 종업원 복지 증진용으로 제공해야 한다. 그러나 최근에는 별로도 이 기숙사만을 오피스텔처럼 분양을 하고 있기도 하다.

예전 이름은 '아파트형공장'

지식산업센터는 도시지역 내 벤처기업과 제조 중심 중소기업의 공장용지 부족을 해소하고, 도시지역의 지가 상승으로 인한 어려움을 해결하기 위해 정부가 정책적으로 지원을 하면서 지속적으로 공급되어 왔다.

처음에는 법률상 '아파트형공장'이란 용어로 사용되었으나 점점 IT(Information Technology, 정보기술), BT(Bio Technology, 생명공학기술) 엔지니어링과 같은 첨단산업체들이 입주하면서 2010년 법률 용어를 '지식산업센터'로 바꾸었다. 그럼에도 부동산 정보 제공 업체에서 계속 '아파트형공장'이란 용어를 사용하다 보니 이 용어가 아직은 더 익숙하다. 2018년 네이버의 부동산팀장을 사석에서 만날 기회가 있어서 '지식산업센터'로 바꿔달라고 강력하게 요청했더니 한 달쯤 뒤 네이버가 부동산 사이트에서 용어를 바꿨고, 두세 달 뒤 다른 부동산 정보제공 업체에서도 용어를 바꾸었다.

재미있는 건 '아파트형공장'이란 용어를 여전히 많은 사람들이 쓰지만, 우리나라 법률 용어상에도 존재한 적 없는 '공장형 아파트'라는 말을 부동산 전문가라는 분들도 쓰는 것을 많이 보았다. '아파트형공장'은 공장이고, '공장형 아파트'는 아파트의 한 부류일 텐데 말이다. 도대체 '공장형 아파트'는 어떤 아파트일까? 이 용어는 일본에서 사용하는 말로, 일본에서는 지식산업센터를 '공장형 아파트'라고 해서 공장과 아파트를 한 곳에 집적화한 시설들이 있다.

전국의 지식산업센터 현황

전국에는 총 1,363개의 지식산업센터가 있다(2022년 5월 기준). 다음 표에서 보는 바와 같이 경기도에 641개, 서울에 365개 등 수도권(서울, 경기도, 인천)에 총 1,086개의 지식산업센터가 있다. 이는 전국의 지식산업센터의 79.7%에 이른다. 이렇게 대부분의 지식산업센터가 수도권에 집중되어 있다. 지방은 저렴한 토지가 넓게 분포되어 있어 공장시설을 높게 올릴 필요가 없기 때문이다. 그러나 최근 수도권의 토지 부족으로 지방 쪽의 지식산업센터 건립 비율이 높아지고 있다.

지식산업센터의 입지는 '산업단지 안에 건립된 것'과 산업단지 밖, 즉 '개별입지에 세워진 것'의 두 종류로 나뉠 수 있다. 산업단지는 국가산업단지, 지방산업단지, 도시첨단산업단지, 외국인전용단지, 자유무역지역 등이 있는데 이 안에 세워진 지식산업센터는 산업단지관리공단에서 관리한다. 개별입지에 세워져 있는 지식산업센

| 전국 지식산업센터 현황 |

구분	개별입지	산단입지	총 합계	비율
강원도	9	6	15	1.1%
경기도	490	151	641	47.0%
경상남도	10	15	25	1.8%
경상북도	11	4	15	1.1%
광주광역시	4	22	26	1.9%
대구광역시	9	24	33	2.4%
대전광역시	3	13	16	1.2%
부산광역시	14	33	47	3.4%
서울특별시	209	156	365	26.8%
세종특별자치시		2	2	0.1%
울산광역시	5	2	7	0.5%
인천광역시	27	53	80	5.9%
전라남도	15	5	20	1.5%
전라북도	4	9	13	1.0%
제주특별자치도	2	1	3	0.2%
충청남도	7	21	28	2.1%
충청북도	17	10	27	2.0%
총 합계	836	490	1,363	100.0%

| 2022년 5월 기준 출처: 한국산업단지공단

터는 시군구 지자체가 관리한다.

이 중 국가산업단지에 316개소, 지방산업단지에 167개소, 도시첨단산업단지에 39개소, 자유무역지역, 외국인전용단지 등에 5개소까지 총 527개소가 산업단지 내에 있으며 산업단지 바깥 개별입지한 곳은 836개소다.

| 전국 지식산업센터 지역 구분별 현황 |

구분	공업지역	상업지역	주거지역	녹지지역	관리지역	보전산지지역
강원도	9		6			
경기도	307	24	292	10	4	3
경상남도	20		4	1		
경상북도	6	1	7	1		
광주광역시	23		3			
대구광역시	25		8			
대전광역시	13		2	1		
부산광역시	22	19	4		2	
서울특별시	322	20	22	1		
세종특별자치시			2			
울산광역시	2	1	3		1	
인천광역시	66	4	10			
전라남도	6		13		1	
전라북도	8		1		4	
제주특별자치도	1		2			
충청남도	23		5			
충청북도	10		17			
총 합계	836	69	401	14	12	3

| 2022년 5월 기준

'산단입지'는 앞서 말한 5종류의 산업단지에 입주해 있는 지식산업센터를 말하고, '개별입지'는 산업단지 밖에 입주해 있는 경우를 말한다. 경기도, 서울특별시 등은 개별입지가 더 많고 인천광역시, 대구광역시, 부산광역시 등은 산단입지가 많다. 세종특별자치시는 지

식산업센터가 단 2개소뿐이고 울산광역시, 제주특별자치도는 10개소 이하다.

지식산업센터 1,363개소 중 공공이 시행한 곳은 100개소, 민간이 시행한 곳은 1,263개소로, 우리나라는 절대적으로 민간이 시행한 곳이 많다. 공공이 시행한 곳 100개소 중 22개소는 경기도에, 14개소는 서울에 위치하고 대구광역시와, 부산광역시에 각각 8개소가 있다.

지식산업센터가 설립된 지역을 보면 도시지역인 주거·상업·공업·녹지지역에 대다수가 있고 그 외 관리지역과 보전산지지역에도 15개소가 있다. 압도적으로 많은 지역은 준공업지역을 포함한 공업지역으로 863개소로 63.4%가 위치해 있다. 주거지역도 401개소로 29.4%를 차지한다. 주거지역에 위치한 곳은 대부분 택지개발지구

| 최근 10년간 지역별 지식산업센터 승인 건수 |

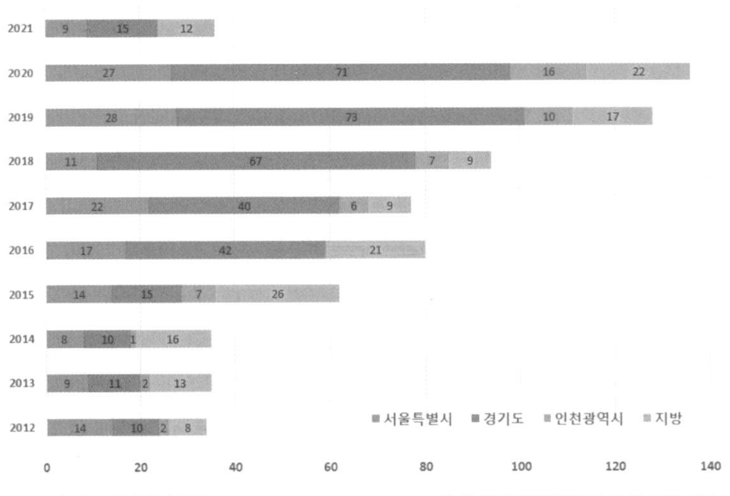

| 2021년도는 5월까지 자료임.

출처: 한국산업단지공단 자료. 저자 재가공

내에 있다.

앞 페이지 그래프에서 보는 바와 같이 2019년과 2020년 서울에서 승인된 곳은 28개소, 27개소인데 비해 경기도는 73개소, 71개소다. 이처럼 경기도에서 최근 지식산업센터 수가 급격히 늘고 있다. 이 중에는 시흥시에서 2019년에 16개소, 2020년에 11개소로 가장 많았다. 파주시는 지금까지 지식산업센터가 거의 지어지지 않다가 2019년에 15개소, 2020년에 11개소의 승인을 받았다.

3

오피스, 오피스텔, 지식산업센터의 차이점

지식산업센터에서는 주거할 수 없다

지식산업센터가 호실별로 소유자가 다른 건물이라고 하면 오피스텔과 비슷하게 생각하는 사람들이 많다. 그렇기에 지식산업센터에 투자하려는 사람들이 많이 하는 질문 가운데 하나가 "지식산업센터 안에서 주거가 가능한가?" 하는 것이다. 결론부터 말하면 지식산업센터 내에서 주거는 불가능하다. 간이침대를 놓고 잠은 잘 수는 있겠지만, 화장실이 호실마다 있는 것이 아니라 층마다 공용으로 있기 때문이다. 사무실 내 탕비실을 위해 수도와 하수 배관이 들어와 있지만 그뿐이다. 취사 시설 및 욕실 등 다른 시설은 없다.

❙ 완공 직후 지식산업센터 한 호실의 내부. 설비라고 할 만한 것은 에어컨 외에는 없다.

지식산업센터는 화장실을 공용으로 사용한다

오피스텔에 입주한 회사의 여직원들은 화장실 사용의 불편함을 호소한다. 바로 문밖에 직장 동료가 있는데, 냄새와 소리가 새어나갈 우려가 크기 때문이다. 그러나 지식산업센터의 화장실은 층마다 공용으로 여러 칸이 놓여 있기 때문에 마음 편히 이용할 수 있다. 화장실이 호실 내에 있어 직원이 직접 청소하고 관리해야 하는 오피스텔과는 달리 지식산업센터는 공용시설이라 따로 관리단이 청소를 해준다. 요즘 지식산업센터들은 고급 도기로 무장하고, 비데까지 갖춰놓는 등 편리하고 깔끔하다.

| 지식산업센터의 층별 도면 예시 |

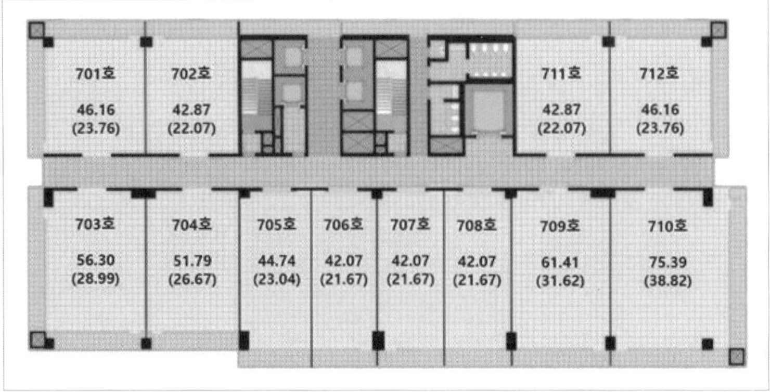

❙ 각 호실 밑에 있는 숫자는 분양평수이고 괄호 안의 숫자는 실평수(전용평수)이다. 701~702호, 711~712호, 703~710호는 벽을 터서 한 사무실 공간처럼 사용하는 것이 가능하다. 703~710호는 다 합쳐서 실평수 214.15평을 한 공간으로 사용 가능한 것이다.

지식산업센터는 호실 간의 확장이 가능하다

물리적 측면에서 보면 오피스텔은 확장이 불가능하나 지식산업센터는 가능하다. 한 회사가 옆의 호실까지 쓰고 싶다고 하면, 지식산업센터는 두 호실 사이의 벽을 허물어 하나의 넓은 공간으로 만들 수 있다. 그에 비해 오피스텔은 두 개의 호실을 왔다 갔다 해야 할 것이다.

일반적으로 한 개 층이 통인 오피스라면 지식산업센터보다 확장이 더욱 쉬울 것이다. 지식산업센터는 물리적인 확장성 면에서 오피스처럼 좋지만, 소유주가 호실별로 다르기 때문에 확장하기란 쉽지 않다. 옆 호실도 내 소유든지, 옆 주인이 판다든지, 세를 놓는다든지 해야 가능하다.

기둥과 함께 건물의 무게를 지탱하도록 설계된 벽을 내력벽이라고 하는데 지식산업센터는 호실 간에 내력벽으로 된 곳이 거의 없다. 그러므로 호실 사이의 벽을 허물 수 있다. 그렇다고 옆 호실과 트기 편하라고 베니어판 같은 가벼운 소재로 막아놓은 것은 아니다. 벽돌로 막아놓았다.

지식산업센터의 여러 호실을 분양받고 전체를 사용하다가 사업 규모를 축소하고자 할 때 한 호실씩 임대할 수 있다. 예를 들어 앞 그림의 703~706호의 4개 호실, 전용 100.37평을 분양받았다가 사무실 크기를 20평 정도 줄여야겠다면, 706호 하나를 임대하거나 매도하면 된다.

그 외 차이점

다음 표와 같이 오피스, 오피스텔과 지식산업센터에는 여러 차이점이 있다. 내부 화장실이나 조리시설이 있는 것은 오피스텔뿐이고, 세제 혜택과 발코니가 있는 것은 지식산업센터뿐이다.

소유권에 있어서 오피스는 대부분 한 회사나 개인이 건물을 통째로 갖고 있다. 오피스텔이나 지식산업센터는 집합건물이다. 아파트처럼 여러 호실로 나뉘어 있고, 호실별로 주인이 다 따로따로 있는 것이다.

입주 업종은 오피스나 오피스텔은 제한이 없으나 지식산업센터는 IT, BT, 엔지니어링, 설계, 경영컨설팅 등의 회사만 입주 가능하다.

| 오피스·오피스텔·지식산업센터의 비교 |

구분	오피스	오피스텔	지식산업센터
소유권	단일 소유	구분 소유 (집합건물)	구분 소유 (집합건물)
입주 업종 제한	없음	없음	있음
상가 등 지원시설 면적 제한	없음	없음	건축 연면적의 30% 이내 (수도권의 경우)
지원시설 종류	제약 없음	제약 없음	제약 있음
발코니 유무	없음	없음	있음
내부 화장실/욕실	없음	있음	없음
조리시설	없음	있음	없음
면적 확장성	좋음	불가능	가능
세제 혜택	없음	없음	있음

| 오피스텔의 주 입주자는 개인이고, 지식산업센터의 주 입주자는 사업자이다. 개인사업자일 수도 있고 법인사업자일 수도 있다.

건물 입주자를 위한 지원시설 면적은 수도권의 경우 건물 연면적의 30%까지 가능하다. 하지만 오피스 건물, 오피스텔 건물은 이런 제약이 없다. 그러나 30%의 지원시설만으로도 1층 전체를 상가로 꾸밀 수 있고 추가로 1~2개 층의 근생 시설의 설치가 가능하다.

지식산업센터는 오피스텔에 비해 건축이 적합한 지역이 제한적이다. 주로 공업지역이나 준주거지역이다. 무엇보다 좋은 차이는 세제 혜택과 공적 자금 지원 혜택이다. 그러므로 오피스텔보다는 지식산업센터가 훨씬 나은 투자가 된다.

4
대출 규제가 없어 소액으로도 살 수 있다

최근 몇 년간 부동산 가격이 급등하면서 적은 돈으로 투자할 만한 부동산 물건이 드물어졌다. 게다가 주택을 매입하는 경우 대출 규제가 아주 심하다. 2019년 12.16 대책, 2020년 6.17 대책을 통해 집값을 잡겠다고 대출에 관해 여러 제한을 두었기 때문이다.

LTV(담보인정비율)는 투기과열지구 및 투기지역의 경우 9억 원 이하는 40%, 9억 원 초과는 20%이다. 15억 원 초과는 0%이다. DTI(소득대비부채)도 40%까지만 대출이 가능하다. 2022년 6월 KB부동산 통계자료를 보면, 서울의 평균 주택가격은 12억 8,000만 정도인데 말이다. 주택담보대출이 처음인 경우 40%이며, 주택담보대출이 한 건 이상 있으면 최대 30%이다. 세대원 전체를 합하여 2주택 이상인 경우 대출이 아예 안 된다.

| 주택 구입 시 LTV·DTI 비율 |

주택가격	구분		투기과열 지구 및 투기지역		조정대상 지역		조정대상 지역 외 수도권		기타	
			LTV	DTI	LTV	DTI	LTV	DTI	LTV	DTI
9억 원 이하	서민·실수요자		50%	50%	50%	60%	70%	60%	70%	없음
	무주택세대		40%	40%	4 0%	50%	70%	60%	70%	없음
	1주택자	원칙	불가	–	불가	–	60%	50%	60%	없음
		예외	40%	40%	50%	50%	60%	50%	60%	없음
	2주택 이상 보유세대		불가	–	불가	–	60%	50%	60%	없음
9억 원 초과	원칙		불가	–	불가	–	'9억 원 이하' 주택과 동일			
	예외		20%	40%	30%	50%				
15억 원 추가	원칙 / 예외		불가	–	불가	–				

❙ 2022년 7월 기준
❙ 서민·실수요자 요건
- 무주택세대주
- 투기지역·투기과열지구·조정대상지역: 부부합산 연 소득 8,000만 원(생애최초 9,000만 원) 이하
- 조정대상구역 5억 원 이하, 투지기역·투기과열지구 6억 원 이하 주택 구입

❙ 2022년 9월 1일부터 생애최초구입주택은 LTV 80%

지식산업센터의 한 호실의 크기가 작아지고 있다

지식산업센터도 유망지역에서는 가격이 급등했지만, 대신 호실의 면적이 작아지면서 호실당 분양가는 크게 오르지 않았다. 주택은 규모별로 세제 혜택이 다르다 보니 전용면적 60㎡, 85㎡ 등 특정 규모로 지어지고 있지만, 지식산업센터는 세제나 대출 등의 혜택이 평형과 무관하기 때문에 다양한 평형대로 지어지고 있다. 서울의 경

우 2008년 이전에는 전용 50평형대가 주를 이루었다면, 2008년 이후는 40평형대, 2010년에는 30평형대 후반이 주가 되더니, 2012년 30평형대 전반이 주가 되었다. 2014년부터는 20평형대가 주가 되었고, 2016년부터는 10평형대도 다수 분양을 하고 있다. 그래서 평당 분양가는 뛰었지만 분양 총액은 크게 오르지 않은 것이다.

그런데 이 지식산업센터를 사용하는 법인이나 개인사업자들은 일정 규모의 사업장을 필요로 할 텐데, 이렇게 계속 작아져도 되는 것일까? 괜찮다. 지식산업센터는 호실과 호실 사이의 벽이 내력벽이 아니라서 필요한 면적만큼 여러 개의 호실을 터서 쓰면 되기 때문이다. 그래서 작은 호실들이 유리하다. 작은 면적을 찾는 사람들에게 임차해줘도 되고, 큰 호실을 필요로 한다면 함께 여러 개의 호실을 임차해서 쓰면 되기 때문이다.

그러므로 가격이 급등한 최근에도 한 호실을 구입하는데 드는 비용은 크게 달라지지 않았다. 면적만 작아졌을 뿐이다. 임대차는 지금까지 작은 호실들이 수요자들이 많아 유리했지만, 작은 호실들은 많아지고 큰 호실들은 점점 줄어들다 보니 실평수 70평 이상 되는 것들이 귀해졌다. 서울에서는 150평 이상은 분양을 받지 않는 이상 매입하는 것이 거의 불가능해졌다. 투자자들은 대부분 한 칸씩 구입하는데, 소유자가 다 각각인 여러 호실들을 동시에 구입하기가 어렵기 때문이다.

지식산업센터는 대출을 많이 받을 수 있다

주택 대출은 무척이나 까다롭다. 이에 반해 지식산업센터는 훨씬 많은 대출이 가능하다. 신용불량자가 아니라면 보유 물건 수와 관계없이 제1금융권(일반 시중 은행)에서 매매가의 70% 이상 대출이 가능하다. 실수요자의 경우는 매매가의 80~90%를 대출받을 수 있다.

이렇게 90%를 대출받으면 근저당권 설정 시 채권최고액(채권자가 이자, 반환소송비 등을 고려하여 원금보다 더 높게 설정하는 금액)이 매매가를 넘는다. 채권최고액은 실제 대출 금액의 120%(제1금융권), 130%(제2금융권)를 설정한다. 예를 들어 10억 원짜리 지식산업센터를 샀을 때 9억 원이 대출이 되었다면, 채권최고액은 대출금 9억 원의 120%인 10억 8,000만 원이 된다. 그래서 이런 상황을 모르는 임차자는 '매매가 10억, 근저당 10억 8,000만 원'이 적혀 있는 '부동산등기사항증명서'를 보고 깜짝 놀라면서 불안해한다.

그러나 지식산업센터는 월세로 세를 놓는다. 대부분 보증금이 월차임의 10배이다 보니, 혹시라도 경매로 넘어가게 되면 경매 진행을 알게 된 때부터 월세를 밀려도 나갈 때까지 보증금을 다 찾을 수 있다. 그래서 대출이 많아도 안전한 편이다.

최근 8억 원짜리 지식산업센터를 매매하는데 대출이 6억 4,000만 원이 나왔다. 채권최고액 기준으로는 7억 6,800만 원으로 매매가의 96%에 이르렀다. 여기에 월세이다 보니 이런 정도의 융자가 있어도 임차자가 들어오고 임차자는 보증금을 잘 지불한다.

새로운 대출 규제

지금까지 지식산업센터의 대출은 임대 사업·실사용 여부에 관계없이 분양가 또는 감정가의 80% 이상 가능했다. 2021년 하반기부터 지식산업센터를 비롯하여 상가·토지·오피스텔 등 비주거용 부동산의 건물의 LTV는 70%로 변경되었고, RTI(Rent To Interest ratio, 부동산임대업의 이자상환 비율) 규제까지 적용되기 시작했다. 임대료를 감안해 대출해준다는 것이다. 문제는 최근 2년간 지식산업센터의 분양가와 매매가가 급등했는데, 그에 비해서는 임대료가 그다지 높지 않다는 것이다.

몇 달 전 좋은 지식산업센터 매물이 15억 원 정도에 나왔다. 은행 지점장님께 대출 가격을 물으니 11~12억 억 정도 대출이 된다고 하셨는데, 급히 전화를 다시 걸어와서는 RTI 적용을 해야 하는 것을 깜박했었다고 하시면서 월차임 200만 원의 임대료를 적용하니 5억 원도 나오기 힘들다는 것이다.

요즘도 성수동의 지식산업센터는 거래가 잘 되는데, 쌓여있는 매물은 현재 임차자가 있는 것들이다. 임차자가 없는 것은 직접 사용한다고 하고 대출을 감정가 또는 분양가의 70% 이상을 받은 후 임대차 계약을 한다. 은행 담당자들도 임대 놓을 것을 알면서도 대출해주고 있다.

대출 금리를 낮게 받는 요령

직접 사용할 사업자의 경우는 공적 자금의 대출이 가능해 2022년 8월 현재 여전히 2%대의 저렴한 금리로 대출을 받을 수 있다. 임대사업자의 대출 금리는 어떠할까? 2022년 8월 현재 신용등급 상위의 임대 사업자의 대출 금리는 4%대이다. 은행에서 만약 5%대로 대출해주겠다고 하면 다른 은행, 다른 지점도 알아볼 만하다. 같은 은행이라고 금리가 다 같지 않다. 대출담당자의 능력이라든지, 지점장의 권한에 따라 금리가 조금씩 다르다. “A은행에서 4.8%에 해주겠다고 했다”라고 하면 B은행에 말하면, B은행에선 4.7%로 맞춰주는 일이 다반사다.

대출 금리를 알아볼 때 재미있는 일이 있다. 지식산업센터를 사서 임대를 놓으려는 분들 중에는 대기업에 다니는 분들이 많은데 정년퇴직이든, 명예퇴직이든 퇴직을 몇 년 앞두고 계신 분들이다. 신용에 따라 금리가 달라질 수 있다고 말씀드리면, 자가 소유 집이 있고, 차가 있고, 대출이 일체 없으니 신용은 보나마나 1등급이라고 한다. 그러나 실제로는 이런 분들의 신용이 의외로 중간 등급으로 나온다. 왜냐면 은행의 계산법은 다르기 때문이다.

은행에서는 대출이 있는데 꼬박꼬박 밀리지 않고 이자나 원금을 갚아나간 분들이 1등급이다. 은행의 입장에서는 한 번도 돈을 대출하지 않은 사람들이 이후에 돈을 잘 갚을지 어떨지 확신이 없기 때문이다.

많은 대출금을 저리로 받고 싶다면 대출을 받아 꼬박꼬박 이자를 납부했던 사람이 절대적으로 유리하다. 은행에서 수수료를 면제받는 우수고객이 되려면 3억을 은행에 맡기기보다는 3억을 빌려서 이자를 잘 내는 것이 훨씬 빠른 길이다.

이렇게 대출이 많이 되다 보니 큰 목돈을 들이지 않고도 지식산업센터는 구입이 가능하므로, 큰돈이 없어 주택을 못 산다고 한탄만 하지 말고 수익형 부동산에 대한 투자를 도전해보자. 서울의 지식산업센터의 수익률은 여전히 은행이자보다 높다.

5
공급이 제한적이라 가격 하락 가능성이 낮다

지식산업센터가 있는 곳은 제한적이다

서울 지자체 중 광진구, 동대문구, 동작구, 서초구의 공통점은 무엇일까? 2022년 7월 기준으로 해당 지역 내에 지식산업센터가 전혀 없다는 것이다. 그리고 관악구, 성북구, 양천구, 종로구는 지식산업센터가 있어도 단 한 동씩뿐이다.

구로동의 구로디지털단지나 가산동의 가산디지털단지, 성수동을 둘러본 사람들은 지식산업센터의 공급 과잉이 아니냐고 묻는다. 천만의 말씀이다.

지식산업센터는 건축물의 분류상 공장의 일종으로 되어 있다. 법률상 여러 용도 지역에서 건축이 가능하나 공장의 일종이란 한계로 인해 주로 일반공업지역, 준공업지역, 준주거지역에서 개발이 이

| 서울시 지자체·입지별 지식산업센터 수 |

지자체	국가산업단지	개별입지	총합계
강남구		3	3
강동구		3	3
강북구		2	2
강서구		21	21
관악구		1	1
구로구	43	9	52
금천구	113	20	133
노원구		3	3
도봉구		3	3
마포구		2	2
성동구		86	86
성북구		1	1
송파구		17	17
양천구		1	1
영등포구		30	30
종로구		1	1
중구		3	3
중랑구		3	3
총합계	156	209	365

| 2022년 5월 기준

출처: 한국산업단지공단 자료. 저자 재가공

루어지고 있다. 즉 '국토계획 및 이용에 관한 법률 시행령' 제71조에 의하여, 일반주거지역, 준주거지역, 일반상업지역, 근린상업지역, 전용공업지역, 일반공업지역, 자연녹지지역, 계획관리지역에서만 지식산업센터의 건축이 가능하다. 그렇다 보니 서울의 경우 준공업지 밖에서는 거의 지식산업센터가 건축되지 않고 있다.

지식산업센터를 지을 땅이 없다

사실 서울에는 준공업지역이 많지 않다. 7개 구에 걸쳐 19.98㎢의 면적이 준공업지인데 서울시 토지 면적의 3.3%일 뿐이다. 이 지역에는 땅을 사려는 시행사들이 줄을 서서 기다리고 있다. 최근 10여 년간 이들 지역에서 지식산업센터를 분양만 하면 대박이었기 때문이다. 그러나 더 이상 땅이 없다. 큰 땅도 적거니와 그나마 있는 큰 땅들도 주인이 안 팔려고 한다.

성수동의 경우 2010년 이전에는 지식산업센터를 분양하고자 하는 시행사들에게 3,300㎡(1,000평) 이하의 땅을 권하면 규모가 작아 사업성이 안 나오니 매수할 의사가 없다고 잘라 말했었다. 그러나 점점 이 면적 이상의 땅이 없다 보니, 2015년에는 3,000㎡ 이하의 땅도 보기 시작했다. 이후 2,500㎡, 2,000㎡ 이하의 땅도 매매가 되더니 심지어 2021년에는 1,021㎡(약 320평) 땅도 매매가 되었다. 워낙 땅들이 없다 보니 이 땅조차도 팔리지 않을 수 없었던 것이다.

땅 소유자들은 땅값이 계속 오르는 것을 잘 알기에 놔두면 오르는 줄 안다. 그들은 최고가를 받고 싶어 한다. 그럴 때 나는 이렇게 말씀드린다. 돌아가시기 직전에 계약서에 사인하면 그게 살아생전 최고가를 받고 파는 것이라고. 최고가를 받으려면 죽기 바로 직전에 팔아야 한다.

사실 토지 소유주들이 땅을 팔 수 없는 주원인은 양도소득세에 있다. 지가 급등으로 양도소득세가 수십억에 이르다 보니 팔 수가 없다. 토지 소유주들에게 매도를 권유하면 제일 많이 듣는 말이 "양도소득세 때문에 못 판다. 이것을 줄여준다면 팔겠다"라는 것이다. 그러면서 은근히 다운계약서를 요구하기도 하지만, 요즘은 부동산 중개업자들도, 매수자들도 다운계약서는 절대 쓰지 않는다.

양도소득세를 줄일 수 있는 방법은 집합건물로 건축을 해서 해마다 조금씩 나눠 파는 것이다. 집합건물은 한 필지 위에 여러 소유자가 있는 건물로, 예를 들면 오피스텔, 연립주택, 아파트 같은 것이다. 하지만 그 방법은 '분양이 잘 될까?' 하는 걱정이 앞서기 마련이다. 그러다 보니 이러지도 저러지도 못하고, 혹시나 팔게 될까 싶어 번듯한 건물도 못 짓고 허름한 건물 그대로 시간을 보내고 있다. 그러다 갑자기 변고가 생기게 되면, 자식들에게 넘어가고 상속세 마련을 위해 매도의 수순을 밟게 된다.

상가나 오피스텔은 지을 곳이 많다

같은 수익형 부동산이라도 상가나 오피스텔은 지을 수 있는 부지들이 많이 있다. 상업지역, 주거지역, 준공업지역 어디든 다 좋다. 규모도 지식산업센터 시행 부지보다 작아도 좋다. 1,000㎡보다 작은 규모에도 올라가는 오피스텔은 부지기수로 많고, 상가 건물은 100㎡ 미만에도 건축할 수 있다. 이쪽저쪽 지을 수 있는 땅이 많다 보니 상가나 오피스텔은 공급 과잉이 일어나기 쉽다. 그러나 지식산업센터는 준공업지가 아니라면 다른 것을 짓는 편이 수익도 많고 분양도 잘된다. 그래서 같은 성동구라도 행당동, 옥수동 등에는 지식산업센터가 없고 오로지 성수동에만 있는 것이다.

대부분의 부동산학자들이나 경제학자들은 부동산 가격을 결정하는 데 가장 중요한 원칙으로 '수요공급의 원칙'을 꼽는다. 지식산업센터는 공급이 제한적이다 보니 가격 상승 면에서는 상가, 오피스텔과 비교가 안 된다. 그래서 수익형 부동산은 가격이 오르지 않는다는 말에도 불구하고 계속 가격이 오르고 있는 것이다. 서울의 지식산업센터의 3.3㎡당 분양가를 보면 다음 표와 같았다. 분양가는 계속 오르고 있는데, 앞으로도 그럴 가능성이 높다. 지식산업센터 가격의 원가인 땅값이 계속 오르고 있기 때문이다.

이렇게 땅이 귀하다 보니 성수동에서는 연립주택에 러브콜을 보내기 시작했다. 총 부지 면적이 3,300㎡ 정도의 연립주택인 경우, 아파트로 재건축하기에는 작아서 매매가가 주변 땅값 시세만도 못한 경우가 있는데, 이를 전부 매수해서 지식산업센터를 짓는 것이다.

이에 성수동에서는 2012년에 당시 시세 3억 5,000만 원 내외의 연립주택이 대부분 5억 2,000만 원에 매입되어 지식산업센터로 거듭난 경우가 있다. 일단 시행사가 들어와서 통매입하려고 한다는 소문이 돌면 연립주택 가격은 급등하고 그중에 한두 사람의 집주인은 "안 판다"거나 "두 배를 달라"거나 한다. 현재도 성수동의 I연립주택은 시행사의 입김으로 3억 5,000만 원 하던 것이 10억 원 이상으

| 서울 지식산업센터의 3.3㎡당 분양가 |

연도	성동구	서울 기타 지역
2006년	600만 원대	400만 원대
2008년	700만 원대	470만 원대
2010년	800만 원대	530만 원대
2012년	900만 원대	600만 원대
2014년	1,000만 원대	670만 원대
2016년	1,200만 원대	800만 원대
2018년	1,300만 원대	870만 원대
2020년	1,400만 원대	950만 원대
2021년	2,000만 원대	1,500만 원대
2022년	2,800만 원대	2,200만 원대

로 급등했고, J연립주택은 3억 원도 안 하던 것이 20억 5,000만 원이 되었지만 "안 팔겠다"는 한두 사람의 버티기로 매입에 난항을 겪고 있다.

서울의 지식산업센터는 A급지라면 분양은 분양 시작 하루 만에 분양이 끝나고, B급지라면 3개월 안에 끝난다. C급지는 입주 전후까지 가기도 한다. 그러나 최근 10년간 입주 후 3개월을 넘겨서까지 미분양된 호실은 본 적이 없다. 어떤 지식산업센터는 분양 시작 10분 만에 분양이 다 끝났는데, 분양대행사 직원들의 말로는 신청서를 쓰다가 틀려서 수정액으로 지우고 다시 쓰다 보면 이미 늦어서 분양 신청에 실패했다고 하기까지 한다.

6

일반 건물에 비해 입주자의 변동성이 없어 안정적이다

지식산업센터의 입주자들은 사업자이다

지식산업센터에는 사업자들이 입주를 한다. 개인사업자든 법인이든 회사들이 입주를 한다. 회사는 개인에 비해 이전이 쉽지가 않다. 여러 곳에 흩어져 사는 직원들이 옮긴 곳에서도 출퇴근하는데 무리가 없어야 하기 때문에 이전할 위치의 선정이 쉽지 않다. 사업자들은 사업장을 이전하면 바꿔야 할 것도 많다. 홈페이지와 임직원들의 명함, 사업자 등록증, 법인인 경우 법인 등기부등본 등을 바꿔야 하므로 손이 많이 간다.

그렇기 때문에 웬만하면 이전을 하지 않으려 한다. 이러한 속성 때문에 사업자가 대부분인 지식산업센터의 입주자들은 장기적으로 사용한다. 사업장 규모를 키우거나 축소할 필요성이 강하게 생기지

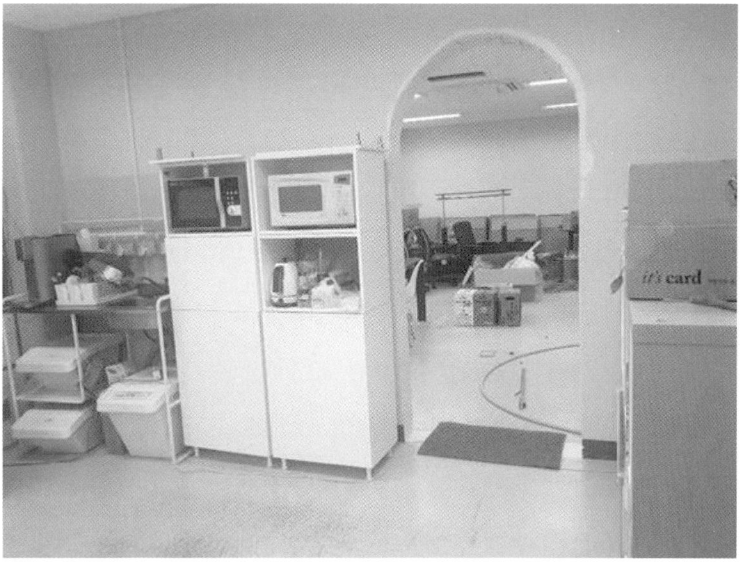

❙ 옆 호실까지 사용하기 위해 양 호실 사이에 출입구 공사 중인 지식산업센터 호실. 보통은 벽 전체를 허문다.

않으면 이전을 잘 고려하지 않는다. 임차자들은 몇 년 쓰다 보면 지식산업센터의 장점을 알게 돼서 매입하고자 한다.

사업장 규모를 키우고자 하는 기업들은 대부분 옆 호실을 얻고자 한다. 각각 소유자가 다른 호실을 쓰게 된 것이다. 위 그림에서 보는 바와 같이 두 호실 사이에는 벽이 있었는데, 소유자가 다르므로 이 벽을 허물 경우 나중에 원상복구를 해야 할 가능성이 커서 벽에 사람이 드나들 문을 내었다.

내 박사학위 논문 중 한 파트는 지식산업센터의 보유기간에 관한 것이었다. 국토교통부의 실거래 데이터를 갖고 연구를 했는데, 연구 방법은 '생존분석'이라는 것으로, 예를 들어 환자에게 치료제 등의 처치를 했을 때와 하지 않았을 때의 생존 기간의 차이를 분석을 하는 식이다. 이때 연구 기간이 끝나도록 사망하지 않으면 '중도절단'이라고 한다.

지식산업센터를 '법인이 갖고 있을 때와 개인이 갖고 있을 때의 보유기간의 차이', '입지가 좋을 곳과 좋지 않은 곳의 보유기간의 차이'를 분석하는 식으로 응용해서 쓴 건데 문제가 약간 있었다. 다들 거의 팔지를 않아서 중도절단이 너무 많았다. 실거래신고가 시작된 2006년 이후부터 거래된 데이터보다 재거래 되지 않은(중도 절단된) 것이 80% 가까이 돼서 데이터의 정확성을 떨어뜨렸다. 결국 '이런 저런 조건일 때 더 오래 갖고 있더라'가 결론이지만, 내 마음속의 결론은 '사면 안 팔더라'가 결론이었다.

해당 건물의 입주자가 주로 매수한다

입주 후 몇 년 지난 지식산업센터가 매물로 나올 때 가장 구입 가능성이 많은 구입자는 그 건물 내에 입주해 있는 사람들이다. 해당 건물의 임차자가 사는 경우도 흔하다. 그만큼 각자 지식산업센터에 대한 만족도가 높다.

기존 지식산업센터의 매물은 몇 년간 귀한데, 소유주 한 분이 지식산업센터 호실 하나를 내놨다. 기쁜 마음으로 매수를 대기하고 있던 고객에게 연락했다. 고객은 곧 보러 나왔고, 나는 소유주(매도자)에게 전화해서 "우리 고객과 함께 그 호실을 보러 갈 예정이니 임차자에게 우리가 가면 보여주도록 말해달라"고 했다. 고객이 그 호실을 보고 난 직후 임차자는 소유주에게 전화를 했다.

"사모님, 이거 파시려고 하시는 겁니까?"

"네. 그렇게 되었습니다."

"그럼 저희에게 파세요. 저희가 사겠습니다."

그렇게 해서 그 물건은 임대인, 임차자가 직접 계약을 해 버렸다. 인근의 또 다른 지식산업센터 물건도 소유자가 나에게 물건을 내놓고 며칠 지나지 않아 그 회사의 세무 기장을 맡고 있는 세무사가 사버려서 고객에게 브리핑하던 것을 중단해야 했다.

만족도가 높아 오래도록 소유하다 보니 내가 분양해드리거나 사드린 지식산업센터를 갖고 계신 수십 분 중에 매도하신 분은 딱 세 분뿐이다. 두 분은 10년 가까이 되었을 때 사업장 이전 필요가 생겨 매도하셨고, 한 분은 자금 사정이 악화되어 매도하시고 그 자리에 임차인으로 눌러앉았다.

이처럼 갖고 있던 지식산업센터를 팔고자 할 때는 세입자에게, 그다음에는 주변 입주자에게 물어보면 바로 팔릴 수 있다.

7

건물 관리가 수월하고 관리비가 저렴하다

지식산업센터는 관리 면에서는 아파트와 유사하다. 아파트의 집 집이 소유자가 다른 것처럼 지식산업센터는 호실마다 소유자가 다르다. 아파트에 소유자가 직접 거주하는 집도 있고, 세입자가 거주하는 집도 있는 것처럼 지식산업센터도 소유자가 직접 사용하는 호실도 있고 임차자가 사용하는 호실도 있다.

아파트처럼 관리사무소가 관리한다

아파트에 관리사무소가 있는 것처럼 지식산업센터에도 관리사무소가 있다. 지식산업센터의 건물이 완공되면 시행사는 건물의 관리 업체를 지정하여 관리를 시킨다. 시간이 지나 입주가 거의 다 되고 나면 입주자들끼리 모여 대표회의를 구성한다. 이 입주자 대표회의를 통해 건물의 관리에 대한 의견을 모아 회칙을 정하거나 변경한다.

일반 업무용 빌딩들의 관리비는 만만치 않다. 임대료는 회계상 전부 수입금이지만 관리비는 수입이 아니라 경비로 처리할 수 있는 부분이 많기 때문에 임대료를 줄이는 대신 관리비를 더 받는 경우도 많다. 그래서 CBD(서울 도심 업무지구)나 GBD(강남 업무지구)의 관리비는 평당 3만 원이 넘는 곳도 있다. 최소한 만 원은 받는다.

중소형 일반 건물들은 청소 상태가 불량한 경우가 많다. 며칠에 한 번 와서 청소를 해주시는 분이 있거나 아예 없어서 임차자들이 직접 관리하는 곳도 있다. 지식산업센터의 관리 회사에서는 아파트처럼 청소하는 사람과 설비담당자를 상주시켜 건물을 관리한다. 그러다 보니 건물이 깔끔하게 관리가 잘되고 있다. 청소는 아파트처럼 복도, 계단, 승강기 등 공용 구간에 한한다. 여기에는 화장실도 포함된다.

관리회사 직원이 상주하면서 관리를 해주다 보니 관리가 잘되고, 설비 등에 관해서는 관리회사 직원들의 도움을 받으면 된다.

관리비가 저렴하다

지식산업센터는 아파트처럼 공용 관리비를 남겨서 가져갈 주인이 없다. 더 걷을 필요가 없기 때문에 월별로 나온 비용만큼만 면적별로 나눠서 공용 관리비로 부과한다. 그러다 보니 많이 나오지 않는다. 평당 6,000~7,000원이 대부분이다. 분명한 건 입주자 대표들이 적극적으로 활동하는 지식산업센터는 관리비가 적게 나온다. 승강기 사용도 효율적으로 바꾸고, 주차요금도 합리적으로 조정한다.

입주자 대표회의가 아주 잘 되어 있는 성수동의 한 지식산업센터는 건물 규모가 그렇게 크지 않은데도 공용 관리비로 평당 3,900원을 받는다. 어떤 건물은 입주 초기 시행사가 지정한 관리업체가 와서 관리를 할 때 공용 관리비가 평당 6,900원으로 비쌌다. 입주자들은 빠르게 대표자회의를 구성했고, 현재는 6,200원씩 받는다. 이것도 적은 편은 아니나 그래도 전보다 낫다. 가끔 평당 1만 원 이상을 받는 지식산업센터가 있는데 이런 곳은 건물 전체를 한 사람이 소유해서 임대만 주고 있는 곳이 대부분이다.

관리비가 매달 다르다

건물 전체의 공용 비용이 나온 것을 면적대로 나눠서 부과하기 때문에 에어컨을 많이 작동시키는 여름이나, 난방비가 많이 드는 겨울에 관리비가 더 나오기 마련이고 봄, 가을에 적게 나오기 마련이라, 딱히 '얼마다'라고 말하지 못한다. 일반 사무실은 개별 전기료 빼고는 대부분 '한 달에 얼마'라고 못박는데, 지식산업센터는 전기요금도, 수도요금도 각 호실별로 사용한 만큼 각자 내고 공동 비용(공동전기료와 공동수도료와 인건비, 시설관리비 등)만 면적대로 나눠서 내기 때문이다. 어쨌든 이 비용은 관리되는 수준에 비해 일반 건물보다는 적게 나온다. 건물주의 주머니로 들어가는 비용이 없기 때문이다.

관리가 잘되면 매매가가 비싸진다

성수동에는 서로 붙어 있는 지식산업센터가 둘이 있는데 입지 면에서는 A지식산업센터가 좀 더 낫지만 B지식산업센터가 1년 뒤에 지어서 더 신축이다.

A지식산업센터의 입주자 대표회의 회장님의 건물에 대한 애정은 남달랐다. 두 개 호실을 분양받아 입주했음에도 불구하고 추후 두 개 호실을 더 샀고 추가로 더 살 생각도 있다. 그렇게 애정을 갖고 있다 보니 입주 후 5년이 지난 후에도 건물 앞에 소나무를 추가로 심어 조경을 바꿨다. 입주자 대표회의를 통해 필요한 설비나 교체할 시설물은 바로바로 구입토록 의견을 모았다. 그리고 A지식산업센터에는 공장에 가까운 업체는 일체 받지 않았다. 경공업 업체들도 입주를 못하게 했다. 오직 사무실로 쓰는 경우만 입주를 허락했다.

그에 비해 B지식산업센터는 웬만한 업체는 다 받아들였다. 그러다 보니 지저분하게 사용하는 것으로 이름난 구두 공장들까지 입주를 했다. 구두 공장은 사무실 밖으로 구두 부자재들을 쌓아놓는 일은 다반사이고, 접착제 냄새, 가죽 냄새가 심해서 주변에 민폐를 많이 끼치는 편이다.

두 건물의 첫 입주로부터 10년이 지났을 무렵 두 건물 간에는 매매가가 평당 100만 원씩 차이가 났다. 전용 50평이면 매매 평수는 약 100평이고, 총액으로는 1억 원의 차이가 나는 것이다. 관리의 소중함이 느껴지는 예이다.

오피스텔과 같은 설비가 없다

지식산업센터 각 호실 내부는 원래부터 주어진 설비가 없다 보니 원천적으로 말썽을 일으킬 설비들이 적다. 지식산업센터 내부는 천장 냉난방기(10년 전쯤에는 대부분 이것도 없었다), 수도, 배수 외에는 설비라고 할 것이 없다. 이렇게 설비가 없다 보니 고장 나서 고쳐야 할 설비도 적다. 오피스텔을 구입하여 임대할 때 세탁기, 냉장고, 에어컨, 전자레인지뿐만 아니라, 도배, 장판도 신경을 써야 하는데 이에 비하면 정말 신경을 안 써도 된다.

설사 문제가 될 설비라도 관리회사가 다 알아서 처리해 주니 내 소유 건물임에도 불구하고 그곳에 몇 년에 한 번 갈까 말까 하게 된다. 꼬마빌딩을 팔고 지식산업센터를 산 고객이 2022년 8월 폭우로 홍수가 나자 진즉에 옮겨 타기를 잘했다고 스스로 칭찬하시는 것을 들었다. 지식산업센터는 관리가 정말 편하다.

8
일반 건물에 비해 입주민 지원시설이 잘되어 있다

지식산업센터는 대규모 건물이다 보니 일반 건물보다 입주민 지원시설이 잘되어 있다. 아파트도 나 홀로 아파트라면 커뮤니티 시설이 없지만 대규모 아파트라면 커뮤니티 시설이 잘되어 있는 것과 마찬가지다. 대규모 지식산업센터는 대부분 분양을 한다. 자금이 풍부한 토지 소유주인 경우 분양을 전혀 않고 임대만 하는 경우도 있지만 이는 흔하지 않다. 분양을 하는 경우, 분양을 잘하기 위한 수단의 하나로 편의시설을 넣는다.

다음 페이지 그림에서 보는 바와 같이 지식산업센터 건물 앞에는 공개 공지를 둔다. 이는 건물 신축 시 용적률을 더 받기 위해 제공한 경우가 대부분이다. 이 공지에는 화단과 쉼터를 조성하여 입주민들에게 여유를 갖게 한다. 또한 지식산업센터에는 옥상 정원이

▎성수동 데시앙플렉스의 2층 라운지

있다. 층별로 공중정원이라 일컫는 테라스 휴식공간을 두기도 한다. 테라스는 아래층 건물의 지붕에 해당한다(발코니는 호실별로 있다). 또 무료나 저렴한 비용을 내고 쓰는 공용 회의실을 두기도 한다.

보통 1층에는 넓은 로비가 있다. 이 로비에서는 은행의 ATM기, 우체국의 무인 우편물 발송기 등이 놓여 있고, 종종 입주업체가 자사 제품의 할인판매 행사를 열기도 한다. 나는 이곳에서 종종 가방이나 의류, 주류 등을 싸게 산다. 성수동의 데시앙플렉스 지식산업센터는 지하철역에서 먼 거리임에도 불구하고 2층에 공용회의실, 카페 등의 시설이 잘 되어 있어 임차희망자들이 앞다퉈 입주했다.

지식산업센터의 주차는 편리한 자주식이다

지식산업센터의 주차는 대부분 자주식이다. 자주식이란 운전자

| 옥상 정원. 의자나 벤치 등을 두고 휴게 공간으로 꾸며둔다.　　출처: 성수동 시그마밸리 지식산업센터 조감도

가 직접 운전해서 해당 주차장에 주차하는 방법을 말한다. 기계식 주차는 좁은 공간에 넣었다 빼야 하는 수고를 해야 하는데 자주식이라 그 수고를 덜 해도 된다.

최근 들어 입주 당시에는 샤워시설이 없었으나 자전거를 타고 출퇴근하는 사람 등 운동하는 사람들이 늘어나자 이들을 위해 지하에 새롭게 샤워장을 만든 지식산업센터도 생겨나고 있다. 요즘은 상가 분양 시, 식당 운영을 희망하는 사람들에게 더 나은 영업을 보장하여 분양성을 높이기 위해 구내식당을 일부러 넣지 않는 경우도 있지만, 규모가 제법 있는 지식산업센터의 경우에는 지하에 구내식당을 둔다.

1층 지원시설에는 대부분 지식산업센터의 '3종 세트 상가'가 입점해 있다. 즉 편의점, 커피숍, 중개업소다. 이런 편의시설은 부동산 중개업소에도 해당 물건이 잘 나오지 않는다. 시행사나 분양대행사 측에서 갖고 있으면서 운영하다가 권리금을 받고 넘기기 일쑤다.

지식산업센터 지하에는 창고 시설이 있다

최근 분양하는 지식산업센터 지하에는 창고들이 있다. 보통 유료로 분양하는데 지하 3~4층이라도 인기가 많다. 창고는 전기 등 설비가 시원찮고 에어컨이 없지만, 대신 분양가가 저렴하여 지상층의 회사들이 앞다투어 분양을 받는다. 자주 사용하지는 않지만 보관을 해야 하는 각종 서류 등을 그곳에 보관한다.

지하에는 헬스장 등 운동시설이 있다면 아주 좋다. 대부분은 입주민 편의시설이 아니라 유료로 운영되고 있다. 지식산업센터는 업무시설이다 보니 저녁때는 입주사의 직원들이 퇴근을 해 주차장이 텅텅 비어 있다. 차를 갖고 운동시설을 이용하는 사람들에게는 주차가 무척 편하다. 지하의 운동시설이라 꺼려진다는 분도 있지만 선큰(sunken, 지하이지만 지상과 뚫려 있어 자연채광이 가능한 시설)인 경우는 문제가 없다.

9
실사용자에게는 세금과 대출 혜택이 있다

지식산업센터를 구입해서 직접 사용하는 실사용자에게는 세금 감면 및 공적 자금 대출의 혜택이 있다. 임대 사업자에게는 이 혜택이 주어지지 않으므로 지식산업센터를 사고자 하는 투자자에게는 관계없는 소리로 여겨질지 모른다. 그러나 부동산은 항상 실사용자가 많아야 가격이 뒷받침될 수 있는 것이므로 투자자와 무관한 이야기가 아니다. 투자 목적으로 구입한 사람이 팔 때 실사용자가 많으면 가격은 오를 수 있다.

취득세와 재산세 감면 혜택을 위한 두 가지 조건

지식산업센터에는 취득세와 재산세의 세금 감면 혜택이 있다.

취득세는 50%가 감면되고 재산세는 37.5%가 감면된다. 이 혜택을 받기 위한 조건은 두 가지가 있다. 5년간 직접 사용해야 한다는 것과 분양받거나 분양권을 구입해야 한다는 것이다. 원래 2019년 말까지 주어진 혜택이었는데 3년이 더 연장되어 2022년 말까지 등기를 하면 가능하다(2022년 말까지 분양받는 게 아니라 완공되어 등기를 할 수 있어야 한다). 그러나 지금까지 그래왔던 것처럼 2022년 말에 다시 연장될 것으로 예측된다. 하지만 사서 직접 사용하는 게 아니라 임대를 놓을 거라면 취득세와 재산세의 세금 혜택은 없다.

분양권 상태에서 구입해야 한다

전에 어떤 고객이 지식산업센터를 구입하고자 내 중개사무소에 들렀다. 상담 끝에 그 무렵 입주가 막 시작된 K지식산업센터의 분양권을 사기로 결정했다. 누구나 그렇듯이 프리미엄이 없는 물건을 사고 싶어 했지만 그런 물건은 없었다. 그 업체를 위해 그 회사의 업종이 입주 업종에 해당되는지, 은행 대출이 되는지 등 많은 것을 알아보고 공을 들였다. 그래서 프리미엄이 2,000만 원인 중층의 한 호실을 매수하기로 하고 계약 시간을 잡아놓았다. 저녁 6시, 약속한 계약 시간이 되어 매도인이 왔고 매수자 부부도 와서 이견 없이 계약이 순조롭게 진행되었다.

설명을 다 마치고 마지막으로 계약서에 매도자 도장을 찍고 매수자 도장만 찍으면 되는 그때 갑자기 매수자 아내분의 핸드폰 벨이

울렸다. 아내분은 밖에 나가 전화를 받고 들어와서는 갑자기 "하루 더 생각해보고 계약을 하겠다"고 하는 것이었다. 하는 수 없이 매도자에게 양해를 구하고 계약을 중단했다.

다음 날 매수자에게 전화를 걸어 다시 약속 시간을 잡으려 했으나 전화를 안 받았다. 대신 문자로 "다른 A중개업소에서 프리미엄이 없는 물건이 있다고 연락이 와서 프리미엄 없이 지식산업센터를 샀다"고 연락이 왔다. 마치 '너희는 왜 이런 프리미엄이 없는 물건이 없느냐'고 따지는 듯했다. 그러나 짐작 가는 것이 있었다. 프리미엄이 없는 물건이라면? '혹시 8XX호를 사신 것 아닙니까? 지식산업센터 분양권을 사면 취득세가 100% 감면되는데, 그 물건은 이미 등기된 것이라 그 혜택이 없습니다'라고 문자를 넣었다. 조금 미운 생각도 들어 거기서 그치지 않고 '그 물건은 5년간 재산세 50% 감면되는 혜택도 없습니다'라고 추가로 문자를 넣었더니 바로 전화가 왔다. 그 세금 감면 사항을 재차 확인했다.

지금은 지식산업센터의 취득세의 50%가 감면되지만 2010년 6월에는 100% 감면이 되었다. 그리고 지식산업센터의 재산세는 현재 37.5%가 감면되지만, 그때는 50%가 감면되었다. 그러나 그 혜택은 분양권 상태에서 취득한 경우에만 가능하다. 8XX호실은 이미 보존등기를 마친 후라 그러한 감면 혜택이 없다. 취등록세로 들어가야 할 돈만 무려 3,000만 원이 넘었다. 그분은 그 사실을 알고 난리를 쳤다.

고객은 화가 나서 A중개업소에 중개보수를 지불하지 않았고, 그

A중개업소 사장님은 내게 와서 사과를 했다. 원래 다른 부동산중개업소에서 계약 쓰는 단계까지 가면 더 이상 손님에게 연락하지 않는 게 예의였기 때문이다. 지금은 부동산중개업소 수가 많아지고 경쟁이 치열해지면서 이러한 상도의(商道義)도 거의 사라졌지만 말이다.

그 A중개사무소의 중개업자는 "취등록세 감면 혜택이 보존등기 후에 매수하면 없다는 사실을 몰랐던 것 아니냐?"는 내 질문에 "그 사실은 알고 있었다. 알고 있었지만, 매수자가 안 살까 봐 일부러 설명을 안 한 거다"라고 말했다. 하지만 나는 알고 있었다. 고객에게 내가 문자를 보낸 직후 A중개업소는 지식산업센터 매매를 좀 해본 또 다른 B중개업소에 전화를 걸어 '보존등기 후에 사면 정말 세금 감면 혜택이 없는 것인지'를 물었던 사실을.

실사용자에게는 공적 자금 대출 혜택이 있다

지식산업센터를 구입한 후 실제 입주해서 5년간 사용할 업체에게는 공적 자금 대출 혜택이 있다. 시중은행들보다 저리로 많은 금액을 대출해준다.

공적 자금의 종류로는 중소기업청의 '중소벤처기업진흥공단'에서 제공하는 자금과 지자체의 '신용보증재단'에서 제공하는 자금의 두 종류가 있다. '신용보증재단'의 자금은 서울 소재 기업인 경우 '서울신용보증재단', 경기도는 '경기신용보증재단', 충북인 경우 '충북신용보증재단' 등 각 지자체별로 운영된다.

| 서울시 공적 자금의 종류 |

중소벤처기업진흥공단(중소기업청)

구분		기준 금리	대출 금리	대출 한도	대출 기간
혁신창업 사업화자금 (업력 7년 미만)	시설 자금	2.80% (정책 자금 기준 금리)	기준금리 0.3%	60억	10년
	운전 자금			5억	5년
신성장 기반자금 (업력 7년 이상)	시설 자금		기준금리 0.5%	60억	10년
	운전 자금			5억	5년

서울신용보증재단(서울시 자금)

구분	비율 및 대출한도	융자 기간
지식산업 센터 입주지원 사업	입주자금의 75% 이내 업체당 8억 원 이내	총 8년 (3년 거치 5년 균등 분할 상환)
벤처기업 입주지원 사업	입주자금의 75% 이내 업체당 8억 원 이내	

| 2022년 8월 기준

'중소벤처기업진흥공단(www.kosmes.or.kr)'의 자금은 7년 미만 기업인지, 이상인 기업인지에 따라 '혁신창업사업화자금'과 '신성장기반자금'으로 나뉜다.

서울신용보증재단의 중소기업육성자금은 크게 '운전자금'과 '시설자금'으로 나뉜다. 시설자금의 하나인 지식산업센터 입주지원금은 '지식산업센터에 입주하여 사업장으로 사용하고자 하는 기업'을 선정하여 8억 원 한도 내에서 3년 거치 5년 균등분할의 조건으로 대출해준다. 서울시 신용보증재단 사이트(seoulshinbo.co.kr)에 서류, 금리 등 자세한 내용이 나와 있다.

경기도 소재 중소기업과 소상공인에게는 '경기신용보증재단(www.gcgf.or.kr)'의 '중소기업육성자금'이 있다. 일반기업, 신기술기업, 벤처창업기업, 여성창업기업, 소재·부품·장비국산화기업이 지

| 서울시 서울신용보증재단 사이트 |

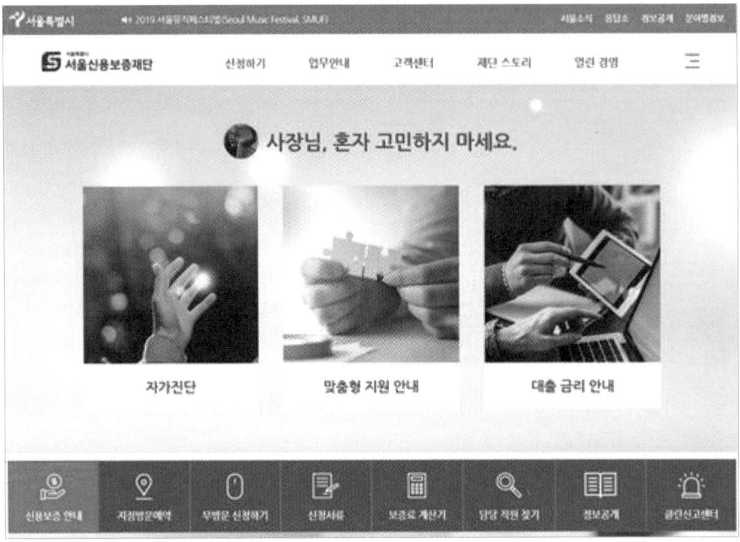

| 경기도중소기업육성자금 지원 서비스 사이트 |

식산업센터를 분양하거나 매입하여 입주할 때 15억 원 한도 내에서 3년 거치 8년 상환 조건으로 시중금리보다 낮은 금리로 빌려준다 (2022년 기준). 경기도중소기업육성자금 지원 서비스 사이트(g-money.gg.go.kr)에 금리 등 자세한 설명이 나와 있다.

공적 자금과 은행 자금을 섞어서 받을 수도 있다

만일 공적 기관에서 대출해주는 금액의 한도를 넘는 금액을 대출받고자 한다면 시중은행의 대출과 섞어서 받으면 된다. 10억 원의 지식산업센터를 구입하는데, 은행에서는 9억 원까지 대출이 가능하고, 공적 기관에서는 7억 원까지 대출이 가능하다면 7억 원은 공적 기관의 돈을 빌리고 2억 원은 은행의 돈을 빌리면 된다. 이는 은행에서 대출을 받을 때 공적 자금을 우선적으로 받고 싶다고 말하면 일괄처리해준다. 대출 금리는 이 둘을 섞은 금리가 된다.

은행원의 역량에 따라 이율과 대출 금액이 달라진다

전세자금대출, 주택담보대출 등 일반 대출은 은행 직원들이 많이 해봐서 어느 직원이 담당하든 별반 차이가 없지만, 이러한 공적 자금 대출은 직원의 역량에 따라 대출이 수월하기도 하고 어렵기도 하다. 은행에 따라 다르기보다는 직원에 따라 차이가 큼을 종종 느꼈다. 공적 자금을 많이 다뤄본 직원을 만나면 술술 잘 해결해주지만 자주 안 해본 직원은 요구하는 서류만 많고 응답이 느리다. 은행 직원들의 잦은 순환 근무가 비리 방지에 도움이 된다지만, 그로 인해 전문성이 다소 떨어질 우려가 있다.

지금은 서울 시내 중심가의 지점장으로 발령난 한 은행원은 이런 공적 자금 대출을 많이 다뤄봐서 기업 관련 대출을 받으실 분과 연결만 시켜드리면 알아서 잘 처리해주시니 무척 편했다. 한때 지식산업센터가 전혀 없는 군자역 지점으로 발령이 나서 그 지식을 충분히 활용할 수 없는 상황으로 바뀌어 아쉬웠으나 최근 시내 한 지점의 지점장이 되어 활동 반경이 넓어지자 성수동에 자주 오셔서 많은 대출을 일으키고 계신다.

영등포에서 지식산업센터 입주 자금을 많이 다룬 C지점장님은 멀리 떨어진 성수동의 입주 자금 대출도 거의 싹쓸이했다. 금리를 다른 은행이나 지점보다 훨씬 저렴하게 해주니 경쟁이 될 수가 없었다. 결국 센터장으로 승진해서 다른 지점으로 갔지만, 여전히 공격적으로 원거리까지 영업을 잘하신다.

대출을 잘해주는 은행원은 짧은 시간 내에 "신용이 중간 정도면 ○억 ○천만 원까지 금리 △.△%로 가능합니다"라고 알려준다. 실제로 대출되는 금액이 줄거나 금리가 그보다 높게 나오는 경우가 많지만, 응답을 빨리빨리 해줌으로써 진행이 수월하게 이루어지도록 한다.

그에 반해 잘 못하는 은행원은 "가능한 대출 금액과 금리를 알려주세요"라고 여쭤보면 부동산의 매수가 확정되기 전이라고 해도 먼저 많은 서류를 요구한다. 개인인 경우 재직증명서, 주민등록등본,

신분증 등을, 법인인 경우 사업자등록증, 재무제표 등이다. 고객이 서류를 준비하는데도 시간이 소요되고 답이 나오는 데도 시간이 꽤 소요된다. 부동산의 매입이 확정되기 전 단계에서는 정확한 금액과 금리를 알려줄 필요가 없는데 말이다. 우리도 고객에게 "이 정도로 나올 것 같으나 정확한 것은 대출 신청해봐야 압니다"라는 정도로만 전달하는데도 말이다. 매번 나를 답답하게 하는 한 부지점장님은 며칠 전 고객이 제출한 주민등록등본이 있는데, "조건을 약간 바꿀 때 대출 금리가 어찌 되느냐?"고 물어봤더니 또 "주민등록등본을 보내 달라"고 했다. "며칠 전에 이미 드렸는데, 또 드려야 하느냐?"라고 했더니 당황하면서 "아, 없어도 됩니다"라고 했다.

대출을 받고자 할 때는 몇 군데 은행뿐 아니라 같은 은행이라도 인근 지점을 두루 방문한 후 공적 자금 대출에 대해 잘 아는 직원을 알아내는 것이 좋다. 이때 공적 자금에 관해서만 물어봐야 하고 물건의 주소까지 알려주면 곤란하다. 같은 은행 내에서는 탁상 감정(서류상으로 물건의 금액 가치를 파악하는 것)의 결과가 한 번 나오면 다른 지점에서 요구해도 금액이 바뀌지 않기 때문이다.

10
자녀 증여용으로 최고의 부동산이다

지식산업센터는 자녀 증여용으로 아주 좋다

최근 지식산업센터를 통해 자녀에게 자산을 증여하는 사람들이 많아졌다. 어떤 점들이 있기에 지식산업센터를 자녀에게 구입해주는 걸까?

첫째, 매입 시 자금조달계획서를 제출하지 않는다. 2020년 3월 13일부터 주택 매입 시 제출해야 하는 서류는 15가지이다. 그중 주택 구입 자금을 어떻게 마련했는지 세세하게 소명해야 하는 것이 자금조달계획서이다. 지식산업센터는 매입 시 이런 서류를 제출하지 않으므로 번거로움에서 벗어날 수 있다.

둘째, 대출이 많이 되므로 이른바 '부담부 증여'를 수월하게 할 수 있다. 주택 구입 자금 대출의 기준이 되는 LTV, DTI, DSR(Debt

Service ratio, 총체적 상환능력비율) 등을 지식산업센터 구입 시에는 까다롭게 점검하지 않는다. 그러므로 많은 금액을 자녀에게 주지 않아도 대출을 끼고 지식산업센터의 구입이 가능하다. 성년 자녀에게 주어지는 증여세 면제 한도는 10년간 5,000만 원이고, 이 이상의 금액에 대해서는 증여세를 내야 한다. 주택의 경우 대출이 많이 되지 않기에 내야 할 증여세액이 많을 수밖에 없다.

주택을 가지고 있는 사람이 규제지역 내 또 다른 주택을 매입할 때는 아예 대출이 되지 않는다. 있던 주택을 6개월 내 판다고 해야 간신히 대출이 될 정도이다. 그러나 지식산업센터는 몇 개 호실을 보유하고 있더라도 대출이 가능하다.

다달이 소득이 생긴다

지식산업센터가 자녀에게 증여용으로 좋다는 것은 '자금조달계획서를 제출하지 않는 것'과 '대출 규제가 없다는 것' 때문만은 아니다. 지식산업센터의 또 다른 장점은 '다달이 소득이 생긴다'는 것이다. 대출을 활용해서 자녀 명의로 지식산업센터를 구입해주고, 훗날 이것을 매도해서 그 돈으로 집을 사주면 된다. 주택 자금조달계획서에 주택 매입자금은 지식산업센터를 매도한 돈으로 산 것으로 하면 된다. 즉 지식산업센터를 무슨 돈으로 샀는지 묻는다면 융자를 많이 받아 샀고, 그 융자는 다달이 나오는 수익으로 갚아나갔다고 하면 된다. 그렇다면 지식산업센터를 대출로 샀는데 이 빚은 어떻게 갚은 것으로 해야 할까?

아래 예시와 같이 5억 원짜리 지식산업센터를 사는 데 실제로 들어가는 돈은 1억 원과 취득세 2,250만 원뿐이다.

| 지식산업센터 세금 예시 |

(단위: 만 원)

지식산업센터 매매가	50,000	→ 취득세 2,250만 원
– 대출	– 40,000	→ 실투자금 1억 원
– 성년 자녀 기본 공제	– 5,000	→ 증여세 대상액 5,000만 원

성년 자녀에게 500만 원의 증여세(10%)만 내면 수억 원짜리 지식산업센터를 사줄 수 있다. 4억 원은 대출을 받고, 5,000만 원은 성년 자녀의 기본 공제가 가능하므로, 증여세 대상액 5,000만 원과 취득세 2,250만 원에 대한 증여세로 725만 원을 내면 된다. 그리고 시간이 흐른 후 지식산업센터를 팔아 자녀의 주택을 사주면 된다. 주택 구입 자금의 소명은 이 지식산업센터를 팔아서 번 돈이라고 하면 된다. 그리고 대출이자 및 원금은 월세를 통해 갚은 것으로 하면 된다.

1인 법인 또는 가족 법인의 설립

법인을 설립하여 지식산업센터를 매수하는 것도 좋은 방법이다. 법인은 본인만을 또는 부모와 자녀를 주주로 하여 설립하면 된다. 단기매매 및 빈번한 거래 시 개인은 6~45%의 양도소득세를 내지만, 법인은 10~25%의 법인세를 낸다. 법인 신용도에 따라서 최대 80%

| 개인의 소득세와 법인의 법인세 비교 |

과세표준	소득세율
1,200만 원 이하	6%
4,600만 원 이하	15%
8,800만 원 이하	24%
1억 5,000만 원 이하	35%
3억 원 이하	38%
5억 원 이하	40%
10억 원 이하	42%
10억 원 초과	45%

과세표준	법인세율
2억 원 이하	10%
200억 원 이하	20%
3,000억 원 이하	22%
3,000억 원 초과	25%

| 2022년 8월 기준

까지 대출이 가능하며 필요경비로 인정되는 범위가 넓다. 훗날 법인의 주식을 자녀에게 넘김으로써 상속, 증여세를 절약할 수도 있다.

그러나 법인의 돈은 투명하게 운용해야 하며, 법인에서 개인명의로 돈을 가져오기 위해서는 근로소득세 원천징수를 해야 하고, 4대 보험도 납부해야 한다. 이자, 배당 등 금융소득이 2,000만 원을 초과할 때는 종합소득세도 신고해야 한다. 이때 기장 및 법인 등기부 관리가 필요하므로 세무사와 상담하여 유리한 쪽을 택해야 한다.

2020년 4월 국세청은 부동산 투자에 나선 1인 주주 부동산 법인 및 가족 부동산법인에 대한 전수 검증에 착수했다고 밝혔다. 이는 다주택자에 대한 조사로서 지식산업센터와는 무관하다.

다음 표에서 보는 바와 같이 임대소득 금액에 따라 때로는 개인 명의일 때가 득이고, 때로는 법인일 때가 득이 되므로 각자의 경우

| 임대 시 종합소득세와 법인세 비교 |

(단위: 원)

구분	임대소득		
	100,000,000	200,000,000	300,000,000
종합소득세(일반세율)	22,110,000	62,260,000	104,060,000

구분	임대소득		
	100,000,000	200,000,000	300,000,000
법인세	11,000,000	22,000,000	44,000,000
배당소득세(15.4%)	13,706,000	27,412,000	39,424,000
법인세+소득세 합계	24,706,000	49,412,000	83,424,000

| 종합소득세와 법인세의 지방세는 각 1.0% 포함

에 맞게 개인으로 할지, 법인으로 할지 선택해야 한다.

임대용 부동산은 자녀를 위한 최고의 경제 교육이다

재테크계의 베스트셀러인 로버트 기요사키의 《부자 아빠, 가난한 아빠》의 핵심은 '내가 일해야 생길 수 있는 근로소득, 사업소득보다 내가 일할 수 없는 상황에서도 생길 수 있는 임대소득, 이자소득 등을 늘려야 한다'는 것이다. 자녀에게 임대소득이 생기는 부동산을 사주는 것은 무엇보다 현실적이고 확실한 경제학 공부이다.

지식산업센터의 임차자 관리와 월차임 관리를 자녀에게 시키면서 자녀에게 경제 교육을 시킬 수 있다는 큰 장점도 있다. 소득세 신고, 세금계산서 발행 등을 직접 하게 함으로써 세금에 대한 주의를 환기시킬 수 있고, 세금의 의미 및 절세 방안을 연구할 수 있다. 임차자가 어떤 요구사항을 해온다면, 또는 월차임을 밀린다면 조치해야 할 사항도 직접 하게 할 수 있다.

나중에 자녀가 직장생활을 하지 않고 사업을 해서 사업장이 필요하거나 법인을 설립할 때는 이 지식산업센터를 사용하면 된다는 이점도 있다.

주의해야 할 사항

자녀 명의로 지식산업센터를 구입할 때 주의할 사항이 하나 있다. 상가나 오피스텔 등 부동산을 사서 자녀에게 소득이 발생하면 건강보험료, 국민연금의 납부 의무가 발생한다.

그러나 자녀가 직장을 다니고 연간 임대소득이 3,400만 원(2022년 7월부터는 연 2,000만 원) 이하이면 상관없다. 직장을 다니는 자녀는 직장건강보험 대상자라 지식산업센터 구입으로 인해 건강보험료가 오르거나 따로 더 내지 않는다. 또한 소득이 연간 3,400만 원 이하이고, 재산 과표(과세표준)가 5억 4,000만 원 이하이면 직장인이 아니더라도 피부양자의 자격을 계속 유지할 수 있다. 피부양자는 보험료를 전혀 납부하지 않아도 된다.

2장

투자 전에 알아두어야 할 기초 상식

1
지식산업센터의 역사와 변화

지식산업센터의 역사

지식산업센터는 1940년경 처음 네덜란드에서 상공회의소가 소기업 집단화 사업을 시작한 것에서 출발했다. 이후 일본에서는 '공장아파트', 대만에서는 '표준임대공장', 싱가포르에서는 '다층형 공장빌딩(Flatted Factory Building)' 등으로 불리며 인구의 밀집도가 높은 아시아를 중심으로 확장되었다. 동남아 국가 중에서 지식산업센터가 가장 활성화되어 있는 나라로 싱가포르를 꼽을 수 있는데, 좁은 국토를 효과적으로 활용하기 위해 국가가 기업들이 필요로 하는 공장 건물을 제공하는 데 매우 적극적이다. 외국의 지식산업센터들은 주로 국가나 지자체가 기업에 임차해주는 용도로 활용하고 있어서 투자의 대상으로는 여겨지지 않고 있다.

▎싱가포르의 지식산업센터는 노동력 확보가 용이한 큰 도시에 주로 공해가 없는 경공업을 유치하기 위하여 고안된 건물이다.

우리나라에서는 1989년 인천시 주안동에 중소기업진흥공단이 협동화사업의 일환으로 아파트형공장을 신축한 것이 최초이다. 1990년 12월에는 서울시 최초의 아파트형공장이 성북구 하월곡동에 건립되었다. 1995년 9월 통상사업부가 아파트형공장 건축비의 50%를 지원하는 등의 활성화 방안을 발표하면서 아파트형공장의 개발이 민간 위주로 활발히 건립되기 시작했다.

명칭 변경과 세제 혜택

1999년 5월 산업자원부가 아파트형공장의 입주 대상을 제조업체에서 지식산업과 정보통신산업으로 확대하는 '공업배치 및 공장

| 지식산업센터 분양권 취득자의 시기별 세제 혜택 |

시행 시기	취득세 감면	재산세 감면
2014.01.01. ~ 2022.12.31.	50%	37.5%
2012.01.01. ~ 2013.12.31.	75%	50%
1995년 ~ 2011.12.31.	100%	50%

| 5년간 실제로 사용할 소유자에게만 혜택이 있다. 2025년까지 감면 시기를 연장하는 법안이 발의되어 있다.

설립에 관한 법률'을 개정, 발표하면서 아파트형공장에는 기계, 금속, 섬유 등의 제조업체 위주에서 점차 IT, BT, 디자인, 설계 등의 첨단지식기반산업체들이 입주하게 되었다. 이에 기존 '아파트형공장'은 2010년 3월 관계법령 개정으로 '지식산업센터'로 명칭이 바뀌게 되었다.

용어뿐만 아니라 지식산업센터를 분양받아 직접 5년간 사용하는 소유주에게 주어지는 혜택도 변해왔다. 2012년 이전에는 취득세가 100% 감면되었다. 2021년 현재는 50% 감면으로 바뀌었고, 이 혜택은 2022년 말에 종료될 예정이나, 2022년 7월에 3년 더 연장하는 법안이 국회에 제출되어 있다(김상훈 의원 대표 발의).

1995년 7월 내무부에서 '아파트형공장에 대해 세제를 지원한다'는 지방조례준칙을 개정한 후 각 지자체별로 조례를 개정하여 시행했다. 서울시는 1995년 10월 16일자로 규정을 신설했다.

현재 서울에서 최근 10년간 지어진 지식산업센터의 지상층에는 공장이 거의 못 들어간다. 법적으로는 가능하지만, 분양할 때 '냄새, 소음, 진동'이 있는 경우, 분양하지 않거나 관리사무소에서 입주를 시키지 않는 경우가 대다수이기 때문이다. 공장의 입주는 지하만 가능하다.

급증하는 지식산업센터

다음 그래프는 2021년 3월 현재 연도별로 건축 승인된 지식산업센터의 수를 보여준다. 2015년부터 급격히 증가한 것을 알 수 있다. 2021년은 승인 건수가 적어 보이나 3월 말까지의 통계만 들어가서 그런 것이다. 2019년 128건, 2020년 136건 승인된 것은 아직 공사 중일 터라 앞으로 입주 물량이 많이 늘어날 것임을 알 수 있다.

| 연도별 지식산업센터 승인 건수 |

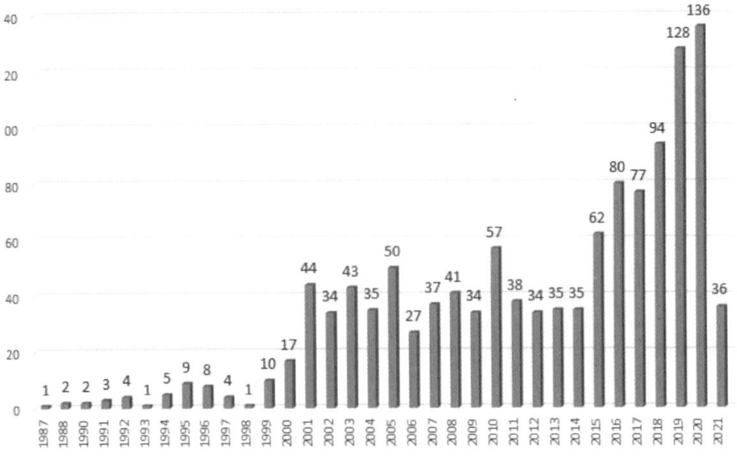

출처: 한국산업단지공단 자료. 저자 재가공

끊임없이 진화하는 지식산업센터 지원시설들

지금까지 지식산업센터의 지원시설들은 입주회사 직원들을 상대로 영업하는 식당들과 카페가 대세였으나 최근 분양하는 지식산업센터는 대형화를 꾀하면서 다양화되고 있다. 문화·레저시설을 입점시켜 주말이나 평일 오후에도 건물 외부 손님들을 끌어들일 것으로 기대된다.

광명시 소하지구의 '광명 G타워'는 멀티플렉스 영화관과 볼링장 입점이 확정됐으며 어린이집과 어린이도서관, 키즈 카페 등이 들어설 예정이다. 다산신도시 진건지구의 '현대프리미어캠퍼스' 지식산업센터 역시 영화관 총 9개관, 1,220석의 입점을 확정지었다. 다산신도시 지금지구의 'DIMC테라타워'는 키즈 테마 공간 조성을 목표로 하고 있다.

'인천테크노밸리 U1센터'도 멀티플렉스 영화관을 입점시킬 예정이다. 미사강변도시에 공급한 '한강미사 2차' 지식산업센터 역시 볼링장과 함께 총 8개관, 1,380석 규모의 대형 멀티플렉스를 구성했다. 광명역세권에 분양한 '광명역 M클러스터'는 메디컬 상권으로 꾸밀 예정이고, 또 대규모의 기숙사를 함께 지음으로써 직장과 거주가 함께 이루어짐으로써 24시간 살아 있는 건물로 조성될 예정이다. 이렇게 지식산업센터는 현재 끊임없이 진화해가고 있다.

2

입주 업종에 제한이 있다

지식산업센터의 한 건물 내 호실은 크게 두 종류로 나뉜다. '공장'과 '지원시설'이다. 그냥 '지식산업센터' 하면 흔히 이 '공장'을 말하는 것이고, '지원시설'은 상가, 창고, 오피스(일반 사무실), 기숙사, 체육시설 등이다.

멸실 전까지는 입주 업종 제한 규정을 지켜야 한다

공장 호실은 특정 업종의 일을 하는 회사가 아니면 입주할 수 없다. 여기서 주의할 것은 입주자의 업종 제한이지 소유자의 업종에 대한 제한이 아니라는 것이다. 예컨대 세입자가 입주를 한다면 소유자는 아무 업종을 하든 상관이 없고, 세입자의 입주 업종은 제한이 있다. 그리고 이 제한 규정은 건물이 완공될 때부터 멸실될 때까지 지켜야 한다. 이 규정을 지식산업센터 완공 후 5년간만 지키면 되는 줄 아는 사람들도 많으나 천만의 말씀이다. 지식산업센터 완공 후 5년 내에 입주 불가능 업종이거나 임대를 놓고 있다면 감면받은 취득세, 재산세를 추징당할 수 있고 이후로는 퇴거명령을 받을 수 있다.

성수동 W지식산업센터 건물관리단의 소장님은 본업인 관리 업무보다 중개를 더 열심히 하는 것으로 유명하다. 소유자들의 호실 임대차 및 매매에 적극 개입하여 공인중개사의 중개보수를 나눠달라고 한다. 어느 날 이 소장님이 나에게 임대차 계약서를 하나 작성해달라고 했다. 그때까지 소장님은 계약서도 직접 작성했었는데, 임차하려는 회사에서는 공인중개사의 개입없이 임대인과 직접 계약한 계약은 인정하지 않아서라는 것이다. 소장님은 수십 장의 명함을 내밀며, 많고 많은 중개업자 중에 나를 불렀으니 그 대가로 내가 받을 중개보수의 반을 내놓으라고 했다. 그 임대차 계약을 진행하고 계약금 몇백만 원이 임대인 통장으로 들어갔는데, 일주일 뒤 임차인의 사정으로 그 계약이 해제되었다. 1년쯤 지난 어느 날 임차인이 나를 직접 찾아와서 다시 사무실을 알아봐달라고 했다. 하지만 업종을 체크해보니 입주 대상 업종이 아니었다. 처음에 소장님의 소개로 계약서를 써 줄 때는 이 회사의 업종을 잘 몰랐었다. 소장님이 어련히 알아서 점검했으려니 했던 것이다.

나중에 소장님에게 “왜 업종이 맞지 않는 회사를 입주시키려 했느냐?"라고 물어보니 그는 "건물 준공 후 5년만 업종을 맞추면 되지 않느냐?"고 했다. 지식산업센터 관리소장님이, 그것도 직접 중개를 하고, 계약서까지 직접 쓴 사람이 잘못 알고 있었던 것이다. 만일 이런 분의 주선으로 계약했다가 단속되면 이전해야 하고, 중개보수를 지불했더라도 손해를 배상받기 어렵다.

산업집적활성화 및 공장설립에 관한 법률 제28조의5에 보면 지식산업센터에 입주할 수 있는 업종을 다음과 같이 규정하고 있다.

| 산업집적활성화 및 공장설립에 관한 법률 |

제28조의5(지식산업센터에의 입주) ① 지식산업센터에 입주할 수 있는 시설은 다음 각 호의 시설로 한다. 〈개정 2010. 4. 12.〉

1. 제조업, 지식기반산업, 정보통신산업, 그 밖에 대통령령으로 정하는 사업을 운영하기 위한 시설
2. 「벤처기업육성에 관한 특별조치법」 제2조제1항에 따른 벤처기업을 운영하기 위한 시설
3. 그 밖에 입주업체의 생산 활동을 지원하기 위한 시설로서 대통령령으로 정하는 시설

② 제1항제1호에 따라 지식산업센터에 입주할 수 있는 시설의 범위 및 규모는 대통령령으로 정한다. 〈개정 2010. 4. 12.〉

세부적으로 보면 건축설계, 도시계획 및 조경설계 서비스업, 엔지니어링 서비스업, 물질 성분 검사업, 기타 기술 시험, 검사 및 분석업, 측량업, 제도업, 지질조사 및 탐사업, 지도제작업, 광고물 작성업, 영화 및 비디오물 제작업, 전시 및 행사 대행업, 직원훈련기관, 토양 및 지하수 정화업, 기타 환경 정화 및 복원업, 시장 및 여론조사업, 사업 및 무형 재산권 중개업, 물품감정, 계량 및 견본 추출업, 무형재산권 임대업, 경영 컨설팅업, 온라인 및 게임 소프트웨어

개발 및 제작업, 컴퓨터 및 SW 관련업, 통신업, 광고업, 보안시스템 서비스업 등이 입주 가능하다. 입주 가능한 업종이 다양하다 보니 이것을 아는 것보다 안 되는 업종을 찾는 것이 편하다.

대표적으로 입주 불가능 업종은 무역, 도소매, 유통, 의료기기 판매업 등이다. 그리고 세무사, 회계사, 변호사, 부동산공인중개사도 지식산업센터의 주 용도인 공장시설에 입주할 수 없는 업종이다.

입주 가능한 업종에 대한 자세한 소개를 책의 맨 뒤에 부록으로 넣었다. 꼭 참조하기 바란다.

사업자등록증에 업종을 넣는다고 해결되는 게 아니다

지식산업센터에 입주 불가능한 업종의 사업을 하지만 사업자등록증에 적합한 업종을 추가하기만 하면 입주가 가능한 것으로 알고 있는 사람도 상당수 있다. 그러나 안 된다! 취득세를 감면받은 실사용자는 입주 가능한 업종에서 대부분의 매출이 발생해야 한다. 즉 세금계산서, 계산서 등을 해당 업종에서 발부한 실적이 있어야 하는 것이다. 꼼꼼한 지자체의 공무원의 경우 매출 내역까지 살펴서 해당 업종에 맞는 회사인지 살핀다. 적합 업종이 아니면 감면받은 취득세를 추징하고 감면받았던 금액에 과태료까지 붙어 고지된다. 취득세 감면을 받은 실사용자는 업종을 다시 한 번 꼼꼼히 살펴봐야 한다.

최근 입주 1년을 넘기면 지자체에서 취득세를 감면받은 업체들에게 재무제표를 내라고 하는 사례들이 많아졌다. 입주 적합 업종 분야에서 매출이 50% 이상이 되지 않으면 감면받은 취득세 50%를 추가로 내라고 하고 있다.

임차자의 업종 조사는 하지 않고 있다

임대를 놓은 경우 소유자는 취득세를 감면받지 못하고 100% 다 내어야 한다. 그러므로 적정 업종의 세입자가 아닌 사람이 입주를 했더라도 취득세 추징의 우려가 없다.

지식산업센터로 논문까지 써서 법을 잘 아는 나는 적합 업종의 임차희망자가 아니면 지식산업센터에 입주를 안 시켰는데, 다른 중개업자들은 “사업자등록증에 적합 업종을 추가만 하면 된다”라고 하면서 다 입주를 시켰다. 오히려 법을 잘 모르는 신참 공인중개사나 중개보조원들에게서 이런 사례가 많았다. 22년 하반기 어느 날, 자세히 살펴보니 대표적 입주 불가 업종인 무역·유통·도소매 업종의 회사들뿐만 아니라 건설업체, 법무사, 감정평가업체들이 지식산업센터에서 버젓이 일을 하고 있는 경우가 아주 많았다. 사업자등록증에 경영 컨설팅이나 관련 소프트웨어 개발을 추가해서 입주한 것이었다. 적은 인원의 공무원으로 많은 지식산업센터 입주업체들의 재무제표까지 보는 것은 어려우니 적발이 쉽지 않았을 것이다. 그리고 취득세를 감면받은 실사용자가 적합하지 않은 업종의 일을 하는 경우 감면받은 취득세를 받아낼 수 있지만 임차자가 적합 업종이 아닌 경우 퇴거명령을 내리는 것밖에 없어서 지자체에 별 도움이 전혀 되지 않으니 조사를 안 하는 것이 아닌가 한다. 퇴거명령을 내리고 그에 불응하면 1,500만 원 이하의 벌금에 처해질 수 있지만 대부분 벌금 부과 전에 퇴거를 한다. 그래서 무사히 다들 잘 입주해 있는 것이었다. 그동안 "적합 업종 아니시면 입주하시면 안 돼요"라고 단호하게 못 박았던 일들이 무안해진다.

지식산업센터를 눈여겨본 지 10년이 넘는 기간 동안 두세 번, 지자체의 퇴거 명령을 받고 이사한 업체를 봤는데, 지금 생각해 보면 그 업체들은 재무제표를 조사당했다든가 해서 그런 게 아니라 옆 호실들의 민원에 의한 것이 많았다. 복도에 택배 물품을 쌓아둬서 누가 봐도 도·소매업체로 보였고, 현수막을 문 앞에 걸어두고 물건을 팔아서 상품판매업체로 보였고, 사람이 너무 많이 드나들어 다단계 업소나 보험회사로 보였던 것이다. 이제는 나도 조사하지 않는 지자체를 믿고 '사업자등록증에 업종만 추가하면 돼요'하면서 임차인을 들여야 고객을 놔버리는 바보가 되지 않을 것 같다.

지식산업센터의 업종 제한이 풀리든지, 규제를 할 거면 제대로 단속을 하든지 했으면 한다. 있으나 마나 한 법은 없는 게 낫다.

지원시설에는 입주 불가능 업종도 입주할 수 있다

그러나 지식산업센터에 입주 불가 업종이 당당히 들어가 있는 것도 볼 수 있다. 위의 산업집적법 제28조5의1항 '그 밖에 입주업체의 생산 활동을 지원하기 위한 시설로서 대통령령으로 정하는 시설', 즉 '지원시설'인 경우이다.

대통령령으로 정하는 시설은 '산업집적법 시행령 제36조4(지식산업센터에의 입주)'의 2항에 나와 있다.

| 산업집적활성화 및 공장설립에 관한 법률 시행령 |

제36조의4(지식산업센터에의 입주) ② 법 제28조의5제1항제3호에 따른 입주업체의 생산 활동을 지원하기 위한 시설은 다음 각 호의 시설로 한다. 다만, 시장 · 군수 또는 구청장이나 관리기관이 해당 지식산업센터의 입주자의 생산 활동에 지장을 줄 수 있다고 인정하는 시설은 제외한다. 〈개정 2010. 7. 12., 2011. 4. 5., 2011. 12. 8., 2017. 10. 31.〉

1. 금융 · 보험 · 교육 · 의료 · 무역 · 판매업(해당 지식산업센터에 입주한 자가 생산한 제품을 판매하는 경우만 해당한다)을 하기 위한 시설
2. 물류시설, 그 밖에 입주기업의 사업을 지원하거나 어린이집 · 기숙사 등 종업원의 복지증진을 위하여 필요한 시설
3. 「건축법 시행령」 별표 1 제3호 및 제4호에 따른 근린생활시설(면적제한이 있는 경우에는 그 제한면적범위 이내의 시설만 해당한다)
4. 「건축법 시행령」 별표 1 제5호에 따른 문화 및 집회시설 또는 같은 표 제13호에 따른 운동시설로서 산업통상자원부령으로 정하는 시설
5. 「건축법 시행령」 별표 1 제7호다목에 따른 상점(음 · 식료품을 제외한 일용품을 취급하는 상점만 해당한다)으로서 다음의 기준에 적합한 시설
   가. 산업단지 안의 지식산업센터에 설치하는 경우: 보육정원이 50명 이상인 어린이집(「영유아보육법」 제10조제1호에 따른 국공립어린이집은 제외한다)이 해당 지식산업센터에 설치(「영유아보육법」 제13조에 따라 어린이집의 설치인가를 받은 경우를 포함한다)되어 그 용도로 유지되고 있고 해당 상점의 건축연면적이 3천제곱미터(보육정원이 60명 이상인 경우에는 4천제곱미터) 이하인 시설
   나. 산업단지 밖의 지식산업센터에 설치하는 경우: 해당 상점의 건축연면적이 해당 지식산업센터에 설치되는 지원시설의 바닥면적 총합계의 100분의 10 이하인 시설
6. 「건축법 시행령」 별표 1 제14호나목2)에 따른 오피스텔(산업단지 안의 지식산업센터에 설치하는 경우로서 해당 산업단지의 관리기본계획에 따라 허용되는 경우만 해당한다)

이렇게 법률에 정해져 있으나 크게 신경 쓰지 않아도 될 만큼 지

원시설은 거의 모든 업종이 가능하다.

개별입지 지식산업센터의 소유 가능 업종에 제한이 없다

산업단지 안팎을 불문하고 이렇게 입주 업종에 제한이 있는데, 개별 입지에서의 소유자의 업종 역시 제한이 있지 않을까? 답은 '없다'이다. 분양권을 소유하는 데는 업종 제한이 있지만 완공 후 건물의 소유에는 제한이 없다. 단 산업단지 안은 임대에 대한 별도의 규정이 있어서 공장 설립 등의 완료 신고 또는 사업 개시의 신고를 한 후에 관리기관과 입주계약을 체결해야 한다. 산업단지 밖의 개별입지의 임대에 관한 규정은 없다.

3
적정 업종의 사업자에게만 분양한다

완공된 후 개별입지의 지식산업센터의 소유는 아무나 해도 상관이 없다. 그러나 분양은 그렇지 않다. 반드시 적정 업종의 사업자가 분양을 받아야 한다.

시행사는 지식산업센터를 분양할 때 기준에 맞는 적절한 업종의 사업자에게만 분양한다. 입주 적정 업종의 사업자에게 분양을 할 경우 시행사의 토지 취득세가 감면된다. 처음에는 이를 위해서 그렇게 하는 것으로 생각했었다. 그런데 알고 보니 시행자의 토지 취득세 때문이 아니였다. 바로 입주자 모집 공고문 때문에 그렇게 하는 것이었다.

시행자가 모집 공고문을 작성해 시장·군수 또는 구청장으로부터 승인을 받을 때 '입주자의 자격 및 입주 대상 업종을 공고하고 이의

| KBI 하남 지식산업센터 입주자 모집 공고문 중 일부 |

7. 입주자의 선정일시 · 방법 및 계약의 취소에 관한 사항

가. 선정일시(분양일시): 계약체결은 입주자모집 공고일 이후로 한다

나. 선정방법: 상기 입주자모집공고 제3조(입주자의 자격 및 입주대상 업종)의 유자격자에 한해 선착순으로 계약.

다. 계약 시 구비서류

1)분양계약서(당사 소정양식 1부)

2)신청인의 사업자등록증사본, 주민등록(법인등기부)등본 각 1부

3)본인(대리인)주민등록증, 인감 지참(대리인의 경우 위임장 및 계약자(대표자)의 인감증명서 및 인감도장 지참)

| 입주자의 자격 및 입주 대상 업종의 유자격자에 한해 선착순으로 계약한다고 공고했다.

유자격자에 한해서 분양을 하겠다'고 한 것이 그 이유다. 위 이미지처럼 지식산업센터 입주자 모집 공고문마다 '입주자의 자격 및 입주대상 업종의 유자격자에 한해 선착순으로 계약'과 같은 문구가 들어있다. 이 때문에 분양받을 때는 적합 업종의 사업을 영위하고 있어야 하는 것이다.

'산업집적활성화 및 공장설립에 관한 법률'의 제28조의4(지식산업센터의 분양)를 보면 다음과 같이 되어 있다.

> ① 지식산업센터를 설립한 자가 지식산업센터를 분양 또는 임대하려는 경우에는 공장건축물 착공 후 산업통상자원부령으로 정하는 바에 따라 모집공고안을 작성하여 시장·군수 또는 구청장의 승인을 받아 공개로 입주자(지식산업센터를 분양 또는 임대받아 제조업이나 그 밖의 사업을 하는 자를 말한다. 이하 같다)를 모집하여야 한다. 승인을 받은 사항 중 산업통상자원부령으로 정하는 중요사항을 변경하려는 경우에도 또한 같다.

앞에 나와있는 법률대로 시행자는 '모집 공고안을 작성하여 시장·군수 또는 구청장의 승인'을 받아야 하는데 이때 지식산업센터에 적합한 업종을 하는 자를 모집하는 것이 아니면 분양 승인이 나기 어렵다. 그래서 지식산업센터 분양을 받을 자가 입주 업종 중 하나의 사업을 하고 있지 않을 경우 분양받기 직전 또는 분양권을 매입하기 직전에 적정 업종으로 사업자등록을 한다.

이 역시 편법이긴 하나 위법의 소지는 적다. 사업을 현재 꼭 하고 있는 게 아니라 할 예정으로 사업자등록을 해놓기만 해도 되기 때문이다. 여차하면 나도 여기서 후에 사업을 시작한다는 마음으로 사업자등록을 해도 되는 것이다. 사업실적은 이제 막 시작하기 때문에 없어도 된다.

그러나 지식산업센터가 많은 지역의 세무서에서는 점점 사업자등록을 까다롭게 해주고 있다. 본인 집에서 사업을 시작한다고 해도 무리가 없으나 이미 사업자등록이 되어 있는 사무실에 추가로 하나 더 내려 하면 "정말 사업을 하려는 게 맞느냐?"라고 물어보면서 사업장의 사진을 가져오라고 하기도 한다. 전월세로 거주하고 있는 사람들은 집에 사업자등록을 할 경우 임대인과의 계약서가 있어야 한다.

사업자등록을 내기 위한 사업장을 찾기 어렵다면 공유형 오피스의 비상주 사업자 신청을 하면 된다. 포털에서 '공유형 오피스'를 검색하면 많은 결과들이 나오는데, 대부분 비상주 사업자 서비스를 제공한다. 비상주 서비스는 사무실 주소만 제공해주고 우편물은 모아서 전달해준다. 대부분 월 5만 원 내외로 얻을 수 있다. 김포나 용인 같은 곳에는 2만 원에 가능한 곳도 있다. 이런 곳에 계약을 하고 임대차 계약서를 세무서에 제출하면 바로 사업자 등록을 할 수 있다.

4
분양 절차와 임대 프로세스

지식산업센터의 분양 사업은 큰 금액이 소요되는 만큼 일반 소유자가 시행하는 것은 무리가 있다. 그러다 보니 대규모 토지를 갖고 있는 소유자들의 경우도 직접 분양 사업을 하지 못하고 시행사에 팔거나 지주 공동사업을 하게 마련이다.

시행사는 토지의 계약금 정도만 준비해서 지주에게 지불하고 토지의 잔금부터 건축비는 모두 금융기관으로부터 사업성을 담보로 돈을 빌려서 사업을 진행한다. PF(Project Financing)라고 하는 것이다. 토지를 매입하면 대략 공사 규모의 윤곽이 나오고 시행사는 분양을 준비하면서 분양대행사를 선정한다. 분양대행사의 직원들은 정규직이 아니라 그때그때 현장에 따라 분양팀이 꾸려진다.

지식산업센터의 분양과 임대는 대략 8단계로 이루어진다.

1단계 : 입주의향서

최근 시행사들은 분양대상 지식산업센터의 수요파악을 위해 입주의향서를 먼저 받곤 한다. 대충의 평형과 분양가를 알려주고 분양받을 의사를 묻는 것이다. 법적 구속력은 없으나 이것을 제출한 업체에게 분양의 우선권을 준다. 입주의향서가 많이 접수되면 분양가격이 올라가는 일은 다반사다.

2단계 : 청약

건축허가가 날 무렵 분양대행사는 호실별로 고객들의 청약을 받는다. 이때 계약률을 높이기 위해 청약자들에게 한 호실당 500만 원 또는 1,000만 원을 받는다. 청약금을 받는 것은 불법이지만 대다수 시행사들이 계약률을 높이기 위해 청약금을 받고 있다. 청약 시에도 건축허가가 나오지 않았을 때도 있고, 분양가가 확정적이지 않을 때도 있다. 보통 한 달 내에 정식 계약을 체결하는데 그 사이에 면적의 가감이 있기도 하고 가격의 변동이 있기도 한다. 고객이 청약만 하고 계약을 하지 않을 경우 청약금은 돌려준다. 청약금을 받을 때는 '계약을 안 하면 바로 돌려준다'고 하지만, 보통 1~2주 정도 소요된다.

시행사나 분양을 총괄하는 회사는 청약된 호실이 겹치지 않게 계속 청약 현황을 분양대행사 직원들에게 알려준다. 인기 있는 호실 같은 경우 한 층 전체로만 청약을 받기도 하고, 한 층의 절반이 되는 여러 호실을 한꺼번에 계약할 고객에게만 청약을 받기도 하며, 모퉁이 호실은 2~4개 호실을 묶어서 청약을 받기도 한다. 분양된다는 확신이 있는 호실 같은 경우, 분양대행사 직원들이 직접 자신들의 돈으로 청약하고 잡아둔다. 어느 고객에게든 계약만 하면 분양수수료는 가져갈 수 있기 때문이다.

요즘은 시행사에서 분양률을 높이기 위해 층별로 분양 물량을 분양팀에 나눠서 주기도 한다. 3~4층, 12층은 A분양팀, 5~6층, 11층 B분양팀, 7~9층은 C분양팀 식이다. 이 경우 고객은 A팀 사람을 만나면 원하는 층의 물건이 없다든가, B분양팀을 만나면 청약이 이미 끝났든가 하는데, C팀을 만나면 원하는 층의 물건이 나온다든가, 청약할 물건이 남아 있다든가 하는 경우도 생긴다. 인기 있는 지식산업센터의 경우 분양대행사의 여러 직원을 접촉해야 하는 경우도 생긴다.

청약을 하기 위해서는 청약하고자 하는 지역의 지식산업센터를 포털에서 검색하면 그 정보가 뜬다. '영등포구 지식산업센터', '성수동 지식산업센터', '마곡동 지식산업센터' 등으로 검색어를 넣고 전화해서 상담을 받으면 된다.

3단계 : 사업자 등록하기

개별입지의 지식산업센터는 준공 후에는 소유자의 업종에 대한 제한이 없지만, 분양을 받을 시에는 적합한 업종의 사업자여야 한다. 입주 대상 업종이 아닌 '부동산 임대사업'용으로 분양을 받으면 문제가 생길 수 있다. 시행사는 토지를 취득할 때 입주 대상 업종의 사업자에게 분양하는 조건으로 분양 승인을 받고 취득세 감면을 받는데, '부동산 임대사업'을 하는 자에게 분양한 경우 감면된 취득세를 추징당할 수 있고, 이것을 수(受)분양자에게 청구한 사례가 있다.

그래서 분양대행사 직원들은 고객이 분양받을 때는 임대 사업자가 아니라 적정 업종의 사업자를 내서 분양을 받게 하고 임대 후에는 원래의 임대 사업자로 등록을 변경하도록 유도한다. 지식산업센터 입주 업종을 찾아보면 본인이 사업 가능한 업종이 하나쯤은 나올 수 있다. 금융권에 있었던 사람은 '경영 컨설팅업'이 있고, 디자인 업무를 했던 사람은 '기타 전문 디자인업' 등이 있다. 사업을 할 마음가짐으로 사업자 등록을 하고 그것으로 분양을 받으면 된다. 준공 시까지 별다른 사업을 못 할 것이고, 준공 후에는 '비주거용 부동산 임대사업'으로 업종을 변경한다.

사업자 등록은 국세청 홈텍스 사이트(www.hometax.go.kr)에서 온라인으로 신청하거나 직접 인근의 세무서를 방문하면 약 3일 이내에 발급된다. 같은 건물 내라면 여러 호실이라도 한 개의 사업자만 등록하면 되고, 건물이 다르다면 건물마다 하나씩 등록해야 한다.

4단계 : 분양 계약

청약을 받은 뒤 계약을 하는데, 한 호실에 여러 개의 청약이 겹쳐 들어오는 경우도 있다. 복수로 청약이 된 경우는 다수 호실을 청약한 고객이 우선이고, 같은 개수의 호실을 청약했다면 먼저 청약금을 넣은 사람이 우선이다. 계약금은 분양가의 10%인데, 따로 건물분에 대해서는 부가가치세를 납부해야 한다. 부가가치세는 1~3월 것은 4월, 4~6월 것은 7월, 7~9월 것은 10월, 10~12월 것은 1월에 환급을 받는다.

5단계 : 대출 신청, 중도금 납입

중도금은 일반적으로 4차에 걸쳐 10%씩 총 40%를 받는다. 계약서 작성 시 또는 계약 후 1~2달 후 대출 신청 서류도 함께 작성한다. 그리하여 중도금 납입 시기에 분양받은 사람 명의로 대출이 실행되어 자금이 은행으로부터 신탁사로 들어간다. 신탁사는 공사한 실적('기성'이라고 한다)대로 시행사에 자금을 지불한다. 은행이 신탁사에 지불한 돈에는 이자가 있지만, 지식산업센터는 관례처럼 무이자융자대출이다 보니 분양받은 사람들도 중도금이 언제, 어떻게 납입되었는지 모르는 경우가 많다. 그래서 계약 후 그저 약 2년간의 시간을 막연히 기다릴 뿐이다. 이때 계약금만 포기하면 계약이 파기되는 줄 알지만, 만약 중도금이 실행되었다면 계약이 파기되지 않거나 중도금까지 변제해야 하는 경우가 생길 수도 있다.

아파트의 경우 IMF 때나 외환위기 때 그런 사례가 종종 있었지만, 지식산업센터의 가격이 급락하여 계약을 파기하는 경우는 아직까지 보지 못했다.

6단계 : 임차자 구하기

건물의 완공이 두세 달 앞으로 다가오면 직접 사용하지 않을 사람들은 이때부터 임차자를 구한다. 분양대행사 직원들에게 의뢰하기도 하고, 부동산중개업자들에게 부탁하기도 한다. 분양과는 달리 임대차는 부동산중개업소에서 소개를 더 많이 하는 편이다. 일반 사무실을 구하러 온 임차 희망자들을 지식산업센터를 임차하는 것으로 유도하기도 하고, 완공된 지식산업센터를 희망하는 손님을 곧 준공될 지식산업센터 쪽으로 유도할 수 있기 때문이다.

입주가 시작되면 한꺼번에 물량이 쏟아져 나온다. 입주 무렵에는 아파트처럼 가격의 하락이 불가피하다. 다소 가격을 낮춰 잡을 필요가 있다. 그러나 한 번 입주한 회사들은 잘 이동하지 않으므로 이후로 2년마다 임대료를 올리는 데 별 어려움이 없다.

건물의 보존등기 전에 임차자와 계약할 때는 임차인이 불안해할 수도 있다. 그럴 경우 분양계약서를 준비해서 함께 보여준다.

7단계 : 잔금 및 취득세 납부, 입주

건물이 완공되어 사용 승인을 받으면 입주가 시작되면서 잔금을 받는다. 잔금은 보통 50%인데, 이때 은행을 알아보고 분양받은 지식산업센터에 대한 담보대출로 70~80%의 대출을 신청한다. 잔금 날, 은행에서는 신탁사로 중도금의 40%에 대한 대체금과 잔금의 30~40%를 입금한다. 부족한 돈 20~30%는 분양받은 사람이 따로 더 준비해서 납부해야 한다.

아파트의 입주가 시작되면 여러 집들이 인테리어 공사를 하는데, 지식산업센터도 마찬가지다. 현관에 대한 강화 도어와 인테리어, 내부 룸 조정 등으로 인테리어 공사를 한참 하기 마련이다. 이때의 분진과 소음을 피해 입주를 늦추는 기업들도 많다. 그러나 잔금 기간으로 보통 한두 달 정도를 주며 이 기간이 지나면 고율의 이자가 붙기 때문에 되도록 이 기간 안에 잔금을 다 치르는 게 좋다. 세입자가 미리 구해졌다면 세입자의 보증금으로 잔금 납부에 보태기도 한다.

잔금을 내면 취득세도 내게 된다. 이때까지는 입주 대상 업종의 사업자이므로 취득세는 50% 감면된 2.3%를 내게 된다. 개인이나 개인사업자는 관계없지만 5년 미만 법인인 경우 취득세 3배를 중과한다.

8단계 : 취득세 추가분 및 가산세 납부

임대를 놓으면 감면된 취득세 2.3%를 더 내야 하는 것도 잊지 말자. 그러므로 임대 사업자의 취득세는 4.6%가 된다. 이때 더 내는 2.3%의 취득세에 대한 지연 가산금도 있다. 일할 계산하므로 한 달 내외면 큰 금액은 아니다.

감면받은 취득세는 지자체(서울의 경우 구청)의 세무과에 가서 납부하면 된다. 세무과에 가서 "임대사업으로 전환해서 감면받은 취득세 더 내러 왔다"라고 하면 친절히 알려준다.

9단계 : '비주거용 임대사업'으로 사업자 등록 변경

임차자가 구해지고, 임차자가 입주한 후에는 1주 이상 시간을 두고 사업자 등록을 '비주거용 임대사업'으로 변경한다.

비주거용 임대사업은 '지식산업센터, 상가, 업무용 오피스텔'과 같이 상업용으로 이용하는 부동산을 임대하는 업종이다. 비주거용 임대사업은 주거용 임대사업과는 달리 부가가치세를 납부해야 한다. 대신 지식산업센터를 구입할 때 납부한 건물분의 부가가치세를 돌려받을 수 있다. 그리고 건물과 관련한 유지보수, 인테리어 비용 등의 공사를 할 때의 부가가치세도 돌려받을 수 있다. 토지는 면세 대상이므로 부가가치세가 없다. 비주거용 부동산으로 사업자 등록을 할 때 일반과세자로 등록을 해야 건설사에 납부한 부가가치세를 돌려받을 수 있다. 사업자 등록의 변경은 국세청 홈텍스에서 온라인으로 신청하거나 물건지 관할 세무서를 방문해서 한다.

5

누구나 선호하는 좋은 호실 고르는 법

박사학위 논문을 쓰면서 층별 임대료에 대해 통계적으로 분석을 해보았다. 건물의 규모, 접면 도로의 폭, 지하철역까지의 거리, 주차 대수와 같은 건물의 특성이 임대료의 55.6%를 좌우하는 것으로 나타났다. 그리고 층, 전용면적, 2면 발코니 여부 같은 개별 호실의 특성이 44.4% 영향을 미치는 것으로 나타났다. 개별 호실보다는 어떤 건물이냐에 따라 임대료가 더 좌우된다는 것을 알 수 있었다. 그러나 호실의 특성도 44% 이상 좌우하므로 어떤 호실을 골라야 하는지 알아보자.

4층이 가장 분양가가 저렴하다

일반적으로 지식산업센터의 지상층 중 4층이 가장 분양가가 저렴하다. 4층이 제일 저렴하지 않은 경우는 드라이브인(drive-in) 시스템으로 4층 이상까지도 차가 직접 올라가는 경우, 4층에 조경시설 등 서비스 시설을 넣은 경우 등이다.

1층은 상가로 분양하므로 분양가가 가장 비싸다. 2~3층도 근생으로 분양해서 세무사사무소, 법무사사무소, 병원 등이 입점하기도 한다. 그래서 비싸다. 그다음에는 조망이 좋기 때문에 꼭대기 층부터 높은 가격으로 분양이 된다.

지식산업센터는 승강기가 아무리 많다고 해도 출퇴근 시간과 점심시간에는 사람이 몰려서 승강기를 타려면 한참 기다려야 한다. 그런데 2~3층은 계단으로 오르내리기 편하므로 성격이 급한 사람들에게 분양이 잘된다. 지식산업센터에 몇 년간 있어 본 사람들은 2~3층만을 선호하기도 한다. 4층은 이도 저도 아니다 보니 가장 저렴한 것이다.

그러나 앞서 언급한 대로 건물 특성이 호실 특성보다 중요하므로 임대 목적이면 4층도 괜찮다. 싸게 분양받아서 싸게 임대하면 되기 때문이다. 임차인들은 같은 값이면 조망이나 층보다는 임대 면적이 넓은 것을 찾는다. 아파트도 매수 시에는 까다롭게 고르지만 임차는 다소 완화된 기준으로 본다.

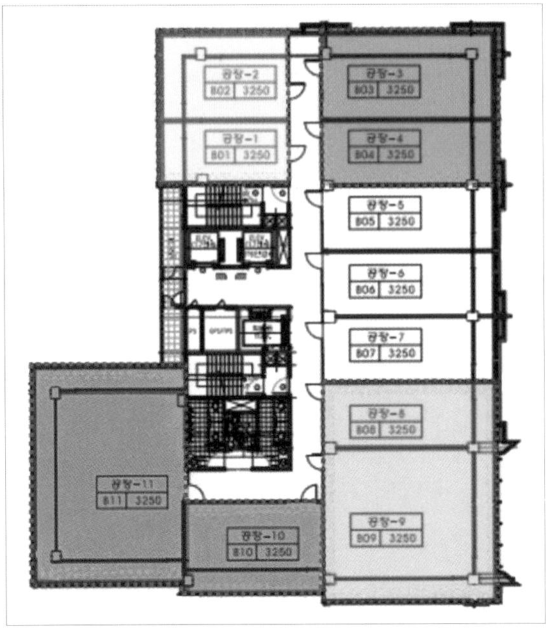

모퉁이 호실은 전부 '묶음 분양'으로 되어 있다. 가운데 호실은 한 칸씩 살 수 있지만 모퉁이 호실은 불가능하다.

모퉁이 호실이 가장 선호된다

사람들이 단연코 선호하는 호실은 모퉁이 호실이다. 모퉁이 호실이면 개방감도 있고 대부분 발코니가 2면에 걸쳐 있어서 서비스 면적도 다른 호실보다 많다. 당연히 분양 시 우선적으로 계약된다. 그래서 요즘은 모퉁이 호실만 따로 분양하지 않는다. 옆 호실과 묶어서 함께 분양한다. 분양대행사 직원에게 주어지는 자료를 보면 위 그림처럼 '묶음 분양'이라고 해서 '끼워 팔기'로 연접한 몇 개 호실을 같이 사야만 살 수 있게 하는 경우가 많다. 10년 전만 해도 층별

309호와 308호 주변에는 실내 조경시설과 실내 휴게실이 있다. 다른 호실보다 득이라고 할 수 있다.

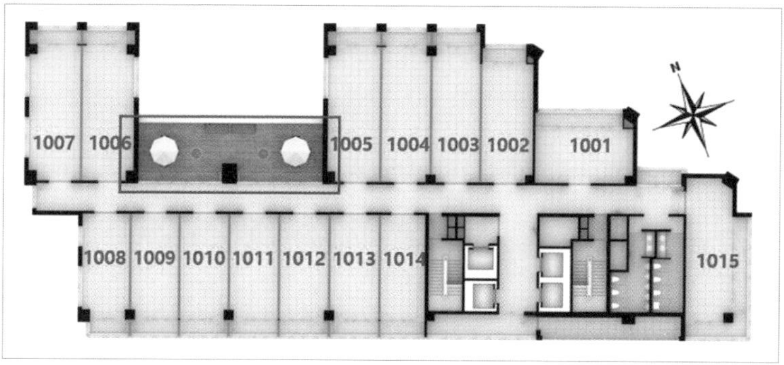

이곳은 한 회사가 한 층을 다 사서 휴게실을 회사 전용으로 쓰고 있다.

분양가는 달라도 같은 층 내 호실들 가격은 같았으나 요즘은 다르다. 모퉁이 호실이면 비싸다.

지식산업센터의 층별 도면을 자세히 들여다 보면 좋은 호실이 보인다. 따라서 도면을 꼼꼼히 봐야 한다. 호실 주변에 공중정원 등 조경시설, 휴게실 등이 있는 곳이 좋다. 휴게실은 사람들이 떠드는 소리 때문에 다소 소음을 유발할 우려가 있지만, 그래도 없는 것보

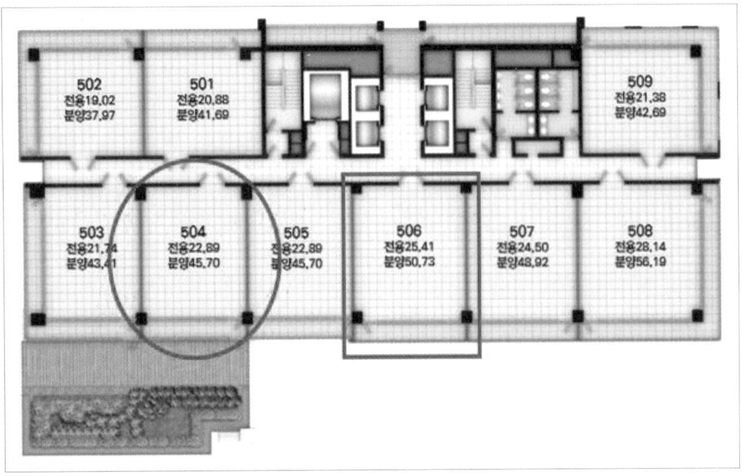

❙ 동그라미 표시가 된 504호는 조경시설이 보이고, 네모 표시가 된 506호는 외부의 조망이 잘 보인다.

다는 있는 것이 좋다.

위 그림의 동그라미 표시가 된 504호 바로 밖에 조경시설이 있어서 네모 표시가 된 506호보다 분양 시에 인기가 많았다. 하지만 막상 건물이 완공되어 입주해보니 506호는 조망이 좋았으나, 504호는 먼 조망은 보이지 않고 바로 앞의 공중정원만 보였다. 대체로 트인 조망이 정원 조망보다 낫다.

다음 페이지 그림의 경우 1406호는 모퉁이 호실로 2면 발코니인 점은 좋으나 한쪽 귀퉁이 일부(네모 표시가 된 곳)가 빠져 있다. 이곳에 에어컨 실외기들을 놓았기 때문이다. 장소의 일부가 빠진 것은 그만큼 면적이 제외되므로 가격이 낮아진다. 그러나 실외기는 소음이 커서 임대를 놓을 때 다소 애를 먹는다.

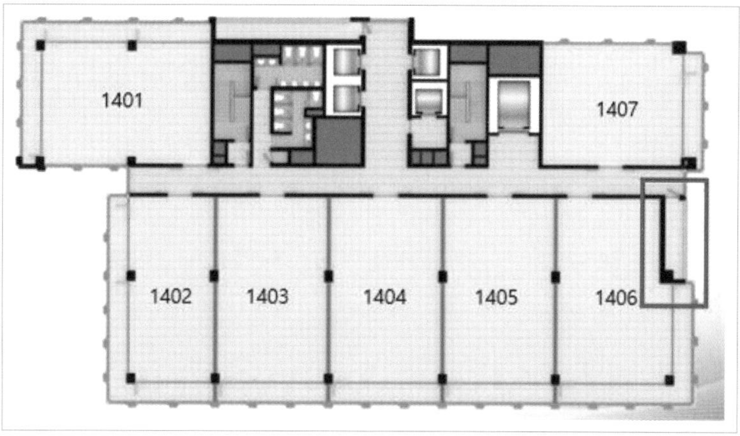

| 1406호가 2면 발코니인 점은 좋으나 네모 표시가 된 곳이 에어컨 실외기를 놓는 곳이라 인기가 떨어진다.

지식산업센터 내에는 근생도 있다

지식산업센터 지상층에도, 1층처럼 근생의 일종인 사무소가 있는 경우가 있다. 주로 2층과 3층에 있는 경우가 많고, 꼭대기 층에 있는 경우도 있다.

같은 건물 내에서 근생 사무소와 공장의 물리적 차이는 거의 없다. 그러나 공장에는 지식산업센터 입주 가능 업종만 입주할 수 있지만, 근생 사무소에는 업종 제한이 없어 무역, 유통, 도소매 사무실, 의료기기 판매 등의 회사도 입주가 가능하며, 변호사, 회계사, 공인중개사 사무소도 입주가 가능하다.

시행사는 근생 시설로 분양하면 토지 매입 시 받았던 토지에 대한 취득세 감면분을 근생의 토지 지분만큼 지자체에 반환해야 한다. 그러므로 근생인 경우 지식산업센터보다 분양가를 높게 책정한다.

근생으로의 용도 변경은 어렵다

예전에는 공장 호실을 분양받아 근생으로 용도 변경하는 것이 가능했으나 최근에는 요건을 강화하여 거의 불가능하다.

몇 년 전, 분양대행사 직원들은 하나같이 용도 변경이 거의 불가능하다고 했다. "입주자 80%의 동의를 받아야 한다", "돈이 많이 든다"는 등 말이 많았다. 이 와중에 나는 지식산업센터의 한 호실을 경매로 받자마자 용도 변경을 진행했다. 지식산업센터의 일반 호실들은 '도심형공장' 또는 '기타 공장' 등으로 건축물의 용도가 되어 있는데, 전용 면적 24평을 '근생'으로 용도 변경 신청했다. 구청에 내는 수수료 등으로 3만 원 남짓 들고 일주일 만에 아주 수월하게 변경이 되었다.

그러나 문제는 그다음이었다. 임차자를 구했는데, 공장 등록이 필요하다고 했다. 어쩔 수 없이 다시 공장으로 용도를 원상 복구했다. 나중에 언제든 다시 '근생'으로 바꾸면 되지 하는 마음이 있었기에 크게 신경쓰지 않았다. 그러나 그 뒤 용도 변경에 대한 법이 강화되어 결국 차일피일 미루다 기회를 놓쳤다. 이렇게 강화될 줄 알았으면 그때 그 세입자와 계약하지 않고 다른 세입자를 구하는 것이 나을 뻔했다. 재산세는 공장이 근생보다 더 적게 나오지만, 근생이면 세입자의 업종 제한이 없기 때문에 매매 시 가격도 더 받을 수 있어 아쉬움이 많이 남았다.

현재는 그때처럼 근생으로의 용도 변경이 쉽지 않다. 입주자 대표회의에 상정해서 동의를 얻어야 하는데, 입주자들이 잘 모이지 않아 입주자 대표회의 자체가 무산되기 쉽기 때문이다.

지상층 근생의 향후 가치가 높다

몇 년 전 여든이 넘은 어르신께서 다달이 수익이 발생하는 부동산을 사고 싶다고 하여 지식산업센터를 권했다. 그리고 소유권 이전 등기를 하자마자 임대가 수월하도록 근생으로 용도를 변경하도록 도와드렸다. 마침 지식산업센터의 적합 업종이 아닌 임차자가 나타났는데 근생이었기 때문에 문제없이 입주를 했다.

그런데 1년쯤 지나서 시행사로부터 통지문이 날라왔다. 시행사가 토지매입을 할 때 적합 업종의 사업자들에게 지식산업센터를 분양한다고 해서 토지를 취득하면서 감면받았던 취득세 중 어르신 지분의 토지만큼 취득세 감면액이 추징되었으니 그 돈을 어르신더러 내라는 것이었다.

그렇게 대상이 된 것이 23개 호실이었다. 그중 6명이 뭉쳐 그 돈은 시행사가 내야 한다며 소송을 했다. 어르신이 분양을 받을 때쯤에는 금융위기가 있어서 부동산 경기가 안 좋았다. 어르신이 시행사에 제출했던 사업자등록증은 적합 업종이 아닌 '임대 사업자'였음에도 불구하고 분양 욕심에 받아줘 놓고, 뒤늦게 '네 탓으로 취득세 감면액이 추징되는 것이니 내놓아라' 한 것이었다. 우리 측은 소송에서 당연히 이길 줄 알았는데 패소했다. 항소하자고 말씀드렸지만 어르신은 연세가 있으셔서 귀찮아하셨다. 1,200만 원의 돈을 시행사 측에 줘야 했다. 나도 도의적 책임을 지고 200만 원을 드렸다.

그런데 다른 한 팀은 또 다른 변호사를 통해서 소송을 했는데 승소했다. 우리 측 변호사도 실력 있는 사람이지만 그 무렵 매우 바빠서 서류 등을 직원이 작성한 것으로 보였고(다른 변호사가 보더니 "그분은 꽤 실력 있는데, 이것은 그분이 작성한 것 같지 않네요"라고 했었다), 우리 편에서 증언해주려는 증인(시행대행사 직원)에게 발언할 요지도 제대로 알려주지 않아 엉뚱한 방향으로 말을 하게끔 했기 때문이다. 결과적으로 우리는 시행사의 취득세를 물어주었고 승소한 다른 사람들은 물지 않았다. 어르신은 비록 시행사의 취득세를 1,000만 원 물어주기는 했지만, 부동산의 가치로서는 몇천만 원 이상 높아졌고, 앞으로도 희소성이 있어 더욱 가치가 높아질 것이다.

실수요자들에게 인기 많은 지하 공장

처음 지식산업센터를 투자하는 초보자들에게 지하의 호실을 권하면 "웬 지하냐?"며 기겁을 한다. 하지만 지식산업센터를 여러 번 투자해본 고객은 지하를 선호한다. 분양가 대비 수익률이 가장 좋기 때문이다.

지하 호실에는 일반 공장과 창고가 있다. 예전에는 지하 1층까지만 공장이었는데, 지금은 지하 2~3층에도 공장이 들어선다. 창고는 3~4층에도 있다.

지하 공장은 공실이 거의 없다. 지상층의 '공장'은 공장이라고 해도 전부 사무실에 가깝다. 분양 시 '냄새, 소음, 진동이 있는 작업을 하지 않는다'는 서약을 하기 때문이다. 그래서 지상층으로는 공장이 갈 수 없다. 그러나 지하는 가능하다. 지하는 특히 인쇄 공장이 가장 선호한다. 비 오는 날씨에도 종이의 상하차 작업을 할 수 있기 때문이다. 지하 2~3층에 있는 창고는 지상층에 있는 업체들이 많이 임차한다. 자주 사용하지는 않지만 보관해야 할 서류와 집기를 두기 때문이다.

지상층 임대가격의 보증금이 평당 45만 원, 월차임이 평당 4만 5,000원이라면 지하 1층은 공장일 경우 보증금 35만 원. 월차임 3만 5,000원 정도가 된다. 분양가는 보통 지상층의 절반 정도인데, 임대료는 분양가에 대비하면 훨씬 높기 때문에 수익률이 좋다. 최근 지하층은 분양대행사 직원들이 갖고 있다가 입주 무렵에 프리미엄을 붙여 내놓기 때문에 분양받기가 쉽지 않다.

층고가 높을수록 좋다

호실을 고를 때는 꼭 평면도만 보지 말고 층높이도 보자. 우리나라는 몇 평, 몇 제곱미터 하며 가로세로의 면적만 중시한다. 층높이가 높을수록 개방감이 있고 활용도가 있어 유리하다. 층높이가 높으면 냉난방비가 더 들지만, 단점보다 장점이 훨씬 많다.

하지만 브로슈어에 나와 있는 층높이를 그대로 믿으면 안 된다. 얼마 전 성수동에서 입주를 시작한 지식산업센터의 2층 층높이가 분양 시 브로슈어에는 5.1m라고 나와 있었는데, 입주 후 실측해보니 3.6m였다. 브로슈어에 나와 있는 층높이는 설계도 수치를 그대로 적은 것이 대부분이다. 천장 두께, 바닥 두께, 배관 설비를 고려하면 실제 입주 시에는 1m 이상 낮아진다. 가끔 층고가 높다고 복층으로 꾸미는 경우도 보았는데, 허가없이 복층으로 만드는 것은 위법이다. 허가가 쉽지 않아 대부분 이행강제금을 부과받고 있다.

인기 있는 호실의 면적

실평수 30평대인 호실이 대다수인 지식산업센터 건물에 일부 20평대가 있거나, 주로 20평대인 곳에 10평대 호실이 약간 있다면 좋은 호실이 된다. 이런 것들은 임대가 빨리 맞춰진다. 그러나 면적이 작은 호실들이 많은 곳에 큰 호실이 있다면 그다지 플러스 요인이 되지 않는다. 왜냐면 지식산업센터는 옆 호실과의 벽을 허물어서 하나로 만들 수 있기 때문에 작은 호실을 합쳐 크게 만드는 것이 가능하다.

한편 3개 호실 이상을 합친 큰 것이 임차로 나오면 인기가 있다. 호실별로 소유자들이 다 다를 수 있기에 3개 호실 이상은 동시에 임차나 매매로 나오는 경우가 많지 않기 때문이다. 20평대가 주로 구성된 건물에서 70평 이상이 나오니 앞다퉈 임차했다. 그러나 실 120평을 넘어가면 세입자를 만나기 쉽지 않다. 규모가 큰 회사의 경우 임차보다는 매입으로 돌아서기 때문이다.

6
지식산업센터 내 상가, 창고, 근생 사무소, 기숙사 투자

지식산업센터 건물 내에는 본래 주 용도인 공장 외에 상가와 창고, 근생 사무소와 기숙사 시설을 두기도 한다.

공장 호실은 건축물 대장에 '기타공장', '도심형공장', '지식산업센터'로 표기되어 있고 가장 많은 면적을 차지한다. 상가는 '2종 근생'으로 1층에 주로 위치한다. 근생 사무소는 '2종 근생' 또는 '2종 근생 사무소'로 표기되어 2~3층이나 상층부에 위치해 있다. 기숙사는 별도의 건물로 구성하기도 한다. 이러한 상가, 창고, 근생 사무소, 기숙사에도 관심을 두는 실수요자도 많고, 이런 것의 투자에 대해 궁금해하는 사람들도 늘고 있으니 이에 대해 자세히 살펴보자.

| 다산 지식산업센터 블루웨일 층별 구성도 |

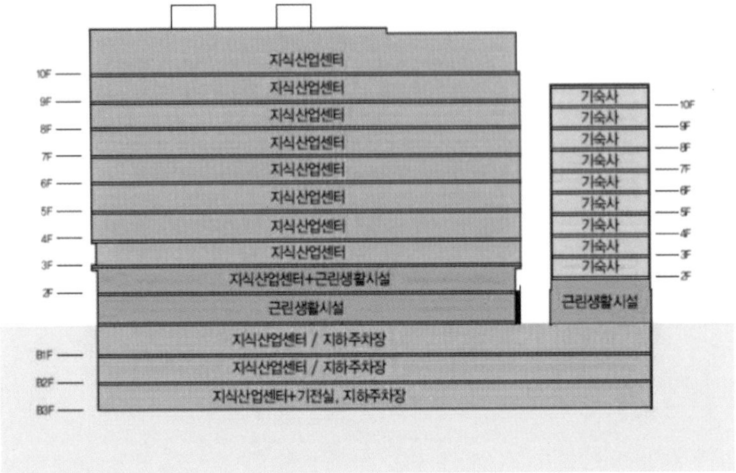

❙ 1층과 2층 일부에 근생시설(상가)이 있고 오른쪽 별동에 기숙사가 있다.

지식산업센터 내 상가 투자

상가는 지식산업센터 건물 1층과 2층에 주로 위치한다. 1층 상가에는 대부분 세 종류의 점포가 필수로 입점해 있다. '편의점', '카페', '부동산중개업소'가 그것이다. 그 외에는 대부분 식당 위주로 편성되어 있다. 미용실이나 은행, 제과점, 문구점 등이 입점하기도 한다. 대부분 낮 동안 장사가 잘되고 저녁에는 안되는 업종들이다. 아무래도 지식산업센터는 업무시설이다 보니 근무자들이 다 빠져나가서 밤에는 장사하기가 쉽지 않다. 간혹 역에서 아주 가까운 지식산업센터에는 호프집, 이자카야 등 밤에 가능한 업종들이 들어서기도 하지만 그것은 지식산업센터라는 이점보다는 역세권이라는 이점 때문에 들어선 것이다.

혹시 내가 있는 성수동만 그런가 했다. 지식산업센터 건물 규모들이 훨씬 큰 구로나 가산디지털단지는 그렇지 않을 수도 있지 않을까 생각해봤다. 어느 날 구로디지털단지 내 지식산업센터 1층에서 삼겹살 회식을 하고 2차로 호프집을 가려는데, 호프집이 전혀 보이지 않았다. 결국 15분 이상을 걸어서 구로디지털단지역 바로 앞 건물까지 와서 호프집을 갔다. 오죽했으면 함께 갔던 사람들끼리 "돈을 모아서 호프집을 내자"고 우스갯소리를 다 했을까.

지식산업센터에 반드시 자리 잡고 있다는 '편의점', '카페', '부동산중개업소'는 독점권을 보장해서 어느 정도 장사가 된다. 분양 시 이들 업종이 입점할 호실을 꼭 지정해서 명시하고, 다른 상가 호실들의 분양계약서에는 이 '세 가지 업종을 할 수 없고 이 업종을 영업할 임차자에게 임대해서도 안 된다'고 명시한다. 그래서 분양대행사 직원들이 이 세 업종 호실을 분양받아서 입주 무렵에는 높은 프리미엄을 받고 일반인에게 팔기도 한다. '부동산중개업소' 자리는 공인중개업자의 명의를 빌려서 입주 때의 호황기에 영업을 다하고 입주가 끝나면 높은 프리미엄을 받고 매도한다. 일반인들의 손에 세 업종의 상가 자리가 프리미엄 없이 주어질 때는 분양가가 꽤 높을 때뿐이다.

예전에 성수동의 제법 규모가 있는 지식산업센터의 1층 프랜차이즈 편의점이 매물로 나왔다. 15평에 분양가가 10억 원이 넘었는데, 8억 5,000만 원에 판다고 하기에 수익분석을 해봤다. 첫 입주 시에는 월세가 600만 원이었는데, 그 임차인이 팔고 나가면서 매물로 나왔을 때는 월세가 500만 원이었다. 이 편의점을 매수할 때는 편의점 임차자의 월세를 400만 원으로 낮춰주는 조건이었다.

해당 프랜차이즈 본사에 잘 아는 지인이 임원으로 있어서 매출액을 알아봤다. 본사에서 가져가는 이윤을 빼고 월세 및 전기세, 알바 1인의 인건비를 빼고 나니 첫 편의점 운영 세입자는 완전히 손해를 보다가 나간 것이었고, 두 번째는 겨우 본전치기였으며, 400만 원으로 낮춰줬을 때는 100만 원 남짓 벌어가는 것이었다. 그만큼 장사가 되지 않았던 것이다. 100만 원 남짓 벌어가는 것으로 얼마나 오래 버틸 것인가. 필시 월세를 못 내거나 낮춰달라고 요구가 들어올 것이다. 보증금이 1억이었기에 월세 400만 원일 때 세전 수익률이 6.4%였지만 매수를 포기했다. 몇 년이 지난 지금 그 자리를 보면 프랜차이즈 편의점이 아니라 개별 편의점이 들어서 있다. 임차인이 프랜차이즈 편의점으로는 유지가 힘들었을 것이다. 그만큼 지식산업센터 1층 상가는 대박나기가 쉽지 않다.

일반 상가의 매출도 하향세

지식산업센터의 상가뿐 아니라 대부분의 오프라인 상가 역시 영업 매출이 점점 줄고 있다. 사이즈 선택 때문에 꺼려했던 옷도 온라인으로 주문하는 사람이 많아졌고, 음식도 외식보다는 배달로 해결한다. 서점, 컴퓨터용품, 소규모 생활가전 등은 오프라인 매장을 찾

| 유통업체 전년 동월 대비 2020년 2월 매출 증감률 |

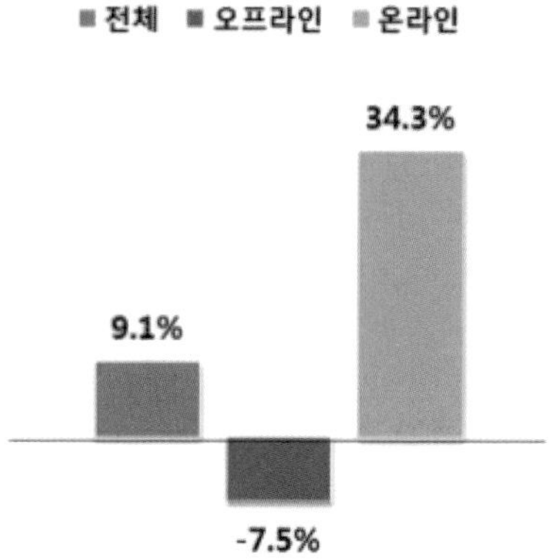

출처: 산업통상자원부

아보기가 힘들어졌다. 게다가 코로나19가 상가의 매출의 감소세에 기름을 부었다. 위 그림에서 보는 바와 같이 온라인 업체의 성장률은 오프라인 업체의 성장률에 비해 놀랍도록 높다. 그 말인즉슨, 오프라인 상가는 점점 어려워질 것이란 것이다. 그러므로 지식산업센터 내 상가든 다른 상가든 상가 투자는 신중하게 접근해야 할 것이다.

상가의 가격 상승도 지식산업센터 호실보다 덜하다

2019년 말에 분양을 한 성수동의 지식산업센터 하나가 있었다. 그 건물 내 입지가 좀 떨어지는 1층 상가 한 호실이 1,850만 원이라는 저렴한 가격에 분양되었고 위층의 지식산업센터 호실들은 1,350만~1,500만 원에 분양되었다. 2년이 지나 2021년 12월에 입주가 시작되었는데,

지식산업센터 호실들은 2,500만 원 이상을 호가하였고, 그 상가는 350만 원을 붙인 2,200만 원에 팔려고 내놔도 안 팔려서 결국 수분양자는 등기를 해야 했다.

상가 임차자들이 장사가 잘 안되면 매매가도 높아질 수가 없고, 지식산업센터가 80% 이상 대출이 나오는 데 반해 상가는 근생으로서 대출이 60%로 제한되기 때문에 매수자가 훨씬 적다. 2년 전쯤 가격 급등기에 물건을 구해주지 못하자 지인 하나가 인터넷에서 보고 지식산업센터 1층 상가를 사겠다고 해서 말렸다. 그 상가는 현재 임차자 없이 텅 비어 있다.

지식산업센터 내 창고 투자

지식산업센터의 창고는 지하 2층 이하에 많이 있다. 지상층에 사무실을 쓰고 있는 사람들에게 저렴한 월세의 창고 임대는 인기가 많다. 사무실에서 자주 안 보는 서류라든가, 잡동사니 등 사무실 밖에 보관하고 싶은 물건들이 많이 있기 때문이다. 지하층은 건물 밖 외부 사람들이 많이 이용하기도 한다. 그래서 임대 수익률이 지상보다 꽤 높다. 7~10% 정도 한다. 지하의 공장과 마찬가지로, 예전과는 달리 요즘의 고객들에게 지하 창고의 인기가 높아졌다. 그래서 따로 분양하지 않고 위층을 분양받은 사람에게만 분양해주기도 한다.

그런데 내가 느끼기에 한 가지 문제점이 있다. 창고는 대부분 상주하는 사람이 없다. 그럼에도 지식산업센터 관리단에서는 창고의 면적당 관리비를 일반 사무실과 똑같이 적용한다. 주차는 아예 배정하지 않는 곳도 많다. 입주 초기에 지하 창고 소유자들이 힘을 모아 주차를 유료로라도 배정받고, 관리비를 낮출 필요가 있다.

지식산업센터 내 근생 사무소 투자

'섹션오피스'. 주로 1층이 근생인 상가와 달리 사무소로 쓰이고 있는 근생을 말한다. 지식산업센터에 있는 입주 업종의 제한이 근생 사무소에는 없다.

분양할 때 아예 기타공장이 아니라 근생 사무소로 분양가는 일반 공장 호실에 비해 훨씬 높다. 높은 분양가에 대한 부담을 줄이기 위해 다른 호실보다 크기를 작게 한다. 일반 호실들이 30평 정도라면 이를 둘로 나눈 15평 크기로 분양하는 식이다.

이 사무소에는 지식산업센터 내 일반 호실에 입주할 수 없는 세무사, 법무사, 변호사 사무실, 무역업체, 유통업체들이 들어서게 된다. 분양가는 다소 비싸더라도 입주자의 폭이 넓어지므로 당연히 임대가 훨씬 수월하다.

가끔 중간층 한두 곳에 근생 사무소가 위치하기도 하는데, 이는 개별로 입주 후에 건축물의 용도를 변경한 것이다. 앞서 말한대로 예전에는 용도 변경이 수월했으나 요즘은 쉽지 않다. 관리대표단의 허락이 필요하다. 근생 사무소는 앞으로 더 귀해질 전망이다.

그러나 지역에 따라서는 한두 개 층이 아니라 절반 가까운 층을 오피스로 채우는 경우들이 있다. 작은 호실들이 한꺼번에 많이 쏟아져 나오므로 입주 초기에는 임차인을 맞추는데 애로가 있을 수 있겠으나 입주가 완료된 후에는 일반 공장 호실보다 인기가 있기 마련이다. 단, 대출은 최대 60%로써 지식산업센터 호실의 70% 이상보다는 적게 나온다.

지식산업센터 내 기숙사 투자

산업집적활성화 및 공장설립에 관한 법률 시행령 제36조4의 2항에 지식산업센터의 기숙사에 관해서 '2. 물류시설, 그 밖에 입주기업의 사업을 지원하거나 어린이집·기숙사 등 종업원의 복지증진을 위하여 필요한 시설'로 규정하고 있다. 법령에서는 기숙사를 지식산업센터를 소유하고 있는 회사가 해당 회사 직원들의 복지 시설로 쓸 수 있는 것으로 본 것이다.

최근 지식산업센터 분양 현장에서는 기숙사를 오피스텔처럼 홍보하고 있다. 지식산업센터 내 기숙사는 오피스텔에 비해 분양가가 10~20% 정도 저렴하면서도 세탁기, 냉장고 등의 풀옵션을 제공한다. 근생으로 분류되어 있어 종부세의 걱정이 없고, 대출 면에서도 오피스텔보다 유리하다. 관리비도 주택용 전기가 아니라 더 저렴하다.

그러나 지식산업센터 내에 위치한 회사와 관계없는 자가 기숙사만 분양받아서 외부에 임대를 주는 것은 엄연히 불법이다. 기숙사는 지자체별로 단속하는데, 평촌처럼 단속의 손을 놓은 곳이 많다.

그렇다 하더라도 법이 허용하기 전까지는 기숙사의 불법 임대는 삼가는 것이 좋다.

정상적으로 직원들에게 기숙사로 제공할 목적으로 분양받는 것은 좋다. 그러나 회사 바로 옆 건물의 기숙사는 직원들이 웬만하면 입주하지 않으려 한다. 그 이유는 직장 생활을 해본 사람들은 잘 알 것이다. 회사 바로 옆에 살게 되면 어찌 되는지를.

7

지식산업센터를 잘 짓는 건설사가 따로 있다

지식산업센터의 건설은 일반 주택의 건설과는 다르다. 주택 부문에서 명성이 있는 건설사라도 지식산업센터를 건설해본 경험이 없는 회사가 짓는다면 미흡할 수 있다. 그러므로 기왕이면 지식산업센터를 잘 짓는 건설사의 건물을 매입하는 것이 좋다.

메이저 건설사들도 지식산업센터에 발 내밀기 시작

지금까지 지식산업센터의 건축은 메이저 건설사들의 관심 밖이었다. 현대건설, GS건설, 포스코건설 등과 같은 메이저 건설사들은 아파트와 같은 공동주택에 관심이 더 많았다. 그래서 지식산업센터의 선두주자는 대륭건설과 에이스건설이었다. 많은 지식산업센터의 시행과 시공으로 노하우가 축적되어 있다. 그 외 코오롱건설, 우림건설, 대명건설 등이 지식산업센터를 많이 시공했다.

몇 년 전, 성수동2가의 지식산업센터를 시공하던 쌍용건설이 부도가 났다. 시행사는 공사를 인수할 건설회사를 찾았는데, 이 건과 관련하여 두산건설에서 일하고 있는 지인으로부터 성수동의 지식산업센터 현황을 묻는 연락을 받았다. 나는 "성수동의 지식산업센터 분양은 아주 양호하니 시공하시라"고 적극 추천했다. 그러나 시행사가 건설사의 은행 대출 보증을 요구했고, 당시 부동산 경기가 그다지 좋지 않았던 터라 두산건설 임원들은 보증을 서는 데 부정적이어서 인수가 무산되었다. 이것을 SK건설이 받아서 시공했는데, 이후 인근의 다른 여러 현장까지 시공을 맡아 하게 되었다. 두산건설은 두산중공업의 계열사가 있어 공장이나, 지식산업센터와 이미지가 잘 맞는다. 그때 그 사업을 수주했더라면 SK건설처럼 지금쯤 지식산업센터 시공 쪽에서 두산건설이 급성장하고 있지 않을까 생각한다.

대형 건설사들이 지식산업센터에 눈길을 주기 시작한 것은 주택분양이 분양가 상한제, 대출 규제 등으로 원만하지 않자, 주택 외 부동산 상품으로 눈을 돌리기 시작하면서이다. 그러나 지식산업센터를 많이 지어본 건설사와 주택만 지어봤던 건설사 간에는 경험 차이가 클 수밖에 없다.

잘못된 화물용 엘리베이터 배치. 오른편 문 안의 화물 엘리베이터를 이용하기 위해서는 밖에서 짐을 내린 후 원 안의 작은 문 두 개를 통과해서 들어와야 한다.

잘못된 설계들

최근의 지식산업센터는 일반 오피스와 같이 공간화되었지만 그래도 공장으로 분류된 만큼 화물 승강기가 필요한 업체들과 물류량이 많은 회사들이 여럿 입주한다. 위 사진은 현관을 두 개 통과해서 화물 승강기에 물건을 실을 수 있도록 해 놓은 지식산업센터인데, 승강기는 크지만 현관 출입구가 아주 좁았다. 전혀 맞지 않게 지어져 있었다. 설계가 잘된 곳은 외부에서 바로 화물 엘리베이터로 짐을 실을 수 있다.

지상은 사무공간화된 지식산업센터라도 지하만큼은 공장들이 입주하는데, 공장은 물류량이 많다. 지하층별로 승하차장을 최소한

| 지식산업센터의 창호 |

일반적인 지식산업센터의 창. 천장부터 바닥까지 통창이라 개방감이 좋다.

'감옥'이라는 평을 받는 지식산업센터. 벽 일부에만 창문을 설치했다.

하나씩은 배치해야 하는데, 1층에서 화물 승강기를 이용해서 내려가게 한 곳도 있다. 지하층의 공장은 층고를 높게 해줘야 기계 사용이 원활하다. 하지만 층고를 낮게 하거나 공장 층고는 높은데 이곳으로 내려가는 주차장의 층고는 낮은 경우도 있다. 요즘 지식산업센터 지하 출입구의 층고는 대부분 2.3m로 다소 낮아 아쉬움이 남는다. 또한 지하층에 선큰을 설치하면 쾌적성도 좋아지고 분양가도 높일 수 있는데, 건축 면적이 넓은데도 이를 고려하지 않은 곳도 보인다.

일반적으로 좁은 사무실은 개방감을 주기 위해 바닥부터 천장까지 유리 통창을 설치한다. 그런데 어느 건설사는 창문을 작게 내어서 '감옥'이라는 비난을 받기도 했다. 뒤쪽에 있는 아파트와의 시선을 고려했다고 하지만 앞쪽에는 4층 이하의 학교가 있는데도 불구하고 다른 지식산업센터들과 비교도 안 되게 작은 창을 내었다. 답답하고 채광에도 문제가 있었다. 브로슈어를 보고 나는 이 지식산업센터의 분양권을 구매했다가 입주 직전 완공된 지식산업센터를 보고 놀라 바로 팔아버렸다.

지하 1층을 근생 같은 지원시설로 설계했다면 호실별로 배수구를 설치해야 하는데 이를 설치하지 않은 경우도 있었다. 결국 입주 후 배수 시설 공사를 다시 해야 했다.

지식산업센터의 옥상에는 옥상정원이 있다. 지식산업센터는 주변 건물보다 높은 편이므로 조망이 좋다. 옥상에서 주변을 내려다보면 속이 탁 트이는데, 어느 건설사는 한강 조망이 되는 곳임에도 옥상 사면을 화단으로 둘러서 바깥쪽에는 접근을 아예 차단해놓았다. 안전을 고려한 배치이겠지만 안전은 울타리로도 충분하다.

주차 정산소가 건물을 돌자마자 나타나서 출차가 어려웠던 곳도 있었다. 차를 여러 번 앞뒤로 왔다갔다해야 빠져나올 수 있었다. 얼마 지나지 않아 재시공이 되었지만, 건설사에 왜 이렇게 잘못 지었냐고 문의하니 건설사의 문제가 아니라 설계를 한 건축사의 문제라고 했다. 과연 건설사의 검토가 없었을까? 설계도면을 검토했을 때 잘못된 것은 고쳤어야 했다.

8

발코니 확장의 장단점과 법률 저촉 여부

최근 지은 분양용 지식산업센터들은 모두 발코니가 있다. 사용자들은 이 발코니를 확장할 것인지 말 것인지를 두고 한차례 고민을 하게 된다. 지식산업센터 발코니 확장의 장단점과 적법성 여부를 살펴보자.

발코니? 베란다? 테라스?

대부분 발코니, 베란다, 테라스를 혼용하여 쓰고 있다. '발코니'는 건축물의 내부와 외부를 연결하는 완충 공간으로서 전망이나 휴식 등의 목적으로 건축물 외벽에 접하여 부가적(附加的)으로 설치되

| 발코니·베란다·테라스의 구분 |

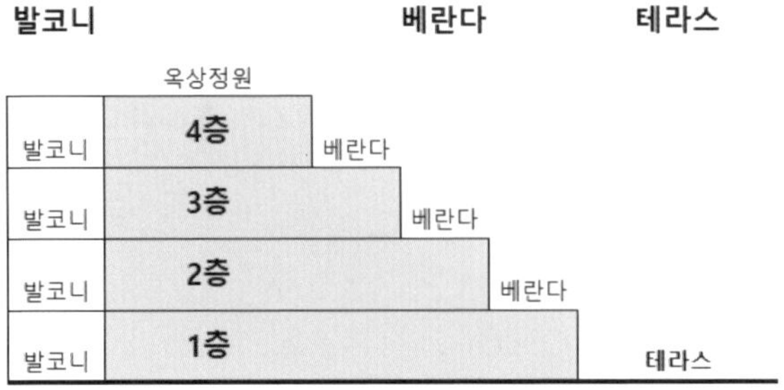

는 공간을 말한다(건축법 시행령 제2조의 14). 그에 비해 '베란다'는 위층이 아래층보다 작게 건축되어 남게 된 아래층의 지붕 부분이다. 그리고 '테라스'는 건축물과 지표면이 만나는 부분에 흙을 밟지 않도록 마감해 지붕을 설치하지 않은 공간이다.

발코니는 개방형과 폐쇄형이 있는데, 지식산업센터에는 폐쇄형 발코니가 설치되어 있다. 폐쇄형 발코니는 바닥부터 천장까지 다 막혀 있는 구조이다.

발코니 확장 시 장단점

지식산업센터의 발코니 확장은 아파트와 비슷하다. 발코니를 확장하면 업무 공간을 넓게 활용할 수 있고, 외부 환기에 유리하다는 장점이 있다. 단점은 냉난방의 효율이 떨어진다는 것인데, 지식산업센터는 업무 공간인데다 산업용이나 일반용 전기를 쓰고 있어서 근무시간 내내 냉난방기를 가동하므로 크게 문제되지 않는다. 그러다 보니 자가로 사용할 때는 거의 90%, 임대로 사용할 때도 거의 70% 이상이 발코니를 확장해서 쓰고 있다.

발코니 확장의 불법과 합법 유무

예전부터 지식산업센터의 발코니는 공공연히 다 확장을 해서 썼다. 그러나 이것의 합법·불법 여부가 명확하지 않았다. 국토교통부에서 2010년에 고시한 시행규칙이 있었지만 주택 외 건축물의 발코니 확장에 대해서는 구청, 건축사사무소, 국토교통부 등에 질의를 하고 법조문을 알아봤지만 뾰족한 답을 얻을 수 없었다.

그러던 중 2020년 11월, 서울시에서 '주택 외 발코니 설치 기준'을 수립, 발표했다. 서울시가 발표한 발코니 설치 기준은 다음과 같다.

- 주택 외 건축물(오피스텔 제외)의 발코니는 외기에 개방된 노대로 설치
- 다만 21층 이상의 발코니는 건축위원회 심의를 거쳐 안전 검토

'노대'는 그 뜻을 찾아보면 "발코니처럼 외부로 돌출된 바닥구조물과 옥상광장처럼 외부에 개방된 구조로 된 바닥 구조물을 폭넓게 아우르는 개념"이라고 한다(참고: 네이버 지식백과). 현재 법으로 정의된 바는 없다.

이번 서울시 발표에서는 분양 공고 시, '발코니의 내부 공간화 및

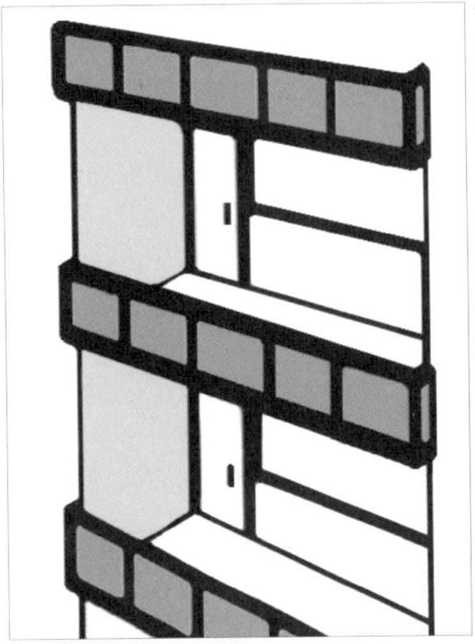

| 노대 방식

| 커튼월 방식

확장 사용 불가' 기준을 명시하고, 준공 후 발코니 불법 사용을 집중적으로 단속하겠다고 했다. 만약 적법하지 않게 발코니를 확장하면 1년 이하의 징역 또는 1,000만 원 이하의 벌금을 낼 수 있다. 징역이나 벌금은 일사부재리의 원칙에 의해 1회로 끝나지만 이후 이행강제금(건물의 시가표준액의 30%)을 1년에 2회 부과받을 수 있다. 그리고 건축물대장에는 위반건축물 표시가 등재된다.

이번 발표로 다소 주의가 필요하나 모든 지식산업센터가 이에 해당하는 것은 아니다. 이번 발표의 적용 대상은 서울시의 주택과 오피스텔 이외의 용도로서 서울시 허가대상인 건축물이다. 20층 이상이거나 연면적 10만㎡ 이상이거나 하면 서울시 심의 대상이므로, 대부분의 지식산업센터는 해당되지 않는다. 지자체 심의 대상이라고 볼 수 있겠다.

국토교통부는 2009년부터 지금까지 주택 외 건축물의 발코니에 '단순 창호' 설치는 가능하나 '커튼월(하중을 지지하고 있지 않는 칸막이 구실의 바깥벽)' 설치는 불가능하므로 창호 구조 등에 대한 허가권자의 판단이 필요하다고 답변해 왔다.

이번 발표에서 건축물이 자치구 허가 대상인 경우 자치구 실정에 맞게 기준을 정하도록 안내했다. 그러므로 당장 크게 바뀌지는 않을 것이나 지금까지처럼 커튼월 방식이 아니라 노대 방식으로 지어지는 지식산업센터가 나올 수도 있을 것이다. 성동구는 2021년 하반기부터 노대식 발코니로만 인허가가 나온다. 다른 지역은 아직 그렇지는 않다.

다음은 서울특별시 주택 외 발코니 설치 기준이다.

| 서울특별시 주택 외 발코니 설치 기준 |

제1조(목적) 이 기준은 주택 외 용도의 발코니에 대하여 예측 가능한 기준 적용을 통해 용적률 적용의 형평성을 제고하여 시민의 삶의 질을 향상시키고 재산을 보호하며, 건축물 외부 공간 확대를 통해 시민의 건강 및 안전을 도모함을 목적으로 한다.

제2조(정의) "발코니"란 건축물의 내부와 외부를 연결하는 완충공간으로서 전망이나 휴식 등의 목적으로 건축물 외벽에 접하여 부가적(附加的)으로 설치되는 공간을 말한다. ※ 건축법 시행령 제2조 제14호

제3조(적용범위) 이 기준은 서울특별시 행정구역 안의, 주택과 오피스텔 이외의 용도로서, 특별시장 허가대상(건축법 시행령 제8조) 건축물에 적용한다.

제4조(구조 및 용도) 원칙적으로 다음 각 호의 기준에 적합하여야 한다.

① 발코니는 외부와 내부의 완충공간으로서 외기에 개방된 구조여야 한다.

② 건축물의 주된 구조를 담당하는 외벽 및 기둥 등에 부가적으로 설치해야 한다.

③ 추락에 대한 거주자의 안전과 낙하물에 대한 보행자의 안전을 고려해야 한다.

④ 유사시 대피공간으로 활용할 수 있어야 한다.

제5조(설치기준) ① 발코니는 제4조의 기준에 적합하게 설치할 수 있으며, 외기에 개방된 '노대'구조인 경우에 한하여 바닥면적 산정에서 제외할 수 있다.
② 또한, 추락 및 낙하물 방지 등의 안전을 고려하여 20층 이하까지 설치할 수 있다.

제6조(완화적용) 제5조에도 불구하고 건축위원회 심의를 거쳐 조화롭고 창의적인 건축디자인을 계획하여 미관·구조·방화·안전 등에 지장이 없다고 인정하는 경우에는 제5조제2항을 완화하여 적용할 수 있다.

커튼월 방식 발코니는 확장해도 밖에서 보고 알 수가 없어 단속이 거의 불가능하나, 노대식 발코니는 확장시 바로 알 수 있어 단속이 수월하다. 그러니 이제 노대식으로 건물을 지으라는 것이다.

다음은 22년 하반기 분양 예정인 성동구의 노대식 발코니로 된 지식산업센터의 조감도다.

| 노대식 발코니 조감도

9
지식산업센터·상가 등 주택 외 부동산의 전월세 전환율

지식산업센터 임차료가 급등하다 보니 2년 전에 세를 놨던 분들로부터 최대한 올릴 수 있는 금액을 알려달라는 부탁을 많이 받았다. 지식산업센터도 상가임대차 보호법의 적용을 받기 때문에 5%밖에 올릴 수 없다. 5%는 보증금과 월차임에 각각 적용되는데, 보증금을 안 올리는 대신 월차임을 더 올리고 싶어 하는 분들이 많다.

주택의 전월세 전환율과 주택 외 부동산의 전월세 전환율은 계산 방식이 다르다. 어떻게 계산하면 될까? 먼저 전월세 전환율과 관련된 상가 임대차보호법과 그 시행령을 보자.

2022년 7월 20일 현재 한국은행의 기준금리는 2.25%이고 대통령령으로 정한 배수는 4.5배이므로 2.25%×4.5배=10.125%가 된다. 현재 전월세 전환율 10.125%를 갖고 보증금 3,000만 원, 월차

| 상가건물 임대차보호법 |

> **제12조(월 차임 전환 시 산정률의 제한)** 보증금의 전부 또는 일부를 월 단위의 차임으로 전환하는 경우에는 그 전환되는 금액에 다음 각 호 중 낮은 비율을 곱한 월 차임의 범위를 초과할 수 없다. 〈개정 2010. 5. 17., 2013. 8. 13.〉
> 1. 「은행법」에 따른 은행의 대출금리 및 해당 지역의 경제 여건 등을 고려하여 대통령령으로 정하는 비율
> 2. 한국은행에서 공시한 기준금리에 대통령령으로 정하는 배수를 곱한 비율

| 상가건물 임대차보호법 시행령 |

> **제5조(월차임 전환 시 산정률)** ① 법 제12조제1호에서 "대통령령으로 정하는 비율"이란 연 1할2푼을 말한다.
> ② 법 제12조제2호에서 "대통령령으로 정하는 배수"란 4.5배를 말한다.

임 280만 원인 지식산업센터의 월차임을 최대로 인상시킨다면 얼마가 될까? 임대인은 보증금을 올리지 않고 그 금액 대신 월차임을 더 올려 받고 싶어 했다.

보증금 3,000만 원에 대한 5% 인상액인 150만 원에 전월세 전환율 10.125%를 곱하면 15만 1,875원이 된다. 이 금액을 12개월로 나눠서 월별로 받을 수 있는 금액을 보면 1만 2,656원이 된다. 280만 원인 월차임은 5% 인상시켜 14만 원을 더 받을 수 있는데 여기에 1만 2,656원을 더하면 280만 원이던 월차임을 295만 2,656원으로 올려 받을 수 있게 된다.

2021년 7월 말만 해도 한국은행의 기준금리는 0.75%여서 전월세 전환율이 3.375%에 불과했다. 이에 따라 보증금 인상액 150만 원을 대치할 수 있는 금액은 4,219원에 불과했는데 지금은 1만 2,000원이 넘게 된 것이다.

| 법에 따른 월차임 인상액 |

구분	보증금	월차임	비고
현재	3,000만 원	280만 원	37.5%
5% 인상액	150만 원	14만 원	50%
전월세 전환액	=150 × 10.125% =15만 1,875원		
월차임 인상분	15만 1,875원 ÷ 12 =1만 2,656원		
인상 후 금액	3,000만 원	280만+14만+1만 2,656원 =295만 2,656원	보증금은 전과 동일

큰 차이는 아니나 한국은행의 기준금리에 따라 인상 가능액이 달라진다. 요즘과 같은 금리 인상 시기에는 임대인은 되도록 늦게 임대료 협상을 하는 게 좋고, 임차인은 되도록 빠르게 임대료 협상을 하는 게 좋겠다.

3장

결코 실패하지 않는 지식산업센터 투자 노하우

1 몇천만 원만 갖고 있다면 분양을 받아라

당장 몇천만 원만 갖고 있거나 2년 이후에나 지식산업센터가 필요하다면 분양을 받는 것이 좋다. 유망 지역에서는 지식산업센터 준공 후 매물이 많지 않아서 분양받을 수밖에 없는 경우가 다반사다. 지식산업센터는 준공 후 사용했을 때 만족도가 높고 임대도 잘 된다. 임대가 잘되다 보니 수익률도 좋아지고 그러다 보니 가격이 잘 올라서 안 파는 것이다.

2년간 분양가의 10%만 필요하다

분양받을 때는 분양가의 10%인 계약금만 있으면 된다. 5억 원짜리 지식산업센터를 분양받는다면 5,000만 원만 있으면 되는 것이다. 분양을 받고 입주 때까지의 공사기간은 평균 2년이다. 그 사이 중도금은 무이자로 융자가 되고 분양권은 프리미엄이 붙는다.

지식산업센터 사업장마다 다르나 보통 분양가의 20~40%가 토지가액이고 60~80%가 건물가액인데, 토지는 면세이고 건물가액에 대해 10%의 부가가치세가 발생한다. 따라서 5억 원짜리 지식산업센터를 분양받는다면 이 중 건물가액은 약 3,500만 원 정도가 되므로 350만 원 내외의 부가가치세를 따로 준비해야 한다. 부가가치세는 그다음 분기에 국세청에서 돌려받는다.

중도금은 모두 무이자 융자이다

분양계약서 작성 시 또는 최초 중도금 납입 시기가 되면 중도금 대출 신청을 하게 된다. 시행사가 튼튼하면 제1금융권인 은행에서 대출을 받아내고 시행사의 신용 상태가 좋지 않으면 제2금융권인 신용금고라든가, 단위농협 등에서 받기도 한다. 그러나 수분양자(분양을 받은 사람)는 어느 금융기관에서 대출받았는지 알 필요가 없다. 대출에 대한 이자는 시행사에서 내기 때문이다. 대출기관에서는 중도금을 수분양자 대신 신탁사에게 준다. 결국 그 돈은 수분양자의 주머니에서 나가게 되는 돈이지만 흔히 말하는 '중도금 무이자융자'가 되는 것으로 중도금은 신경쓰지 않아도 된다.

지식산업센터 분양권은 언제든지 매매가 가능하다

요즘은 아파트뿐만 아니라 오피스텔까지 전매가 제한되어 있다. 조정대상지역에서 규모가 100개 호실 이상의 오피스텔은 등기 후에야 분양권 전매가 가능하다. 그러나 지식산업센터는 분양권 전매 제한이 없다. 그러므로 분양받은 직후에도 전매가 가능하다.

그러나 지식산업센터 분양권에 대한 프리미엄은 해당 건물 분양이 끝난 직후부터 붙기 시작해서 입주 무렵이 되어야 활발하게 팔린다. 왜냐면 분양권을 바로 사서 입주하려는 실수요자들이 사려 하기 때문이다.

지식산업센터를 분양받아서 중도금 무이자 융자로 시간을 끌어왔는데, 잔금을 내야 하는 부담을 지기 싫다면 전매를 하면 된다. 그리고 전매 시에 프리미엄을 꼭 챙겨 가면 된다.

지식산업센터의 프리미엄은 세금을 안 낸다?

근래 10년간 서울 주요 지역의 지식산업센터는 입주 시 분양가의 10% 내외의 프리미엄이 붙었다. 분양가의 10%를 계약금으로 내고 분양가의 10% 내외의 프리미엄이 붙으면 매도 시 100% 수익률이 된다. 2년 만에 높은 수익률을 올리는 것이다.

그리고 이 분양가 매매 시장은 다운계약들을 많이 한다. 프리미엄이 없는 것처럼 계약서를 작성하고 매도자에게 프리미엄에 대해서는 현금으로 건네서 자료를 남기지 않는다. 흔히 말하는 무피(無

Premium) 거래들을 하고 있다. 매도자는 양도세를 안 내는 것이다.

시장이 이렇게 혼탁한 이유에 대해 생각해봤다. 과거에는 분양대행사가 분양을 하는 데까지만 손을 댔다. 이후 분양권을 전매한다든가 임대차를 놓는 일은 부동산공인중개사의 일이었다. 그러나 지식산업센터 분양시장이 뜨거워지면서 많은 분양대행사가 생겼고 경쟁이 치열해지면서 이들은 이제 분양을 해주는 데만 머물지 않고, 분양권 전매를 해주고 더 나아가서는 임대차까지 직접 한다.

부동산공인중개사는 이중계약이나 다운계약 등의 거짓된 계약을 하는 경우, 자격이 정지되는 중징계가 내려진다. 계약서에 상호와 이름이 들어가고, 중개사무소는 수시로 단속을 당한다. 그러나 분양대행사 직원은 계약서에 언급조차 되지 않으므로 거짓된 계약이 발각될 염려도 없고, 제재를 받을 일도 없다. 한 현장의 분양이 다 끝나면 다른 현장으로 떠나므로 어디에 있는지 찾는 일도 힘들다.

잔금은 분양가의 70% 담보대출로 가능하다

준공 무렵 임대할 거라면 잔금을 내고 등기를 하면 되고, 돈이 더 없다면 프리미엄을 받고 팔면 된다. 실사용자라면 80~90%까지 대출이 되므로 계약금의 10~20%를 필요로 한다. 잔금은 분양가의 10~20%를 내야 하는데, 이때는 은행의 담보대출을 신청한다. 은행에서 중도금 융자액과 잔금까지 분양가의 70~90%를 납부해준다. 대신 완공된 지식산업센터 호실을 담보로 잡는 것이다.

지식산업센터를 분양받는 것을 망설이는 이유

이 수익률 좋은 시장에서 왜 지식산업센터를 앞다투어 못 살까? 투자를 못 하고 망설이는 이유는 뭘까?

첫째는 항상 분양가가 최고가였기 때문이다. 서울 수도권의 땅값이 계속 오르고 분양 대박의 신화를 이룬 시행사들이 경쟁적으로 땅을 사들이기 때문에 지식산업센터 분양이 가능한 땅값은 계속 올라왔다. 지식산업센터의 원가인 토지가격이 계속 오르고 있고, 환경과 내진설계를 고려해야 하는 등 건축규제는 점점 심해지고 인건비도 급격히 상승해 건축비가 오르고 있으니 분양가 역시 계속 오를 수밖에 없다. 따라서 분양 당시 분양가는 그 인근지역의 최고가를 경신할 수밖에 없다.

그러나 공사가 끝나갈 2년 뒤에는 신규 분양하는 지식산업센터가 최고가를 경신하고, 2년 전 분양한 것은 저렴했었다는 인식이 생기면서 프리미엄이 붙게 된다. 성수동에서 처음으로 분양가가 평당 800만 원이 되었을 때도, 900만 원이 되었을 때도 모두 비싸다고 놀랐다. 1,000만 원이 되었을 때는 다들 경악을 했다. 그 분양가가 다시 1,200만 원이 되었고, 1,400만 원, 1,500만 원도 되었다. 2년 뒤 입주 시에는 다시 최고가를 경신하므로 항상 '그때 분양가가 저렴했었던 것이네'라는 생각이 들기 마련이다. 하지만 그때는 이미 분양이 마감되어 분양을 받을 수 없는 상황이 된다. 그러므로 서울 역세권의 지식산업센터를 분양받겠다고 결심을 하면 가격이 최고가라 하더라도 바로 분양을 받는 것이 맞다. 최고가라고 주저할 필요가 없는 것이다.

둘째는 입주 시 임대가 잘 나갈까 하는 고민으로 분양받기를 망설이기 때문이다. 그러나 이 부분은 크게 고민할 필요가 없다. 일반 건물의 세입자는 지식산업센터를 보면 입주를 열망하게 된다. 훨씬 깨끗하고 관리가 잘되고 규모가 있기 때문이다. 그래서 이런 분들이 임차를 희망하는 수요가 많다. 일반 건물은 열 번 보여줘야 계약이 된다면, 지식산업센터는 다섯 번만 보여주면 계약하려는 사람이 생긴다.

또한 분양권 상태에서는 사지 않았지만 입주를 코앞에 두면 매입하려는 수요가 늘어난다. 임대보증금을 빼서 대출을 받고 입주하려는 실수요자가 생기기 때문이다. 분양권은 적은 금액이지만 여윳돈으로 사둘 수 있는 '투자'인 것이고, 실물은 사서 바로 입주 가능한 '실수요'이기 때문에 투자자 + 실수요자의 가세가 있는 것이다. 실수요자에게는 입주 시에 훨씬 수월하게 판매할 수 있다.

분양권 매도의 적정 시기

앞서 언급한 대로 입주 시 분양가의 10% 내외의 프리미엄이 붙기 마련이므로 수익률 100%를 원한다면 입주를 앞두고 등기하기 전에 매도하는 것이 맞다. 이때 매도를 안 하면 건물이 완공되고 잔금을 납부해야 한다. 그리고 소유권 이전 등기를 하면서 취득세 4.6%를 납입해야 하고, 등기가 된 후에는 지식산업센터의 매매

거래는 분양대행사 직원의 손을 떠나 공인중개사의 영역이 되면서 100% 정직한 실거래가 신고를 해야 한다. 그러므로 등기 전의 수익률 100%와 세금 납부를 안 할 수 있었던 것을 생각하면서 팔 수가 없게 된다.

팔지 않고 보유하게 되면 더 팔고 싶은 마음이 들지 않는다. 대부분 월세가 잘 들어오고, 가격은 완만하게 꾸준히 상승하므로 부득이한 사정이 생기지 않는 이상 계속 보유하게 되는 것이다. 만약 임대를 놓는 게 아니라 직접 사용하는 경우라면 최소한 5년은 사용하기 마련이다. 5년간 직접 사용해야 세제 혜택을 보기 때문이다. 5년 내에 팔면 감면받았던 취득세를 이자까지 붙여서 내야 한다. 아파트의 경우 주거 임대차 기간 보장과 양도세 일반 과세가 2년 이후부터 주어지기 때문에 신규 아파트는 매매 물량이 입주 2년 이후부터 발생한다.

그러므로 지식산업센터를 분양받았다면, 등기 직전에 한 차례 매도를 진지하게 고민해야 한다.

2
2년 이내 지식산업센터가 필요하면 바로 사라

앞서 초기에 분양을 받으면 2년을 기다려야 입주가 가능하다고 말했다. 그러므로 2년 내 입주를 원하거나 2년 내 임대 수익을 받기를 원한다면 분양권이 아니라 실제 완공된 건물을 구입해야 한다. 사용 시기에 관한 차이 말고도 어떤 차이점이 있는지 살펴보자.

준공 후 건물 매입자는 업종과 무관하다

분양과는 달리 개별입지의 지식산업센터가 완공되어 등기가 된 후에는 매수자의 업종과 무관하다. 매수자의 업종이 입주 적정 업종이 아니라 '임대 사업자'여도 된다. 보존등기 후 취득은 실소유자여도 취득세 감면 혜택은 없다.

대출이자는 월세보다 적다

사무실의 실수요자라면 임차할 것인지, 매입을 할 것인지 고민을 하게 될 것이다. 여기서 한 번 이자와 월세를 비교해보자.

전용 50평의 업무 공간이 필요하다면 이는 분양 평수로는 100평이다. 매매가가 평당 1,000만 원이라면 10억 원이다. 대출은 최소 7억 원 정도가 가능하다. 7억 원에 대한 대출 이자는 일반적으로 실사용자라면 2.5%, 임대 사업자라면 4.5~4.9% 정도다. 실사용자라면 월이자 150만 원 정도가 된다.

같은 면적의 지식산업센터를 임차할 경우 구로·가산디지털단지 내라면 4,000만 원 보증금에 월세 400만 원 정도가 되고, 성수동이라면 4,500만 원 보증금에 450만 원 정도의 월세가 된다.

이처럼 살 때 목돈이 좀 들어가지만 월세의 절반도 안 되는 금액에 내 사업장을 가질 수 있다. 임차가 아닌 내 사업장이라면 인테리어를 마음껏 할 수 있고, 안정감 있게 사업을 할 수 있다.

지식산업센터에 가보면 임대 호실인지, 소유주가 직접 사용하는 호실인지 쉽게 알 수 있다. 회사 출입구가 잘 꾸며져 있으면 실소유자의 호실이고, 원래의 철문대로 되어 있으면 영락없이 임차자의 호실이다. 세입자가 살고 있으면 집 상태가 별로이고, 소유주가 살고 있으면 인테리어를 잘해놓고 사는 아파트와 유사하다.

주택도 전세입자들이 많은 것처럼 지식산업센터도 임차자들이 많이 있다. 이렇게 월세의 절반도 안 되는 이자를 지불하면 되는데 왜 임차를 할까? 현재는 가격이 계속 올라가고 있음에도 미래에는

| 동일한 지식산업센터 내 개별 호실들의 출입구 |

| 자가 소유자의 호실. 출입구를 강화유리로 덧대 이중으로 처리하고 화려하게 꾸며놨다.

| 임차자가 사용 중인 호실의 출입구. 원래의 철문 인테리어 그대로이다.

부동산 가격이 하락할 것으로 예측한다든가, 창업한 지 얼마 되지 않아 사업 지속 기간에 대한 자신이 없다든가, 구입에 들어가는 목돈을 사업에 활용해야 하는 등 여러 가지 원인이 있다.

그런데 지식산업센터의 분양권을 구입하는 것과 완공 후의 건물을 매입하는 것에는 어떤 차이가 있을까? 실수요자가 분양권 상태의 지식산업센터를 구입해서 5년간 사용하면 취득세와 재산세의 감면 혜택이 있다. 분양권을 사면 매매가의 10%밖에 안 되는 돈이지만 어쨌든 목돈을 묻어둬야 한다. 입주 시기에 매입하면 목돈을 묻어두지 않아도 되지만 이때는 프리미엄이 붙어 있기 마련이다.

완공된 건물을 보존등기 후에 사면 분양권 상태에서 샀을 때와 같은 세제 혜택은 없다. 그러나 목돈을 묻어두지 않아도 된다. 개별 입지해 있는 지식산업센터는 소유자의 제한이 없지만, 분양사가 분양공고를 낼 때 분양받을 사업자의 업종 제한을 둔다고 앞장에서 설명했다. 그러나 기존 물건을 살 때는 이런 제한이 없다. 임대 사업자로서 사도 된다. 굳이 IT, SW, 엔지니어링 등의 사업을 하는 회사처럼 보이지 않아도 된다는 것이다.

완공된 건물은 준공 5년 후 구입을 노려라

완공된 건물을 사려면 입주 5년 차가 지날 무렵 사는 것이 좋다. 세제 혜택을 보고자 5년간 의무적으로 사용했던 사람들의 물건이 나오는데다가 5년간 사용하면서 인테리어를 해두었기 때문에 인테리어 비용을 절감할 수 있다. 5년이면 아직 신축 건물이라 상태도 양호하다. 입주 후 5년이면 건물은 공실도 없고, 건물의 입주자들의 활동성도 좋은 상태라서 건물 자체가 생동감이 있어 보인다.

5년쯤 지난 물건 가운데는 때로는 임차자를 안고 사야 하는 것도 있다. 이런 물건들은 매입 직후부터 바로 수입이 생기고 임차자를 구하는 수고를 덜 수 있어서 좋다. 제일 좋은 것은 매도자가 임차자로 전환해서 살고 싶어 하는 물건이다. 인테리어 상태도 양호하고 매도를 빨리 하고 싶은 마음에 임차료도 후하게 주는 편이어서 이런 물건은 고민 없이 사도 된다.

인근에 극장도 들어서고 대규모 개발지들이 있어 앞으로의 전망도 꽤 밝은 지식산업센터가 있었다. 완공된 지 6년 정도가 지난 건물이었는데 한 소유주가 갖고 있던 호실 하나를 팔고자 했다. 꽤 급하게 팔고자 하는 것 같아 사유를 여쭤보니, 아들이 갑자기 결혼을 하게 되었다는 것이다. 아들을 결혼시키는 만큼 전셋집이라도 얻어 줘야만 하는 상황이라 목돈이 필요했다. 2면이 발코니인 모퉁이 호실인데다가 인테리어까지 고급스러웠다. 한두 달 동안 매수자가 없더니 보고 간 고객 중에 한 분이 매수 의사를 밝히자 때마침 다른 고객도 매수 의사를 밝혔다. 소유자는 오히려 가격을 높여 6년 전 분양가의 거의 두 배에 가까운 가격에 무난히 매도할 수 있었다.

분양권 취득을 할 것인가, 실물 취득을 할 것인가?

최근 들어 인기 좋은 지역, 역에서 아주 가까운 곳, 2면이 발코니인 모퉁이 호실 등은 인기가 많기 때문에 모퉁이 한 호실을 구입하는 것은 거의 불가능해졌다. 분양의 우선권이 한 개 층, 반 개 층, 4개 호실 등 넓은 면적이나 다수의 호실을 분양받으려는 사람에게 주어지기 때문이다. 또 인기 있는 지식산업센터의 경우, 분양대행사 직원이 완판에 대한 확신이 서면 자기 돈으로 한 개 층의 청약금을 넣고 나서 조금씩 나누어 분양하기 때문에 일반 고객이 모퉁이 한 호실을 분양받는 것은 거의 불가능하다. 그러나 매매로 모퉁이 호실 하나가 나오는 경우도 가끔 있다. 이런 호실은 고민 없이 얼른 사야 한다. 물론 분양가와 같은 가격을 기대한다는 것은 말도 안 되는 일일 것이다. 준공 후 호실은 일단 분양 후 2년의 시간이 흐른 뒤이기 때문이다.

매매에 관해 정리하면, 짧게 투자하려는 소액 투자가라거나 여윳돈이 있는 회사라면 분양권을 초창기에 사는 것이 좋다. 그와 달리 세제 혜택을 보고자 하는 실수요자, 즉 사업자는 입주 직전에 분양권을 프리미엄을 주고 사는 것이 좋겠다. 입주 전후로 나오는 지식산업센터를 분양권 상태로 사면 실수요자에게 세금 감면 혜택이 있고, 보존등기가 된 것은 감면 혜택이 없다. 잔금 납부 기한(준공 후 1~2달)이 다가오면 가격이 내린 물건이 종종 나온다. 이때 구입하거나 한꺼번에 목돈을 투자할 임대 사업자라면 보존 등기 후 5년쯤 된 실물 지식산업센터를 사면 좋다.

3

누구 명의로 사느냐에 따라 투자 수익이 달라진다

법인기업이 지식산업센터를 산다면

지식산업센터는 대기업에는 혜택이 없고 중소기업에 혜택이 많다 보니 중소기업들이 많이 입주를 한다. 법인기업들은 법인 명의로 많이 구입하지만 대표이사가 100% 주식을 소유한 중소 법인인 경우 대표이사 본인이나 배우자의 명의로 사서 본인의 법인에 임대를 주는 경우도 많다.

이 경우 '임대인 = 임차인'으로서 안정적인 임대차 소득을 얻을 수 있으며, 다소 높은 가격으로 임차료를 책정하여 법인의 돈을 개인의 소득으로 가져오기도 한다. 무엇보다 법인의 사업 리스크에서 부동산 하나는 확실히 지킬 수 있다는 것이 장점이다. 그러므로 구입자가 법인의 대표라면 법인의 이름으로 살 것인지 개인의 이름으로 사서 법인에게 임대할 것인지 고민해볼 일이다.

팔 때 개인은 양도소득세, 법인은 법인세를 낸다

개인 명의로 사면 나중에 팔 때 차익의 일부를 양도소득세로 내야 한다. 법인을 설립해서 법인 이름으로 구입하면 양도 시에 법인세를 내야 한다. 차익이 많을 것으로 생각되면 법인을 등록해서 법인 명의로 구입하는 것이 낫다.

2022년 7월 기준으로 양도소득세는 2년 이상이면 6~45%의 세율을 적용받는다. 법인 명의일 경우 2억 원 이하는 10%, 2억 원 초과~200억 원 이하는 20%의 세율을 적용받는다. 개인 명의로 오래 갖고 있으면 장기보유특별공제를 받을 수 있는데 법인은 이 공제가 안 되지만 개인 임대 사업자에게서는 어려운 여러 비용의 처리가 가능하다. 그래서 법인을 세워 법인세를 내는 것이 유리하다. 단, 과밀억제권역에 법인을 세워 5년이 되지 않았을 때 산업단지 바깥의 부동산을 사면 취득세가 3배로 중과된다는 점을 유의해야 한다. 2020년 6.17 부동산 대책에서 법인세에 대한 부분이 강화되었지만 이는 주택 부분에 한정되어 있다.

개인의 명의로 지식산업센터를 구입할 때는 되도록 직장을 다니는 사람의 이름으로 사는 것이 좋다. 직장을 다니는 사람의 이름으로 사면 임대소득이 연 2,000만 원 이하일 경우 건강보험료와 연금 납부 의무가 발생하지 않는다. 주부라든가, 실업자의 이름으로 사

| 국민건강보험 사이버민원센터 사이트 |

| '4대 보험료 계산'을 클릭하여 보험료를 알아낼 수 있다.

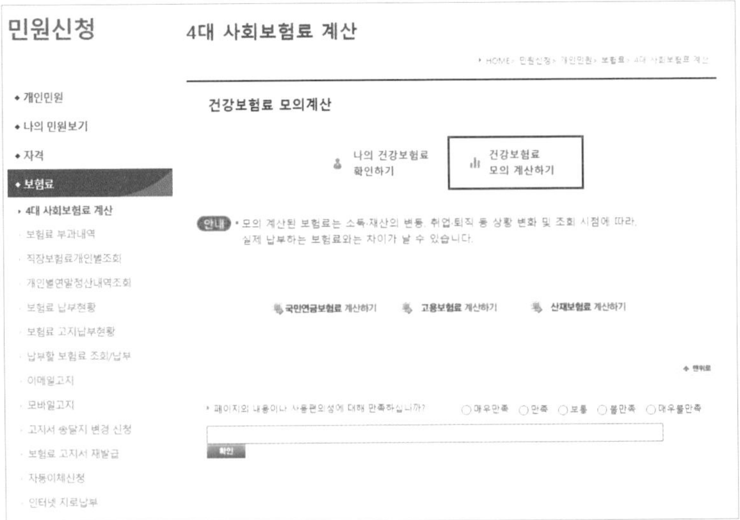

| '건강보험료 모의 계산하기'를 클릭하여 정보를 입력하면 건강보험료를 예측할 수 있다.

는 경우엔 피부양자 자격을 상실하고 건강보험료와 연금의 납부 의무가 발생한다.

사업자등록을 하고 사업소득이 단 1,000원이라도 발생하면 피부양자 자격을 상실하게 된다. 다른 소득이 없다면, 지식산업센터를 분양받아 분양권 상태일 때는 피부양자 자격을 유지할 수 있지만, 건물이 완공되어 소유권 보존 등기 후 임대료 소득이 발생하면 피부양자에서 지역가입자로 전환된다. 2020년 4월 기준 다른 자산이나 소득 없이 지식산업센터에서 연간 임대소득이 2,400만 원이면 건강보험료로 186,930원이 부과된다.

남편과 아내가 공동명의로 지식산업센터를 구입하는 경우 매도 시 양도소득세를 절약할 수 있지만, 보유기간 중 아내는 안 내던 건강보험료를 내거나 추가로 더 내게 됨을 유의하자. 이때 내야 할 보험료는 국민건강보험 사이버민원센터 사이트(minwon.nhis.or.kr)에서 확인할 수 있다.

자녀 이름으로 사면 증여세를 줄일 수 있다

지식산업센터는 자녀에게 증여용으로 아주 좋은 부동산이다. 자녀에게 지식산업센터를 구입해주는 적절한 시기는 자녀가 직장을 다니고 1~2년 후 정도다.

자녀가 직장을 다니고 있지 않다면 직장 건강보험가입자의 피부양자 자격을 상실하고 건강보험료와 국민연금 등이 발생하게 된다.

직장을 다니고 있다면 연간 임대소득이 2,000만 원 이하이면 직장의 건강보험이 그대로 유지된다.

직장을 다닌 지 1~2년 정도라고 말한 것은 구입 비용을 자녀가 부담해야 증여세가 적기 때문이다. 1년이 적당할지, 2년이 적당할지, 3년 이후가 적당할지는 구입 금액의 실투자비용과 증여세 부담 정도에 따라 다르다. 2억 원짜리 지식산업센터를 구입한다면 대출은 1억 4,000만 원 이상이 나올 것이고, 나머지 6,000만 원과 취득세 920만 원 등의 실투자금이 7,000만 원 정도가 필요하다. 성년인 자녀에게는 5,000만 원(윤석열 정부에서는 1억 원까지 늘리겠다고 했다)까지는 증여세가 발생하지 않으므로 2,000만 원만 자녀가 마련하면 된다.

이는 1~2년 정도의 직장생활로 모을 수 있다. 그러나 지식산업센터의 금액이 3억 원이 되고, 4억 원이 된다면 직장생활을 다소 길게 잡거나 증여세를 더 부담해야 할 것이다. 성년의 경우 증여세 면제 한도인 10년간 5,000만 원을 조금 넘는 금액을 증여하면서 증여세 신고를 해두는 것이 좋다. 증여된 금액의 흔적이 남기 때문이다.

법인을 세워서 산다

앞서 1인 법인이나 가족법인을 설립하여 지식산업센터를 사는 것도 좋은 방법이라고 했다. 그리고 법인 명의 구입 시 장단점에 대해 설명했다. 설립한 지 5년 미만의 법인이 산업단지 밖의 지식산업센터를 산다면 취득세는 3배가 중과된다. 그러므로 과밀억제권역 밖에 법인을 세워서 지식산업센터를 임대 목적으로 구입하면 된다. 이에 관해서는 4장 '지식산업센터의 세금-취득세' 부분에서 자세히 설명하겠다.

법인을 세워서 사면 비용처리도 할 수 있고, 가격이 올랐을 때 양도소득세보다 적은 법인세로 세금을 내게 되어 좋다. 그러나 이익금을 개인 앞으로 가져오는 게 쉽지 않다는 단점이 있다. 주로 가족을 주주로 법인을 세워서 나중에 자녀에게 법인을 넘기곤 한다.

소유주마다 보유하고 싶은 기간이 다르고, 집집마다 자녀의 수도 다르고, 자녀가 있더라도 증여할지 말지 각각의 사정이 다르므로 어떤 명의를 사용할 것인지는 개별적으로 고민해보자.

법인으로 산 다음 다시 팔 때의 주의점

분양권 상태에서 법인 명의로 샀다 팔 때 분양대행사 직원은 무피 거래를 권할 것이다. 프리미엄을 받았지만 현금으로 주면서 안 받은 척 양도세 신고도 하지 않는 것이 관례다.

만약 개인이 이렇게 했다가 세무당국에 적발되면 가산금 등을 더 내면 되지만, 법인인 경우에는 금전적 손해 외에 배임죄 등 형사처벌을 받을 수 있다. 적발은 본인이 잘 못해서라기보다는 앞 매도자나 뒷 매수자의 잘못으로 세무조사를 받을 때 같이 엮이기 마련이니 주의해야 한다.

4
분양대행사와 부동산중개업소, 어디서 분양받을까

현장 따라 떠도는 분양대행사

상가, 오피스텔, 지식산업센터의 분양을 홍보하고 계약하는 일은 누구나 할 수 있다. 특정 교육을 이수해야 한다거나 자격증이나 학력 등 아무것도 필요하지 않다. 보통 분양대행사 밑에 몇 개의 영업본부가 꾸려지고, 그 본부 아래 몇 개의 팀이 나뉘어 활동한다. 팀원들에게 기본급을 주지 않고 실적대로 가져가는 것이기 때문에 팀원이 되겠다고 하면 환영이다. 10년 넘게 혼신의 노력으로 분양 시장에서 성공한 사람들도 많지만, 부동산과 전혀 무관한 삶을 살다가 잠시 몸담는 사람들도 있다. 늦은 나이에 뛰어든 분들도 많다.

분양대행사 직원들은 하나의 분양 현장이 생기면 몰려들었다가 이 현장의 분양이 마감되면 다른 현장으로 떠난다. 한 지역에서 계속 활동하는 사람들은 많지 않고 보통 현장 따라 지역을 옮겨 다닌다. 심지어 지식산업센터를 분양하다가 좋은 현장이 생기면 오피스텔이나 상가 등 다른 종류의 건축물을 분양하는 곳으로 가기도 한다. 그러므로 그들은 분양이 완료될 때까지만 그 지역에 머물러 있는 경우가 흔하다. 다만, 수수료가 계약 시, 중도금 시, 잔금 시 나오기 때문에 잔금 시까지 지켜봐주는 직원들도 있다.

좋은 호실은 분양대행사 직원들이 선점한다

지식산업센터의 분양이 호조를 띠면서 분양 일을 하겠다는 사람이 많이 생겨났다. 이에 분양대행사 직원들 간에 경쟁이 치열해지면서 청약이 시작되면 본인들 돈으로 좋은 호실들을 선점해버린다. 이것을 흔히 '찍는다'라고 말한다. 찍은 호실들은 찍은 직원들이 팔게 되기 때문에 분양수수료를 확실히 챙길 수 있다. A분양대행사에 가면 3층밖에 안 남았다고 하고, B분양대행사에 가면 7층밖에 없다고 하는 이유는 이런 '찍어두기' 때문이다. 정말 인기 좋은 지식산업센터는 부동산중개업소까지 넘어오지 않고 분양대행사 직원들 손에서 그들의 대기 손님들로 다 맞춰지니 같은 건물이라도 여러 분양대행사 직원에게 미리 의뢰해야 한다. 분양대행사 직원은 인터넷으로 해당 지역의 지식산업센터를 검색해서 찾으면 된다. '영등포구 지식산업센터', '성수동 지식산업센터', '평촌 지식산업센터' 등과 같다.

중개업소에서 분양받는다고 중개보수를 내지는 않는다

분양대행사 직원을 모른다면 부동산중개사무소를 통하는 것도 좋다. 부동산중개업소를 통해 지식산업센터를 분양을 받으면 중개보수가 따로 나가는 줄 아는 사람도 있는데 그렇지 않다. 부동산중개업소를 통해 분양을 받는 경우 분양수수료를 중개업자와 분양대행사 직원이 나눠 갖는다. 따라서 고객이 돈을 더 부담할 일은 없다. 오히려 분양대행사 직원과 중개업소의 이중안전장치를 갖는 셈이다. 그렇다면 분양대행사 직원은 왜 중개업소와 같이 할까? 분양대행업계도 경쟁이 치열해지다 보니 손님을 보내주는 중개업소를 환영한다. 한 건만 보는 것이 아니라 계속 손님을 보내줄 것을 기대하고 수수료를 나눠주는 것이다.

부동산중개업소는 분양이 끝나면 그 현장을 떠나는 분양대행사 직원과는 달리 계속 해당 중개업소에서 영업을 하기 때문에 끝까지 책임을 진다. 그 점에서는 매력적이나 이것저것 중개를 해야 하는 중개업소로서는 한 현장에 매진하는 분양대행사 직원보다 해당 현장에 대한 정보력이 떨어질 수 있다.

주택 전문 중개업자는 지식산업센터를 잘 모른다

강남구, 서초구, 송파구에서 몇십 년씩 부동산중개를 한 50여 명 중개업자의 모임이 하나 있다. 개포, 대치, 반포, 잠실 등 중요 단지를 꿰차고 있는 분들로 한국공인중개사협회 지회장, 대의원도 있고

구의원도 있다. 결원이 생겨야 입회를 희망하는 중개업자가 입회할 수 있고 엄중한 심사 회의를 거친다. 이 강남 모임에 강북의 중개업자인 내가 들어간 것은 특별히 한남동과 성수동에서도 한 명씩만 넣겠다고 해서였다. 한남동에는 한남더힐, 성수동에는 갤러리아포레의 고급 아파트가 있어서 끼워주게 된 것이다. 이 모임에서 회원들이 돌아가면서 근황을 말하게 될 때 자주 듣는 소리가 "제가 이번에 저희 단지의 최고가를 뚫었습니다"였다. 그런데 이 베테랑 공인중개사들도 주택이 전문이면 지식산업센터를 잘 모른다. 그러니 투자할 손님에게 지식산업센터를 권유하는 일은 없다.

부동산중개업소를 통해 지식산업센터를 분양받으려면 지식산업센터 쪽의 전문 중개업소를 찾아야 한다. 지식산업센터 전문 중개업소는 아파트 단지보다는 지식산업센터 1층이나 사무실 밀집지역에 있다. 그리고 지식산업센터 관련 광고를 하고, 지식산업센터 매물을 네이버 부동산 등과 같은 부동산 정보업체에 많이 올린다. '네이버 부동산', '네모' 등 부동산 관련 앱에 지식산업센터 매물 광고를 많이 올리는 중개업소를 찾으면 된다. 이러한 사이트에 일반인이나 분양대행사 직원들은 매물 광고를 올릴 수 없다.

중개보수는 0.3~0.9% 이내에서 고객과 협의하도록 법령으로 정해져 있다. 상한요율 중개보수도 '갑'인 고객과 '을'인 중개업자가 협의하다 보면 중개업자들이 양보하는 경우가 많다. 그런데 분양대행수수료는 분양가의 4% 정도이다. 분양이 어려운 현장은 6~7%가 되기도 하고, 분양이 잘될 현장은 훨씬 낮게 2%대를 주기도 한다. 가장 낮은 분양수수료 2%를 분양대행사 직원하고 나눠서 절반인 1%를 받더라도 중개보수보다는 요율이 높다. 고객과 실랑이해서 받는 돈이 아니라 시행사나 분양대행사에서 당연한 듯 건네받는 돈이다. 지식산업센터의 분양을 한두 번 해본 중개업소는 그래서 분양에 목을 매기도 한다.

예전에는 분양대행사 직원들이 '분양'까지만 손을 댔는데, 이제는 '전매'나 '임대차'에도 손을 댄다. 부동산중개업소로 지정된 1층 상가 호실은 임차희망자들에게 공개하지 않고 있다가 그 자리에 직접 부동산중개업소를 내는 일도 있다. 명의를 빌려 부동산중개업을 하는데, 수분양자의 명단이 있는 경우가 많아 영업이 수월하다. 입주가 끝나면 권리금을 받고 중개업소를 넘긴다. 명단을 넘겨받은 중개업소도 지식산업센터 전문 중개업소로 거듭나게 된다.

분양권 전매 시 시행사·신탁사·건설사는 돈을 받지 않는다

분양을 받은 고객이 입주 전에 매도를 하려면 분양을 해준 분양대행사 직원이나 중개업소에 매도해달라고 부탁을 하기 마련이다. 매수자를 만나면 계약서를 작성하고 시행사, 건설사의 도장을 받은 뒤 구청의 검인을 받아야 한다. 그런데 아파트와 같은 경우 해당 건설사에서 분양권 전매를 위한 절차를 다 밟을 수 있는데, 지식산업센터의 경우 따로 전매절차를 알기 어려웠었다.

맨 처음 지식산업센터 분양권 전매를 하게 될 때였다. 매도자가 분양권의 매도를 직접 부탁해왔고 매수자를 찾아주었는데, 분양계약서에 날인해야 할 시행사, 시공사 도장을 어디 가서 받아야 할지 알 수가 없었다. 도장이 모델하우스에 있는지, 시행사에 있는지, 신탁사에 있는지, 담당 부서는 어딘지 파악이 안 되었다. 그래서 고객에게 어떤 분양대행사 직원에게 분양받았는지 물었더니 '김 아무개'라고 했다. '김 아무개'를 찾아 분양권 전매를 도와달라고 했더니 도장 값으로 200만 원을 요구했다. 실랑이 끝에 100만 원으로 협의를 봤다. 두 번째 전매 때는 50만 원만 줬더니 더 내놓으라고 야단이었다.

그 무렵이었다. 대학원 동아리 모임에서 한 후배가 성수동 지식산업센터 현황이 어떤지 물어왔다. 그 후배가 성수동의 지식산업센터에 대해 세세하게 알고 있기에 "어떻게 잘 아느냐"고 물었더니 분양권 전매를 한 현장의 시행사 직원이었다. 게다가 이 후배가 담당자였다. 놀라운 인연이었다. 그 상황을 이야기했더니 도장은 자기 부서에 와서 받아가는 거라고 했다. 분양대행사 직원에게 150만 원을 뜯긴 얘기를 했더니 놀란 눈치였다.

다음 날 분양대행사 본부장은 시행사에 불려들어가 그 대학원 후배에게 야단을 맞고 엄중히 경고를 받았다. 야단을 맞고 온 분양대행사 본부장은 직원들에게 내가 운영하는 중개사무소에서 지식산업센터 개별 호실을 본다고 하면 절대 열쇠도 내주지 말라고 했다고 한다. 분양권 전매 시 시행사나 신탁사에 들어가는 돈이 없음에도 전매 절차를 몰라 이런 상황을 겪었던 것이다.

5
임대 잘 놓는 방법

지식산업센터는 법인이든, 개인사업자든 회사가 입주를 하므로 개인이 임차하는 주택보다 세입자의 변동이 적다. 하지만 임차자가 나간다고 하거나 분양받은 건물이 완공되면 새로 임차자를 구해야 한다. 임차자를 구해야 할 때가 되면 어떻게 하면 좋을까?

지식산업센터 전문 중개업소를 이용하라

세무사 중에는 기장을 전문으로 하는 사람도 있고, 세금 절세를 전문으로 하는 사람도 있다. 기장을 전문으로 하는 세무사에게 양도세를 물어보면 잘 모르는 경우도 많다. 최근엔 복잡해진 양도세 계산 방식 때문에 '양포세무사(양도세 계산을 포기한 세무사)'라는 신조

어도 등장했다. 부동산중개업자들도 아파트가 전문인 사람, 상가가 전문인 사람, 토지가 전문인 사람 등으로 나뉜다. 거의 모든 부동산중개업소마다 '주택, 아파트, 토지, 상가, 오피스텔, 공장, 빌딩 전문'이라고 모든 종목을 창문에 적어놓지만, 실제로는 각자 주 분야가 있다.

경기도에서 부동산중개업을 십수 년 한 친구가 있다. 원룸 단지에서 원룸, 투룸의 임대를 주로 했다. 적극성도 있고 성격도 좋아 곧 그 지역을 주름잡게 되어 원·투룸 건물 전체의 통매각도 많이 했다. 어느 날 남편의 사업상 필요로 땅을 사게 되었다. 내게 전화를 해서 문제가 없는 땅인지 봐달라고 했다. 나는 우선 "지목이 무엇인지?" 물어보았다. 친구는 "근생"이라고 대답했다.

"지목이 뭐냐니까?"

"근생이라니까."

어이가 없었다. 지목은 대지, 전, 답, 잡종지 등이고, '근린생활시설'의 줄임말인 '근생'은 지목이 아니라 건축물의 용도였다. 중개업을 10여 년을 했다는 그 지역의 베테랑인 친구가 지목과 건축물 용도를 구분하지 못한 것이다. 그건 그 친구만의 문제가 아니라 오랜 시간 토지를 안 다루다 보니 그렇게 된 것이다.

대부분의 중개업소는 전문 분야가 하나나 두 개 정도이다. 지식산업센터 전문 중개업소에 임대를 내놓고, 만약 지식산업센터 전문 중개업소가 보이지 않으면 사무실 중개를 위주로 하는 부동산중개업소에 내놓되, 입주 업종에 제한이 있는 것을 모르는 중개업소도 많으니 업종 체크는 임대인이 스스로 하는 것이 좋다. 그리고 한 곳만 너무 믿지 말고 서너 곳의 업소에 의뢰하는 것이 좋다.

임대할 곳의 사진을 제공하라

요즘은 인터넷 광고를 할 때 사진이 함께 들어간다. 중개업소에 의뢰할 때는 해당 지식산업센터 건물과 임대하고자 하는 호실의 사진 5컷 이상과 함께 의뢰하면 더 좋다. 중개업자의 휴대폰으로 사진을 보내주면 된다. 부동산중개 앱 '네모'는 사진을 5장 이상 등록하도록 하고 있기 때문이다. 네이버 부동산도 사진이 있는 매물은 사진이 없는 물건보다 상단에 배치해준다. 사진이 있으면 매물을 찾는 사람 눈에 더 잘 띄고 신뢰가 간다.

예전에는 임대인에게 "사진을 찍으러 가겠다"고 하면 "왜 찍냐?"고 했는데, 요즘은 업무용 부동산의 임대인들은 물건을 내놓으며 "사진 찍으러 언제 오냐?"고 도리어 묻는다.

그리고 조망이 좋다든가, 인테리어가 잘되어 있다든가, 발코니가 넓다든가 하는 장점을 부각해 부동산중개업자에게 말해주면 광고 효과가 더 크다.

이전 설치가 어려운 설비를 해주자

최근 완공된 지식산업센터는 에어컨 설비가 되어 있지만 예전에는 안 되어 있는 것들이 많았다. 이런 지식산업센터는 임차인들이 입주할 때 고민이 많다. 천정의 에어컨 등 시스템 에어컨을 설치했으면 하는데 이전 시에는 이전비가 더 드니 떼어가지도 못하고 사무실이다 보니 다음 세입자에게 권리금(시설비)을 받는 것도 요원하다.

지식산업센터의 개별 호실 출입구는 철문으로 되어 있다. 무거워서 문을 여닫기가 불편하고 미관상으로도 안 좋다. 그래서 대부분 강화유리로 된 도어를 안쪽에 덧댄다. 이런 도어는 세입자가 설치해도 임대차 완료 후에 떼어서 가져가지 못한다.

업무 공간으로 쓰기 위해 꼭 필요한 유리문, 도어락, 블라인드, 에어컨 등은 임차인이 자신의 비용으로 설치했더라도 임대차 종료 시 떼어서 가져가기가 곤란하다. 다음 사업장과 크기가 맞지 않는다든가 이전비용이 신규 구입비만큼 들기 때문이다. 그래서 임차인들은 이런 설비가 이미 되어 있는 곳을 훨씬 더 선호한다. 그러므로 이런 설비를 임대인의 돈으로 설치해주자. 그러면 다른 호실보다 먼저 나가고, 다소 높은 돈을 받을 수 있어서 결국에는 이득이다.

특히 임차인들은 호실 안에 몇 개의 룸이 있는 것을 선호한다. CEO실, 회의실, 탕비실 등 세 개 이상의 룸이 있다면 임대차가 가장 빠르게 나간다. 임대인이 이 설비까지 해준다고 하면 바로 임대가 될 것이다. 그러나 임차자가 어떤 레이아웃을 필요로 할지 모르니 첫 임차자가 나타나면 그때 의견을 물어서 해주는 것이 좋다. 부동산중개업소에 내어놓을 때부터 '룸 설치비 보조' 조건으로 해놓으면 훨씬 세입자가 쉽게 구해진다. 그리고 임차자가 나갈 때는 시설물을

| 동일한 호실에 룸이 없을 때와 있을 때 |

❙ 룸이 없을 때의 모습

❙ 3개의 룸을 만들어놓은 모습. 이 경우 임대가 훨씬 잘된다.

| 유리문을 덧대어 설치한 호실 |

❙ 완공 시에는 철문만 설치되어 있어 대부분의 입주자들이 따로 유리문을 설치한다. 임차자의 경우 본인들이 설치했다 하더라도 이것을 떼어서 가져가는 것은 거의 불가능하다.

철거하기보다는 놔두는 것이 좋다. 전용 25평 지식산업센터에 룸 세 개 정도를 만드는데 드는 비용은 약 500만 원 정도 든다. 고급 자재를 쓴다면 이보다 더 나갈 수 있지만 대부분 그 이하로 가능하다.

6
임대 계약 잘하는 7가지 방법

임차인과 계약 시에 무엇을 확인하고 계약서에 어떤 사항을 적는 것이 좋을까? 주의할 점과 확인할 점을 알아보자.

부가가치세는 별도로 임차자가 부담함을 명시한다

임차자는 개인사업자이든, 법인이든 사업자다. 그러므로 임대를 놓을 때는 임대 사업자 등록을 하고 월차임에 대한 세금계산서를 발부해야 한다. 월차임에 대한 부가가치세는 별도로 받는 것이 지극히 당연한 이야기이다. 처음 사업을 시작해서 잘 모르는 임차자도 있을 수 있으므로 이 점을 계약서에 명시한다. 장기수선충당금을 받는 지식산업센터도 있고, 받지 않는 경우도 있다. 세입자 변경 시

관리사무소에 확인하여 관리사무소에서 장기수선충당금을 받았다면 아파트처럼 그 돈을 임차자에게 내주어야 한다.

교통유발부담금의 부담 주체를 계약서에 명시하라

교통유발부담금이라는 생각지도 않았던 세금이 나오게 되면 누가 부담해야 할지를 두고 분쟁이 있을 수 있다. 휴업 등 특별한 사유로 30일 이상 그 시설물을 사용하지 않으면 부담금이 없거나 경감되는데(도시교통정비 촉진법 제38조), 사용 중이라 내는 것이니 임차인더러 내라는 임대인의 요구와 관련법에서 교통유발부담금은 시설물의 소유자가 부담하는 것으로 규정하고 있다(도시교통정비 촉진법 제36조)는 임차자들의 요구가 맞서 종종 다툼이 생기기도 한다.

양 당사자가 교통유발부담금에 관해 '임차인이 내기로 한다'는 약정을 하지 않는다면 시설물의 소유자인 임대인이 교통유발부담금을 납부해야 한다.

그러나 사적 자치의 원칙에 따라 양 당사자가 자율적으로 협의하여 결정할 수 있으므로, "반반 부담한다"라든가, "임차자(또는 임대인)가 부담한다"고 미리 계약서에 작성해두면 편하다.

나는 교통유발부담금 고지서가 가끔 사업장으로 가기도 해서 임차자에게 "저는 제가 냅니다. 교통유발부담금 통지서가 날아오면 보내주세요"라고 말하며 내가 쭉 내왔다. 2019년에는 실면적 90㎡ 정도 되는 성수동의 사업장에 교통유발부담금으로 19만 3,000원 정도를 냈다.

임차자가 바뀔 때는 시설물을 꼭 확인하자

지식산업센터는 시설물이 거의 없어 신경 쓸 일도 없고, 늘 바쁘기도 해서 내가 소유한 지식산업센터의 임차인이 이사할 때에도 가보지를 않았었다. 모 지식산업센터를 세 번째 임차한 임차자가 해가 잘 드니 창문에 블라인드를 해달라고 했다. 분명히 예전에 블라인드가 있었는데 현재 없다는 것이다. 앞의 임차자들에게 연락해보니 첫 임차자나 두 번째 임차자나 서로 자기네는 안 가져갔다고 한다. 이처럼 혹시 모를 시설물의 파손은 없는지, 부착물들을 가져가지 않았는지 임차자가 바뀔 때 꼭 확인해볼 일이다. 특히 이삿짐센터 직원들이 에어컨 리모컨을 챙겨가서 불편해지는 일들이 종종 있다. 임차자가 원상복구를 하기로 했다면 원상복구가 제대로 잘 되었는지 눈으로 꼭 확인해야 한다.

가급적 임차자를 배려해주자

우리나라에서 중소기업을 경영하는 것이 얼마나 어려운지 알기에 나는 웬만하면 임차자의 요구사항을 들어준다. 그래서 그런지 거의 임차자들의 변동이 없다.

그런데 임차자 한 분이 나이가 들어 사업을 축소하려 했다. 그래서 지식산업센터를 다른 사람과 공유해서 쓰고 싶어 했다. 전용 26평인데, 그 공간이 다 필요 없다는 것이다. 내게 특별한 불이익이 없고 세입자 배려 차원에서 전대차를 허락했다. 그랬더니 조금 시간이 지나자 한 회사, 또 한 회사가 전대차 계약을 요청해왔다. 이 역시 수락했다. 그분들은 고마워하면서 월세도 꼬박꼬박 잘 내고 계신다. 이들은 다른 곳으로 이전하기 쉽지 않을 것이다. 세 회사가 한꺼번에 들어갈 곳을 찾아야 하기 때문이다. 대신 전대차 계약서 외에 다음과 같은 확인서 하나를 받아두었다. 임차자를 좀 더 배려하는 마음만 있다면 세를 놓는 것은 쉬운 일이 된다.

확 인 서

주소지 : 성동구 성수동1가 ×××번지

○○지식산업센터 ×××호

본인은 위 건물의 임차인으로서 위 부동산을 일부 전대함에 있어 전대차에 관해 임대인에게 손해가 발생할 시 이에 관한 금전적, 법적 손해를 전부 책임지겠습니다.

202 년 월 일

위 확인인(임차인) (인)

월세는 적게 받더라도 보증금은 적절하게 받아라

석박사 과정의 지도 교수님께서 서울시의 상가임대차 상담센터의 상담위원으로 위촉되었다. 상담센터 문을 열 때 싸우며 들어왔던 사람들이 웃으며 나가는 것을 보면, 보수는 적어도 보람이 크다며 만족해하셨다. 처음 생각에는 못된 임대인이 많을 줄 알았는데, 상담을 해보니 못된 임차인들이 많다고 했다.

부동산중개를 하면서도 못된 임대인을 볼 때보다 못된 임차인을 볼 때가 많다. 성수동 재개발 구역의 착한 임대인 한 사람이 10년간 세를 한 번도 안 올려서 1층 집을 보증금 2,500만 원이라는 아주 저렴한 가격에 세를 주고 있었다. 그런데 2층 세입자의 실수로 화재가 발생해서 사람이 다치고 건물이 손괴되었다. 임대인은 건물의 붕괴를 우려해 이 건물을 대대적으로 보수하고자 했다. 그래서 세입자들더러 나가달라고 했다. 그러나 1층을 임차한 한 할머니는 그 돈을 들고 다른 집 지하를 구하려 해도 그보다 비싸니 안 나가겠다고 버텼다. 나가달라고 사정을 하니 임대인이 돈을 보태서 다른 집 전세를 구해달란다. 이런 경우가 종종 있는데 임대인이 배려해준 만큼 나갈 때 고마워하고 협조하는 것이 아니라 그 돈으로 나갈 데가 없으니 생떼를 쓰는 것이다.

그래서 나는 임대인에게 "세입자에게 월차임은 적게 받더라도 보증금은 시세대로 받으세요"라는 조언을 하곤 한다. 그래야 임대인 사정상 내보내야 할 때 세입자가 나가준다.

임차료가 6개월이 밀리면 바로 소송을 진행하라

만약 임차자가 세를 계속 밀린다면 주택은 2개월만 지나면 계약을 해지할 수 있고, '주택 외 부동산'은 3개월만 지나면 계약을 해지할 수 있다. 월차임을 냈다 안 냈다 한다면 한 시점에서 총 3개월 치의 월차임이 밀려 있을 경우 바로 해지 가능하다. 밀린 임차료가 5개월치가 되면 계약을 해지한다고 통보하고, 6개월치의 임차료가 밀리면 바로 명도소송을 진행할 것을 권한다. 명도 소송비는 100만 원 정도면 되지만, 명도 소송에서 승소했는데도 임차자가 안 나가는 경우 집행비가 꽤 많이 든다. 짐의 양, 강제 개문의 여부에 따라 다르지만 책상 서너 개만 있어도 300만 원 이상 든다. 컨테이너 박스비(물류비), 노무비(용역비), 집행관 여비 및 문이 잠겨 있는 경우 열쇠 수리공과 증인도 불러야 한다. 임대인의 주머니에서 이 돈이 안 나가려면 세입자의 보증금이 어느 정도 남아 있을 때 진행해야 한다.

기타 사항은 상가임대차보호법에 준한다

서울시 유권 해석을 보면 일반 사무실이라도 그 장소에서 영업행위가 있었다면 상가임대차보호법의 적용을 받으므로 대부분의 지식산업센터도 이에 해당한다. 건물 멸실 등의 특별한 사유가 있지 않는 한 임차자가 원하면 10년간 임차를 해주어야 한다. 그러나 10년간 임차하는 세입자는 드물다. 회사가 성장하거나 축소되면 사업장을 이전하기 때문이다. 상가처럼 버티다 보면 권리금을 받을 수 있는 것도 아니므로 임차자가 필요 이상으로 오래 있지 않는다.

보통 계약은 2년 단위로 이루어지나 종종 1년 단위로도 계약한다. 임대인 입장에서 임차인이 자주 바뀌면 중개보수를 자주 내야 하고 번거로워진다. 2년 단위로 계약 시 임차료의 상승도 2년마다 한 번씩만 가능하다. 상가임대차보호법에서는 5% 이내에서 1년마다 올릴 수 있다고 되어 있는데, 한 해 안 올렸다고 두 해에 10% 올리는 것은 안 된다.

임대료를 좀 깎아줘야 한다면 일정액을 깎아서 계약하기보다는 렌트프리(Rent Free) 기간을 주는 것이 향후 임대료를 올리는 데 유리하다. 2년간 계약하는데 첫해는 190만 원, 다음 해는 200만 원으로 하기로 했다면 계약서를 월차임 190만 원으로 하고 '13개월 차부터는 200만 원으로 한다'고 하기보다는 월차임을 200만 원으로 하고 '첫 12개월간 10만 원을 감면한다'고 하는 것이 좋다. 그래야 재계약이나 다음에 다른 임차자와의 계약 시 기준 가격이 상승해 임차료를 올리기 편하다. 그러나 중개보수는 높아질 수 있으므로 당사자 간 재계약 시에는 이런 방법을 쓰는 것이 더욱 유리하다.

4장

지식산업센터
투자 원칙과 세금

1
지식산업센터 투자 성공의 10가지 원칙

지식산업센터에 투자할 때 무엇을 살펴야 할까? 지식산업센터는 아파트와 유사한 점이 많다. 집합건물로 소유주가 호실별로 다르다는 것, 공용 관리비가 아파트처럼 매달 조금씩 달라 면적별로 분배한다는 점, 분양가가 오르면서 주변 시세를 끌어올리는 점 등 많은 점에서 비슷하다. 따라서 좋은 지식산업센터를 고르는 포인트도 좋은 아파트를 고르는 포인트도 비슷하다. 오랫동안 지식산업센터의 전문가로서 터득한 '지식산업센터 투자를 성공으로 이끄는 10가지 원칙'은 다음과 같다. 점검할 사항들과 점검하지 않아도 괜찮을 사항들에 대해 알아보자.

지식산업센터는 일반적으로 한 호실을 기준으로 주차가 한 대 정도 배정된다. 회사 대표를 제외하고는 직원들 대부분 대중교통을 이용해야 하므로 역 근처에 있는 지식산업센터가 우선이다. 여자의 발걸음으로 역세권이라 할 수 있는 500미터 이내면 좋다. 택지개발지구의 경우 역에서 먼 곳인 경우가 많아 잘 살펴봐야 한다.

또한 지하철 개통 예정지라고 역세권으로 생각할 것은 아니다. 지하철(철도)은 국가 재정 부담에 따라 일반철도(100%), 광역철도(최대70%), 도시철도(60%, 서울40%), 민간(협의) 등으로 사업을 구분할 수 있다. 일반철도는 국가재정에 따라 시일이 걸리더라도 순차적으로 진행이 가능하지만, 광역철도나 도시철도는 지자체 예산과 정치적 상황에 따라 달리 움직일 수 있다. 민간사업은 사업성이 결여되면 계획을 발표해놓고도 사업을 포기하는 경우가 적지 않다.

1999년 경기도 구리시 토평 택지개발지구의 아파트들을 분양했다. 당시 모든 브로슈어에 지하철 8호선이 구리시까지 연장, 개통될 계획이라고 적혀 있었다. 그로부터 20년이 넘게 지난 2021년에도 그 지하철은 개통되지 않았다. 2023년 개통 예정으로 한참 공사 중이다. 계획보다 5~6년 늦어지는 것은 예사로 있는 일이다.

따라서 개통 계획만 믿고 역세권이라고 들어갔다간 낭패를 볼 수도 있다. 일반철도여야 가능성이 높고 타당성 조사 등의 과정을 넘어 최소한 공사를 착공한 후부터 10년은 되어야 역세권이 된다고 볼 수 있다.

지식산업센터 역시 역세권이 좋으며, 아파트보다 훨씬 더 이 비중이 높다는 것을 염두에 두자.

주변에 일터가 많은 지식산업센터에 투자하라

어떤 부동산이든 실사용자가 뒷받침되지 않으면 부동산 가격은 하락한다. 주택은 거주 희망자들이 늘어야 가격이 상승한다. 지식산업센터는 업체가 늘어야 가격이 상승한다. 영등포구, 성수동의 경우, 지식산업센터 인근에 있는 제조업체, 디자인업체, IT 업체들이 많이 분양을 받았다. 입주가 시작되고 오래 지나지 않아 공실이 사라진다. 지식산업센터 주변에서 일하던 업체들이 그 건물 안으로 많이 들어갔다.

택지개발지구는 계획적으로 개발해서 도로가 널찍하고 반듯하다는 장점이 있지만, 주변에 일터가 없어서 입주가 100% 될 때까지는 시간이 꽤 걸린다. 택지개발지구의 지식산업센터가 활력을 찾기까지는 2년 이상 소요된다. 문정동의 경우도 주변에 업체가 없는 허허벌판을 택지개발지구로 개발하여 공실이 해소되는데 2~3년이 걸렸다. 하남 미사지구의 지식산업센터들도 일터가 아니라 아파트만 잔뜩 있는 지역에 지어놔서 입주가 완료될 때까지는 상당히 시간이 소요되고 있다. 베드타운(Bed Town) 한가운데 위치한 지식산업센터들은 공실을 없애는 데 긴 시간이 필요하다.

실수요자라면 주거래 업체 주변 지식산업센터가 좋다. 한 중소기업의 대표가 성수동에 지식산업센터를 사고 싶어했다. 투자 목적이 아니라 실제로 사업장으로 쓰려고 하는 분이었다. 내가 제일 먼저 물어본 것은 "주거래 업체가 어디에 많이 있느냐?"는 것이었다. 주거래 업체가 강남이면 강 하나 건너 금방 도달할 수 있는 성수동으로 오는 것이 맞다. 그러나 그 회사의 주거래 업체는 주로 여의도에 있었다. 그래서 나는 영등포구 양평동의 지식산업센터를 사라고 추천해줬다. 현재 그분은 거래처에 갈 때마다 편하다고 한다.

좋은 입지의 대규모 지식산업센터에 투자하라

대규모 건물이 비교적 좋다. '비교적'이라고 한 것은 아파트의 경우 대규모 단지면 커뮤니티 시설이 아주 잘되어 있는데, 지식산업센터는 꼭 그렇지는 않기 때문이다. 공개 공지 정도를 제외하고는 전부 분양 호실로 채워넣은 건물들도 있기 때문이다.

좋은 입지라는 것은 역세권과 일맥상통하는 얘기지만, 접하고 있는 도로라든가, 위치한 지역도 고려해야 한다. 우리나라에서 최고로 공시지가가 높은 땅은 명동에 있다. 한 화장품 회사가 어마어마한 가격에 임차해서 쓰고 있다. 워낙 임대료가 높아 그 매장에서 임차료에 맞는 수익은 발생하지 않지만, 수시로 언론에 오르내리고 지나다니는 사람마다 "여기가 우리나라에서 제일 비싼 땅이래. 밟아나 보자" 하며 한 번 더 들르고, 한 번 더 쳐다보는 광고효과 때문에 임차해 있는 것이라고 한다. 이 땅의 소유주는 다른 지역에도 여러 땅을 소유하고 있는데, 하나같이 위치가 좋다. 성수동에 있는 이분의 토지 역시 많은 시행사가 눈독 들이고 있다. 이분은 '모퉁이 부지가 아니면 쳐다도 보지 않는다'고 하신다.

지식산업센터 건물 전체와 개별 호실의 매매가에 미치는 요소에 대해 통계적으로 분석했을 때 매매가는 87.8%가 건물 간의 차이에서 비롯된 것이고, 임대가는 55.6%가 건물 간의 차이에 의해 비롯된 것으로 나타났다. 이 건물 간의 차이에 집어넣은 변수는, 어느 지역(성동구, 구로구, 영등포구 등)에 입지했는지, 지하철역까지의 거리, 접면도로 폭, 접면도로 수, 건물/토지의 비율, 건물 총 층수, 연면적, 주차대수 등이었다. 이러한 차이가 지식산업센터의 가격 차이를 만드는 것으로 드러났고, 호실이나 입지 층, 2면 발코니 여부 등은 크게 차이를 만들지 않는 것으로 나타났다. 호실별 면적도 개별 호실의 차이의 변수로 두고 검증해봤는데, 임대차인 경우 임대면적이 작을수록 단위당 가격에 긍정적 영향을 미치는 것으로 나타났다.

아파트의 경우 건물의 규모가 크면 편의시설이나 피트니스 같은 커뮤니티 시설이 잘 들어가고 조경도 멋지게 꾸민다. 지식산업센터도 연면적이 크면 각종 시설이 많이 들어가고 공개 공지도 멋지게 꾸미고 정원이나 옥상 조경도 좋다. 단순히 '대규모'인 것보다는 '대규모이면서 회의실, 샤워실, 자전거 보관 장소 등 서비스 시설을 많이 제공한 곳'이 좋다.

고급스럽게 짓고 잘 관리되는 건물에 투자하라

어떤 지식산업센터는 아주 저렴하게 지은 표시가 곳곳에서 났다. 처음 들어보는 소규모 건설사가 시공한 곳이었는데, 한동안 공사가 중단되었다가 결국 건설사가 바뀌었다. 완공 후 가보니 바닥재나 전등, 창틀 등이 누가 봐도 싸구려였다. 입주 후는 별 차이가 안 나지만 시간이 흐른 뒤에는 잘 지은 곳과 많은 차이가 날 것이다. 반면 유명 건설사에서 지은 곳은 대체로 고급스러웠다.

지식산업센터의 개별 호실들은 잠금장치가 되어 있어 함부로 드나들기 어렵지만, 건물 공용 공간은 얼마든지 드나들 수 있다. 가끔 '외부인 출입금지'라고 쓰여 있는 건물도 있지만 말뿐인 경고이다. 입주사들이 많아서 일일이 방문객을 체크할 수 없기 때문이다. 편하게 건물에 들어가서 여러 층을 오르내리며 건물의 분위기를 살펴보자. 계단과 휴게실, 정원과 화장실을 보고 각 호실들도 유리도어를 통해 내부를 보자. 냄새, 소음, 진동을 유발하는 공장이 입주해 있다든지, 복도에 물건이 쌓여 있다든지, 정원의 나무들이 빈약하다든지, 화장실이 지저분하다든지 하면 관리가 잘되지 않는 곳이다. 이런 곳은 피하는 것이 좋다.

1층의 상가들도 보자. 상가들이 활성화되어 있는지, 식당이나 편의점 등이 입점해 있는지 꼼꼼히 체크해보자. 건물의 연식도 30년이 넘었다면 용적률을 다 찾아 쓰지 않았는지 보자. 준공업지라면 400% 이상 썼으면 재건축이 불가능하다. 지식산업센터 재건축은 아파트보다 훨씬 어려운 요소들이 많다. 지식산업센터는 낡으면 낡은 대로 지저분하게 사용하려는 제조업체들이 입주하여 사용한다. 회사들이라 사업장을 옮기기 쉽지 않다. 그러므로 용적률이 300% 이상만 되어도 재건축 기대는 하지 않는 것이 좋다.

건물이 오래되어도 관리가 잘되면 노후화가 더디다. 관리가 잘 되려면 일단 입주자대표 모임이 활성화되어 있어야 한다. 외부인이 건물이 관리가 잘되는지 아닌지 알려면 우선 주차장을 보면 알 수 있다. 주차료를 잘 가감해서 받기 때문에 주차장이 텅 비어 있지도 너무 꽉 차 있지도 않다. 건물 승강기가 너무 오래 기다리지 않도록 홀수층, 짝수층 혹은 저층, 고층으로 분배를 잘해놓고, 승강기 내외부에는 안내문의 비치가 적절하게 되어 있다. 승강기 내부에는 전광판을 통해 광고를 내보내고, 공지사항도 잘 전달한다.

좋은 호실을 분양받아라

건물 자체보다는 가격에 영향을 주지 않지만, 기왕이면 좋은 호실을 고르자. 좋은 호실의 개념은 아파트와 다르다. 아파트는 꼭대기 층이나 모퉁이 호실은 냉난방비가 많이 든다고 싫어하는데 지식산업센터의 경우 그렇지 않다. 지식산업센터의 꼭대기 층은 조망도 좋고 옥상정원도 쉽게 이용할 수 있기 때문에 인기가 좋다. 모퉁이 호실은 개방감도 있고, 채광도 좋으며 대부분 2면 발코니로 서비스 공간이 많아 선호된다. 모퉁이 호실은 아파트에서 로열층을 고른 것과 같다. 1층은 상가의 개념이니 차치하더라도, 2~3층은 승강기를 이용하지 않고 오르내릴 수 있어 좋은 호실로 볼 수 있다.

분양을 받는 경우 실제 호실을 보고 살 수 없으니 도면을 꼼꼼히 봐야한다. 그리고 브로슈어만 보지 말고 해당 현장을 꼭 가봐야 한다. 오른쪽 페이지 상단 그림의 검은 띠 부분은 지상철이다. 원래 브로슈어에는 없는 부분인데 내가 그려넣었다. 208호의 경우 지상철도와 아주 가깝다. 이게 지하철이면 상관없지만, 이곳은 지상으로 설치되어 2층 높이와 맞닿아 있다. 도면만 봐서는 알 수 없는 부분이었다. 완공된 후 현장을 가보니 지상철이 208호의 바로 앞에 있었다. 그래서 그런지 완공되자마자 이 호실은 전매로 나왔다.

분양받거나 매수할 호실의 크기는 실수요자라면 나의 목적에 맞는 호실을 사야 하고, 투자자라면 되도록 작은 호실을 사는 것이 좋다. 작은 호실이 같은 건물 내 면적이 큰 호실보다 가격 상승률이 높기 때문이다. 임대도 더 잘된다. 같은 값이면 큰 호실 하나보다는 작은 호실 두 개가 낫다. 그리고 여러 호실을 분양받을 생각이라면 떨어져 있는 호실보다는 붙어 있는 호실이 절대적으로 유리하다. 왜냐면 큰 호실을 원하는 매수자나 임차인이 나타나면 가벽을 터서 하나로 만들 수 있기 때문이다.

믿을 만한 분양대행사 직원을 통해 판단하라

분양받을 때 분양대행사 직원이 믿을 만한지 그렇지 않은지 잘 살펴보아야 한다. 분양대행사 직원들은 분양 한 건을 성사시키면

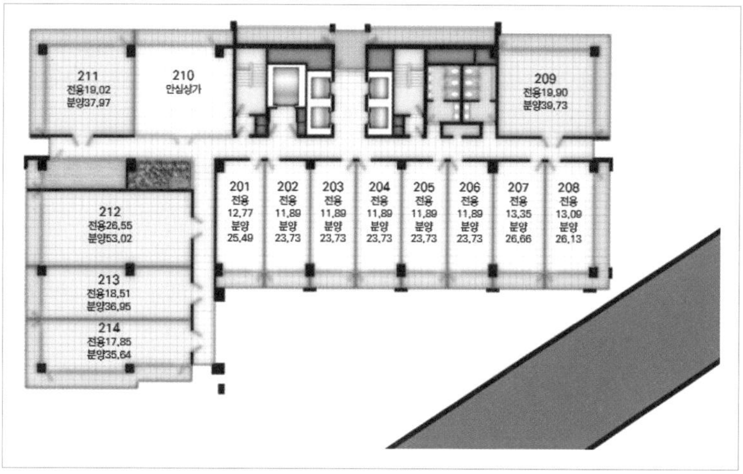

❙ 철도가 바로 옆에 있는 2층의 층별 도면인데 배포한 브로슈어에는 오른쪽 아래 검은 띠 부분의 철도에 대한 언급이 없다.

❙ 지식산업센터 완공 후 가보았더니 2층 호실 바로 앞에 지상철이 지나고 있었다.

수수료를 세 번에 나눠서 받는다. 고객이 계약금을 내면 50%, 중도금을 납부하면 20~30%, 잔금을 납부하면 20~30%를 받는다. 그러다 보니 분양이 끝나고 중도금까지 치러졌다면 그 현장을 떠난다. 그럴 때 가까운 인근 지역으로 간다면 끝까지 도움을 받을 수 있겠지만, 다른 지역으로 가버리면 연락이 안 되기도 한다.

따라서 지식산업센터를 사기 전에 분양대행사 직원을 판단하려면 슬쩍 이렇게 물어봐라.

"전에는 어디 것 분양하셨어요?"

그곳이 지금 분양받으려는 물건지와 동떨어진 곳이라면 그는 이 지역에 온 지 얼마 안 되었을 수 있다.

"이 현장 말고 다른 현장 시작할 곳은 없을까요?"

추천하는 현장이 동떨어진 곳이라면 그는 이 지역이 끝나면 그쪽으로 갈 확률이 높다.

"지식산업센터에 입주 가능한 업종이 어떤 것이 있어요?"

만약 직원이 이 대답에 대해 버벅댄다면 이 친구는 초보자다. 지식산업센터 분양 직원이라면 줄줄이 암기하고 있어야 한다.

인테리어가 잘되어 있는 호실에 투자하라

분양받은 물건은 인테리어라고 할 것이 없다. 텅 빈 공간이기 때문이다. 그러나 시스템 에어컨은 꼭 필요하다. 시스템 에어컨을 설치해주는 시행사도 있다. 설치해주지 않는 경우에도 미리 청약을 했다든가, 분양대행사 직원과 협상을 잘하면 해주기도 한다.

준공 후 물건의 매매인 경우는 인테리어 여부도 살피자. 인테리어에 소요되는 비용을 몇백만 원에서 몇천만 원까지 절약할 수 있기 때문이다. 임차자가 사용했던 호실보다는 소유주가 사용했던 호실들이 인테리어가 양호하다. 인테리어가 잘되어 있는 것을 사면 임대도 수월하고 세를 받는데 훨씬 유리하다. 여기서 인테리어는 주로 탕비실, 회의실, CEO실 등을 나눠놓은 것을 말한다. 물론 바닥재, 벽체 등을 꾸민 것도 인테리어라고 한다. 구입한 물건에 인테리어가 잘되어 있다면 돈을 버는 셈이다.

만약 다음 세입자가 바로 안 나타나면 시설을 원상복구시키지 말고 그냥 두고 내보내는 것이 낫다. 보증금에서 원상복구 비용을 빼주고 나서 다음 세입자가 그냥 쓴다고 하면 그 비용을 돌려주고, 안 쓰겠다고 하면 그때 원상복구시키는 것이 좋다. 인테리어 비용은 천차만별이지만 잘 꾸민 인테리어는 20평에 2,000만 원, 30평에 3,000만 원 이상 들어간다.

주변 지식산업센터 완공 여부를 확인하라

직접 사업장으로 쓸 실수요자가 아니라 임대 사업자라면 가장 고려해야 할 부분이 임대가 잘될 것인가이다. 주변에 지식산업센터 한 건물이 완공되면 100개 이상의 입주 호실이 나오고 임대 물건이 쏟아진다. 서너 개의 건물이 거의 같은 시기에 완공된다면 입주 물량이 갑자기 늘면서 임대가가 낮아질 수도 있다.

공사 기간은 대부분 2년 정도 소요되므로 비슷한 시기에 분양이 이루어진 지식산업센터들은 비슷한 시기에 입주가 시작된다고 보면 된다. 지식산업센터 건물 준공시 동시다발적으로 임대 물건이 나오므로 해당 건물 내 호실들의 임대료가 가장 낮게 형성된다. 그러나 이후로는 대부분 조금씩 상승한다

매수 타이밍을 찾아라

직접 사용하거나 월차임을 즉시 받기 위해서는 일반 매매를 해야 하는데, 이때 가장 좋은 타이밍은 입주가 시작되고 한 달쯤 흐른 때이다. 입주 기간은 건물 완공 후 보통 한 달에서 두 달 사이이다. 이 입주기간의 끝이 다가오면 가격이 조금씩 내려간다. 잔금 납부의 데드라인이 가까워지면 매도할 사람들이 초조해지기 시작한다. 잔금 납부 기한을 넘기면 10%가 넘는 이자를 물기 때문이다. 그래서 가격을 낮추기 마련이다.

그러나 이 기간을 너무 넘기면 물건이 소진되므로 입주가 시작될 무렵 가격의 등락 추이를 살피다가 사는 것이 좋다. 입주 시작 직후에 권리금이 3,000만 원이었다면 입주기간 마감일이 다가오면 2,500만 원, 2,000만 원 이렇게 하락해 갈 것이다. 이때 구입하는 것은 분양권이 되는데, 속속들이 잔금을 치르면서 일반 매물이 되면 이때는 P(프리미엄 또는 권리금) 개념이 아니라 매매가, 그것도 평당가로

가격이 얘기된다. 매매가로 잘 얘기되지 않는 것은 아파트 25평형, 32평형처럼 일괄적으로 정형화된 크기들이 아니라 제각각 다른 면적이기 때문에 단순비교가 어려워서이다. 잔금을 치른 매물은 P도 계산서를 발부해야 하고, 잔금과 취득세 4.6%, 그리고 양도소득세까지 내야 하므로 안 팔게 된다. 취득세 감면 혜택의 조건인 5년간은 그 건물의 지식산업센터의 물건이 잘 안 나온다.

건물에는 부가가치세가 있다

건물에는 부가가치세가 있으니, 이 역시 포함 여부를 꼭 살펴야 한다. 매매 시 해당 매매 금액이 부가가치세 별도 가격인지, 포함된 가격인지 확인해야 한다. 이에 관해서는 '4장 4 세금 3 - 부가가치세'에서 자세히 다루므로 여기서는 간단히 언급하고 넘어간다.

이상에서 지식산업센터 투자 성공의 10가지 원칙을 살펴보았다. 흔히 다음 3가지 사항도 중요하게 고려하는데, 굳이 신경쓰지 않아도 되는 부분이니 미리 알아두면 투자 시 도움이 된다.

투자 시 고려하지 않아도 될 사항들

첫째, 건물 전체의 입주자들은 별로 볼 필요가 없다

지식산업센터 내에서 업무상 커뮤니티는 거의 형성되어 있지 않다. 실수요자에게 거래처들이 입주해 있다면 없는 것보다야 훨씬 좋지만, 아파트 주민들이 옆집에 누가 사는지 잘 모르는 것처럼 옆 호실을 잘 모른다. 옆에 냄새, 소음, 진동이 있는 업체만 아니면 된다. 요즘은 분양 당시부터 이러한 업체들을 차단시키기 때문에 그럴 우려는 거의 없지만 건물이 20년 이상 되면, 공장들이 많이 입주할 수 있다. 20년이 되어도 사무 위주의 깨끗한 업체만 입주시키는 지식산업센터들이 다수인데, 가끔 중도에 관리를 포기했는지 제조업체들을 입주시키면서 공장화된 것들이 있으니 주의할 필요가 있다.

둘째, 주차 상황

내 호실에 주차가 무료인지 유료인지, 또 한 대인지 두 대인지는 호실의 면적에 따라 다르므로 알아두어야 한다. 하지만 전체적인 주차상황은 지식산업센터마다 거의 비슷해서 "이 건물 주차 사정이 어때요?"라고 묻는 것은 별 의미가 없어 보인다. 최근 지식산업센터는 실 25평 규모의 호실마다 1대를 배정하고도 더 여유 있게 짓지만 어디나 주차장이 모자란다. 입주자들은 2대가 배정되면 3대를 주차하고 싶어 하고, 3대를 배정하면 4대를 주차하고 싶어 한다. 주차대수를 호실 대비 아무리 많이 가능하게 해도 입주자들은 항상 모자람을 느낀다.

면적에 맞춰 호실별로 주차를 배정하고 유료로 추가 배정을 하는데, 지식산업센터마다 항상 주차 대기자가 넘쳐난다. 그래서 과거 5만~7만 원 하던 주차 요금이 요즘은 10만~15만 원씩 하곤 한다. 주차는 아무리 많이 줘도 입주자들은 목마르다. 늘 부족하다고 한다.

셋째, 매매가격

가격도 봐야 하지만 다 그만그만한 이유로 그 가격이 형성되어 있다고 본다. 특별히 가격이 높지 않은 이상 매입을 검토해도 좋다. 오히려 특별히 가격이 낮은 경우 그 이유를 살펴봐야 한다.

어떤 지식산업센터 5층의 한 호실이 꽤 저렴하게 나왔다. 처음에 고객을 모시고 가서 내부를 쭉 둘러보았는데 괜찮았다. 두 번째 다른 고객을 모시고 가서는 대표이사 자리가 있는 창가까지 가서 밖을 내다볼 수 있었다. 바로 그 아래층까지 다른 건물이 올라와 있었다. 아주 바싹 붙어 있었다. 지식산업센터가 지어져 있는 준공업지는 일조권 제약이 없다. 그러므로 건축선을 벗어나지만 않으면 옆 건물에 바싹 붙여 지어도 괜찮다. 서울의 준공업지는 건폐율 60%에 표준용적률이 400%이므로 400 ÷ 60을 하면 6.7이다. 건폐율을 다 찾아 써도 6층하고도 조금 더 올릴 수 있으므로 앞쪽 건물을 다시 지으면 7층까지 올라올 확률이 높았다. 즉 창문이 온통 다 가릴 수 있다는 계산이 나온다. 가리기만 하면 괜찮지만 서로 창문이 맞닿는다면……. 이후 이 호실은 쳐다보지 않았다.

2
지식산업센터 투자 시 주의할 점

임대사업일 경우 산업단지는 피한다

가산디지털단지, 구로디지털단지와 같은 산업단지 내 지원시설(상가, 근생 등)은 임대 목적으로 취득이 가능하지만 일반 공장 호실들은 임대 목적으로 취득할 수 없다.

산업집적활성화 및 공장설립에 관한 법률 38조의2(산업단지에서의 임대사업 등)에서 공장을 설립하거나 지식산업센터에 맞는 적절한 입주 업종으로 사업개시의 신고를 한 후에 관리기관과 입주계약을 체결하고 그 후에 임대사업을 하도록 규정하고 있다.

이 점에 대해서는 산업통상자원부와 한국산업단지공단이 펴낸 '2015 산업집적법 유권해석집'이라는 책자에서 자세히 알아볼 수 있다. 이 책은 한국산업단지공단이 운영하는 팩토리온(factoryon.go.kr)

에서 '고객지원'→'공장설립 자료실'을 클릭한 다음 '산업집적법 길라잡이'로 검색하여 PDF 파일로 다운받을 수 있다. 지식산업센터에 관한 내용도 따로 한 개 파트로 수록되어 있다. 이 책에는 "산업 단지 내 지식산업센터를 취득하여 바로 임대사업을 영위할 수 없으며, 제조업·지식기반산업·정보통신산업 등의 사업을 위한 공장설립 완료신고 또는 사업개시 신고 후에 임대사업이 가능함을 알려드립니다"라고 명시되어 있다. 즉 사업을 하지 않는 일반인이 산업단지 내 지식산업센터에서 임대사업을 하기는 어렵다는 것이다.

그럼에도 불구하고 산업단지 내 지식산업센터의 많은 호실들이 임대사업용으로 쓰이고 있다. 절반 이상을 본인 사업에 쓰고 일부를 임대하는 것은 가능하다. 그 외는 공장을 설립한 후 잠시 사용하다가 '사업이 어려워졌다'든가, '너무 사업이 잘돼서 공간이 부족하여 이사한다'든가 하는 명목으로 임대를 해야 한다. 실제 상황이 그런 사업자보다는 편법으로 그렇게 하는 사람이 더 많은 게 현실이다.

그러나 임대 전환도 점점 허가가 어려워지고 있다. 임대업으로 업종을 변경하러 찾아가면 담당자에 따라서는 1년 이내에는 아예 해주지 않는다. "더 있다 오라"고 돌려보낸다. 단속도 더 자주 하고 강화되었다.

공장 설립 등의 승인 및 제조시설의 설치 승인만 받고 임대사업을 하는 사람도 있는데, 4년이 지나도록 공장설립 완료 신고를 하지 않은 경우 그 승인이 취소될 수도 있다. 이 경우는 설비가 있는 것만으로도 위반이 되므로 단속이 수월해진다.

위의 38조2항을 위반하여 산업용지 및 공장 등의 임대사업을 하는 경우 같은 법 제55조에서 '500만 원 이하의 과태료를 부과한다'고 했다. 이 내용을 보다 명확히 규정한 동법 시행령에는 280만 원의 과태료를 부과하도록 되어 있다. '까짓것, 280만 원 내고 임대사업하지' 하는 독자가 있을지 모르겠다. 이건 벌금이 아니라 과태료여서 매년 계속 부과시킬 수 있다. 임대한 면적이 3,300㎡ 미만이거나 건축 연면적이 1,000㎡ 미만인 경우가 280만 원이고, 그 이상 면적이면 300만 원씩 과태료를 내야 한다. 그와 별도로 공장 설립 등의 완료 신고를 하지 않거나 거짓 신고를 하고 공장을 가동하는 경우는 90만 원의 과태료를 따로 부과할 수 있다.

이래도 산업단지 내에서 불법으로 임대사업을 하고 싶은가. 정말 말리고 싶다.

가장 주의해야 할 것은 입주업체의 업종을 맞추는 것

지식산업센터를 분양받거나 분양권을 살 때, 본인이 직접 입주할 때는 본인의, 세 놓을 때는 임차자의 업종이 지식산업센터의 적정 입주 업종이어야 한다. 입주자의 업종은 최초 분양받은 실사용자의 세제 혜택이 있는 5년간뿐만 아니라 지식산업센터 건물이 서 있는 동안 내내 맞춰야 한다. 최초 5년간은 감면된 세금의 회수가 가능하므로 꼼꼼히 조사를 할 뿐이고, 걸리면 경고나 퇴거명령을 받게 된다. 실제로 임차자가 업종이 안 맞아 퇴거명령을 받아서 나간다고 한 호실을 아주 드물게나마 본 적이 있다.

산업단지 밖 지식산업센터의 준공 후의 매물을 매입할 때 매입자는 개인이어도 되고, 법인이어도 되고, 개인사업자여도 된다. 미성년자여도 된다. 그러나 임차 회사는 반드시 적합 업종이어야 함을 유념하자. 소유자는 표준산업분류코드로 '68112'인 업종 '부동산 임대업' 업태 '비주거용 건물 임대업'으로 사업자만 내면 된다.

브로슈어를 그대로 믿으면 안 된다

분양시 브로슈어에서 높이가 5.1m로 나온 A지식산업센터를 완공 후 가서 실측해보니 3.9m가 나왔다. 실제 내부 치수가 아니라 천장과 바닥체 두께 등을 포함한 층고를 표현했던 것이다. 지하층 한 호실이 층고가 높다는 점에서 맘에 들어 계약했던 한 분은 계약한 호실 위로 큰 설비가 지나면서 층고가 많이 낮아지자 소송을 불사하기도 했었다. 층고 문제는 종종 대두된다.

지방, 비역세권은 곤란하다

아파트가 인기가 있다고 전체가 다 인기 있는 것은 아니다. 정부가 계속 오르는 강남의 집값으로 골치를 썩고 있는 2019년 말, 한 통의 고객의 상담전화를 받았다. 12월에 '경기 광주시' 외곽의 아파트를 분양받았는데 입주를 앞에 두고 잔금을 치를 형편이 안 돼서 계약금을 포기하려고 한다는 것이다. 강남에서 분양가로 내놓으면 벌떼처럼 많은 사람들이 달려들 텐데, 광주 아파트는 마이너스 P로도 안 팔려서 계약금으로 지불한 3,000만 원이 넘는 금액을 포기한다고 해도 시행사에서 계약해지를 안 시켜준다는데 소송하면 이길 수 있냐고 한다. 아파트 값이 오르는 중이면 시행사에서 계약금을 포기하는 조건으로 해약시켜 주기도 한다. 그러나 값이 내렸다면 다시 분양이 되기 어려우므로 해지시켜 주지 않는다. 계약자는 계약금만 냈으므로 계약금을 포기한다는데 왜 안 되냐고 하지만, 무이자융자라 안 낸 것처럼 여겨질 뿐, 실상은 은행에서 대출로 수분양자 대신 신탁사에 열심히 내고 있었던 상황이다. 하여 중도금 이자 천 몇백만 원 등 돈을 더 내야 해약을 시켜준다고 해서 그 방법을 묻는 전화였다.

도심에서 먼, 교통이 불편한 곳에 지어진 아파트가 가격이 저렴하다고 올라가는 것은 못 봤다. 아파트가 그러하듯 지식산업센터도 아무 곳이나 산다고 다 좋은 것은 아니다. 지방으로 가면 곤란하다. 분양가가 싸다고 구입하는 것은 아니다.

임대가 잘될 것인가

성수동에 1년 사이 6곳의 지식산업센터가 준공되어 한꺼번에 입주 호실이 쏟아져 나온 적이 있었다. 모두 최초 입주 시에는 임차자를 맞추느라 공실 기간이 길어졌다. 하지만 준공 후 2년이 되었을 때는 임차 물량이 귀해져서 대부분 임차료를 올려 받을 수 있었다.

임차자가 없으면 대출에 대한 이자도, 다달이 내야 하는 공용 관리비도 임대인의 몫이 된다. 버틸 수 있는 자금과 배짱이 없다면 내 지식산업센터가 준공되어 물건이 쏟아져 나왔을 때, 빠르게 낮은 가격에 임차를 맞추든지, 등기 전에 분양권을 팔든지 하는 것이 낫다. 내 호실에 임차자가 있고 월세를 밀린 적이 없다면 안심해도 된다. 회사를 이전하기 쉽지 않아서 웬만하면 옮기지 않기 때문이다.

지식산업센터 투자에 큰 문제가 있었던 상황은 없었다. 분양이 잘되다 보니 시행사의 부도도 없었고, 설사 부도가 나더라도 신탁사로 자금이 들어가니 문제가 없을 것이고, 시공사의 부도는 보았으나 다른 건설사가 맡아서 완공을 했다.

지식산업센터는 일반 사무실과는 경쟁이 되지 않는 우월한 물리적 조건을 갖추고 있다. 내가 구입한 지식산업센터의 준공 무렵에, 일반 사무실까지 살필 필요는 별로 없어 보이나 주변에 준공되는 지식산업센터가 많이 있다면 매입을 늦추든가, 최대한 빠르게 하는 것이 좋다.

3
지식산업센터의 미래

지식산업센터는 앞으로 어떻게 될 것인가? 한 번쯤 생각을 해야 장기 투자를 할지, 단기 투자를 할지, 관심을 더 두어야 할지, 말아야 할지, 건물을 바꿔서 보유해야 하는지 등 여러 가지 결정을 할 수 있을 것이므로 지식산업센터의 미래를 예측해보자.

서울 외곽에 지식산업센터 공급이 많아진다

10여 년 전에 다세대, 빌라를 열심히 짓고 분양했던 작은 시행사가 있었는데, 요즘 뭘 하나 봤더니 금천구에서 지식산업센터를 시행하고 있었다. 지식산업센터를 지어봤던 시행사뿐 아니라, 주택이나 오피스텔, 상가만 지어봤던 시행사들도 지식산업센터의 분양 성공의 입소문을 듣고 지식산업센터 건축과 분양에 도전장을 내밀기 시작했다.

3년 전쯤 금천구에 있는 지인인 중개업자가 "가산동의 지식산업센터를 지을 토지 하나를 곧 계약한다. 계약조건이 다 합의되어 오늘내일 계약서에 도장만 찍으면 된다"고 얘기했다. 그런데 며칠 뒤, 대기업 시행사에 있는 지인이 "가산동의 토지 하나를 계약하기로 하고 가계약금을 1억 원 입금했다"라고 얘기했다. 대형 토지의 계약이 흔한 게 아니라 같은 토지일 것 같아 물어보니 역시나 동일한 토지를 두고 두 사람이 '계약한다', '계약했다'고 한 것이었다. 그래서 나는 계약을 놓친 그 중개업자가 '많이 당황했겠구나'라고 생각했다. 그런데 더 어이없는 일이 이 뒤에 발생했다. 훨씬 더 많은 돈을 준다는 시행사가 나타나는 바람에 1억 원의 계약금을 걸었던 시행사는 2억 원을 돌려받고 그 사업에서 손을 떼야 했다. 물론 1억 원을 벌긴 했지만, 대기업의 시행사가 겨우 1억 원을 벌려고 그 사업에 손을 댄 것은 아니어서 실망이 컸다.

이 정도로 서울의 지식산업센터의 토지 시장은 치열하다. 작년에 내가 매매 중개한 지식산업센터 부지가 하나 있었는데, 후에 다른 시행사 지인들로부터 왜 그 땅을 자신들에게 안 줬냐고 원망을 많이 들었을 정도이다.

그러나 수도권 외곽 쪽에는 지식산업센터를 지을 만한 토지들이 아직 많이 있다. 서울의 인기에 힘입어 3기 신도시 지역에도 많이 지어질 것이다. 그래서 서울 지역과는 달리 공급이 과다인 곳도 있으므로 옥석을 가려야 한다.

지식산업센터 입주자의 만족도는 높다

중소형 일반 건물에 있다가 지식산업센터에 입주한 사업자들의 만족도가 꽤 높다. 전문 관리단이 상주하여 일반 건물보다 관리가 잘된다. 깨끗하고 안전하다. 대출을 많이 해줘서 적은 돈으로 구입이 가능하다. 소유주가 입주한 경우 사무실을 잘 꾸며서 안정감도 있고 일할 맛이 난다. 관리비가 저렴하고 대규모 건물이라 찾아오는 고객들이 쉽게 찾을 수 있다. 일반 건물에는 흔하지 않은 커뮤니티 시설이 잘되어 있고, 상가들도 제법 있어 편리하므로 임차자들에게도 매력적이다.

그래서 지식산업센터의 임차자가 동일 건물을 매입하는 경우가 아주 흔하다. 임차해 있다가 소유자로 돌아서는 것이다. 이런 현황으로 보면 지식산업센터의 인기는 지속될 것으로 전망된다. 안정적 임대수입으로 해서 지식산업센터의 임대 수요 역시 줄지 않고 계속 있을 것이다. 반면 일반 중소형 건물, 꼬마 빌딩에 있는 사무실의 인기는 떨어질 것으로 생각된다. 실제로 지식산업센터가 있는 지역의 임대료를 비교해보면 중소규모 빌딩보다 지식산업센터의 임대료가 높다.

고객 한 분은 내가 소개해준 일반 건물에 입주한 후 사업이 무척 번창했다. 사업하는 분들 가운데는 풍수지리를 중히 생각하는 사람들이 많다. 이분도 그래서 꽤 낡은 건물이었음에도 불구하고 돈을 훨씬 더 벌더라도 거기를 안 떠날 것이라고 말했었다. 그러나 지식산업센터에 있는 지인의 회사를 방문하고 오더니 바로 분양을 받아 이사를 했다. 건물의 분위기와 시설 등이 비교 불가였기 때문이다. 그 회사가 떠난 그 낡은 건물은 2~3년 뒤 모든 세입자를 내보내고 지식산업센터를 짓는 공사 중에 있다.

지식산업센터의 관리가 강화될 것이다?

2020년 5월 4일 MBC 〈뉴스데스크〉에 '손 놓은 정부…여전한 투기 천국 지식산업센터'라는 제목의 기사가 보도되었다. 지식산업센터 시장이 커지자 주의 깊게 보게 된 것이다. 중소상공인들이 싸게 분양받아 업무 공간으로 사용하도록 만든 지식산업센터를 투기꾼들이 몰려 변질됐다는 내용이었다. 이에 국회 산업통상자원중소벤처기업위원회 소속 신정훈 더불어민주당 의원은 2021년 5월 초 지식산업센터의 전대 및 전매를 금지하고 지자체와 관리기관에 입주 적합업종 해당 여부를 주기적으로 확인·점검하도록 규정한 '산업집적활성화 및 공장설립에 관한 법률 개정안'을 대표 발의했다. 분양계약을 체결한 날부터 사용승인 후 최장 1년까지 산업통상자원부령으로 정하는 기간에는 전매가 금지된다는 내용이다. 또한 지식산업센터를 임대받은 자는 다른 사람에게 전대해서도 안 된다고 하였다. 이렇게 지식산업센터에 대한 규제 법안이 여러 개 발의되고 논의되고는 있지만 실제로 통과된 것은 없다. 아직은 임대 사업자에게도 분양가의 70%까지 대출을 해주고, 몇 호실을 갖고 있던 중과세가 없어 여전히 매력적인 투자처다.

업종 제한이 풀어질 수도 있다

사실 지식산업센터를 꼼꼼히 들여다 보면 납득이 안 되는 조치들이 있다. '왜 무역, 유통, 도소매 업종이 지식산업센터에 입주하면 안 되지?', '왜 분양권을 사서 입주하면 취득세가 감면되는데, 완공 후 지식산업센터를 사서 입주하면 감면이 안 되는지?'와 같은 것들이다. 검토해서 합리적으로 바뀌어야 할 것들이다.

산업통상자원부는 2020년 5월 4일 산업집적법의 시행령 일부 개정안이 5월 4일 국무회의에서 심의·의결되었다고 밝혔는데 '현재 제조업, 지식산업 등으로 한정되어 있는 산업시설구역의 입주 가능 업종을 산업단지 관리지침으로 정하는 일정 구역에 대해서는 사행행위영업 등 일부 제한업종을 제외한 모든 산업으로 확대하는 원칙 허용·예외금지 방식의 네거티브 입주 규제제도를 도입한다'는 내용이었다.

이에 따라 서비스업으로 분류되어 산업단지의 산업시설구역에 입주가 불가했던 전자상거래업, 시제품 제작·판매업(메이커스페이스), 자동차 튜닝 관련 서비스업(판매, 수리, 교육), 드론 관련 서비스업(체험, 교육, 조립, 항공촬영) 등의 입주가 가능해졌다.

이 내용은 산업단지에만 관계가 있는 것이지만 합리적인 조치이므로 지식산업센터에까지 확대될 것으로 기대하고 있고, 확대된다면 지식산업센터의 수요가 폭발적으로 증가할 수 있는 획기적인 조치다. 관리 강화와 별도로 합리적인 법을 적용할 필요가 있다는 것이다.

지식산업센터 가격은 계속 올라간다

항상 건축비는 물가 상승률을 넘는 상승률을 보인다. 단순히 인건비, 자재비의 상승 외에도 건축 규제가 들어가기 때문이다. 예전에는 없었던 내진설계, 친환경 자재 등을 고려해야 하고 교통영향평가, 환경영향평가 등의 절차와 규제가 더 강화되고 있기 때문이다. 무엇보다 원가의 주요 부분인 땅값이 계속 오르고 있기 때문이다. 특히 서울의 경우 그 영향이 무척 크다.

성수동에서 매매가가 평당 3,300만 원을 넘긴 지식산업센터 호실이 있다. 분양가는 아직 3,000만 원을 넘지 않았지만 2022년 내에 성수동이나 당산동에서 그 가격을 넘길 것으로 본다. 지식산업센터를 분양하기 위해 매입된 토지는 아직 1억 원을 넘은 것은 없다. 대신 평당 1억 2천만 원을 제시했지만 소유자가 매도를 거절한 땅은 있다.

서울 시내에 지식산업센터를 지을 땅이 고갈되어 가고 있기 때문에 땅값이 오르고, 지식산업센터의 가격 또한 평당 3,000만 원을 넘어 계속 갈 것으로 예측된다. 땅값뿐 아니라 지식산업센터에 대한 식지 않는 인기가 계속 반영되고 있기 때문이다. 코로나19는 사업자들의 지속적인 사업을 힘들게 한 점도 있지만 IT업종을 강화시킴으로써 지식산업센터 수요에 플러스(+) 요인도 되었다.

지식산업센터, 오래되면 공장화된다

입주자대표회의가 활성화되어 있거나 관리단이 잘 이끌고 있어서 건물이 잘 관리되고 있는 경우는 10년이 넘어도 건물이 예전과 별 차이 없는 곳도 많다. 하지만 더 시간이 흘러 건물이 오래되다 보면 아무래도 낡고 지저분해진다. 그러면 새 건물일 때 입주할 수 없었던 공장들이 입주하게 된다. 처음에는 사무실 같은 분위기인데, 점점 공장의 분위기로 바뀌어 간다. 제조 공장들은 대부분 40평 이상의 전용면적을 필요로 하므로 요즘의 지식산업센터들의 경우 호실 몇 개가 합쳐져야 할 것이다. 도심에 공장이 입주하는 것은 그 나름의 희소성이 있어서 임대료는 하락하지 않을 것으로 생각된다.

나는 지식산업센터에 관한 논문을 쓰면서, 서울 시내 지식산업센터의 용적률을 모두 살펴보았었다. 거의 대부분이 해당 지역에서 찾아 쓸 수 있는 용적률을 다 찾아 썼다. 준공업지는 부지면적 대비한 기준용적률이, 주택과 같은 주거용 건물은 250%, 상가, 사무실과 같은 비주거용 건물은 400%이다. 기준용적률에 공개공지 제공, 친환경설계 등을 하면 상한용적률 20%를 더 받아 480%까지 지을 수 있다. 기준용적률로 보면 100평 땅에 비주거용 건물을 짓는다면 400평 규모의 건물을 지을 수 있는데, 400평을 다 찾아 쓴 곳이 대부분이라는 것이다. 다시 지어도 그 규모 이상으로 지을 수 없음을 뜻한다. 그러므로 재건축하기가 쉽지 않다. 서울 시내의 부지 면적 300평 이상의 지식산업센터 중에 용적률이 300% 이하인 곳은 9곳밖에 없을 정도이다.

지식산업센터 건립 후 30~40년이 흐른 뒤에는 어찌될지 현재로선 그 운명을 가늠해보기 어렵다. 산업단지의 경우 산업단지를 재생하는 프로젝트들이 시작되었지만, 개별입지에 있는 지식산업센터는 아직 30년을 넘긴 것들이 거의 없기 때문이다.

재건축이 시도될지, 리모델링을 할지는 그 건물 자체보다는 주변 여건과 그 지역의 용도지역지구의 변화에 따라 결정될 것으로 보인다. 30년이 넘어가는 건물의 매입은 조심스럽게 접근해야 한다.

4

세금 1
- 취득세

부동산 투자에 있어서는 관련 세금을 잘 알고 활용해야 한다. 특히 지식산업센터에 관해서 말할 때는 세금 감면 혜택도 있지만 3배 중과세 되는 경우도 있으므로 잘 알아봐야 한다.

지식산업센터에는 취득세 감면 혜택이 있다. 지식산업센터의 취득세는 2022년 12월 31일까지 취득하고 일정 요건을 갖춰 직접 사용하면 50%가 감면된다. 이때의 시점은 분양권의 청약 시기나 구입 시기가 아니라 등기를 하는 시점을 말한다. 그리고 준공된 후의 매물을 구입해서는 안 되고 분양을 받거나 분양권을 구입해서 시행사(또는 신탁사)로부터 바로 소유권 이전을 받아야 한다.

취득세의 구조를 보면 다음과 같다. 총 4.6%인데 50% 감면되면 2.3%만 내면 된다. 그런데 이 50%의 감면 혜택이 적용되는 경우도

| 취득세의 구조 |

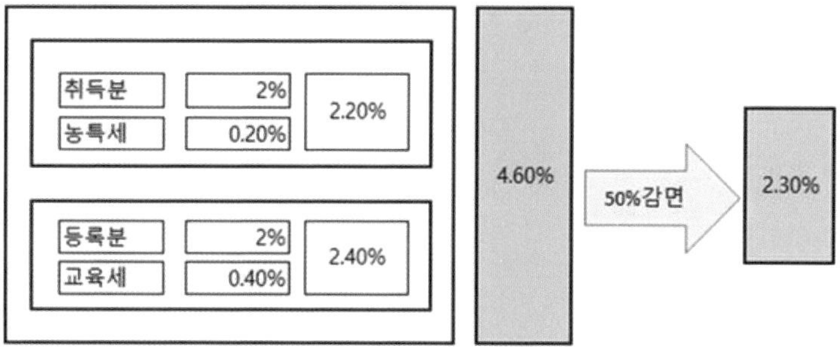

있고 안 되는 경우도 있으며, 감면이 되면서 3배 중과세되는 경우도 있으므로 사례별로 좀 더 자세히 살펴보자.

감면 혜택이 없는 경우

지식산업센터에서 세금 감면 혜택이 없는 경우는 두 가지다.

첫째, 근생과 업무지원시설은 혜택이 없다. 지식산업센터의 주용도인 공장에만 혜택이 있는 것이다.

둘째, 공장 용도라도 임대 목적으로 사용하면 세금 혜택이 없다. 그래서 취득세 4.6%를 다 내야 한다. 재산세도 감면 혜택이 없다.

감면 혜택이 있는 경우

감면의 전제 조건은 '지식산업센터를 임대 목적으로 사용하지 않는다'는 것이다. 이 경우 세제 감면 혜택이 있다.

첫째, 개인사업자의 명의로 구입하는 경우 취득세가 50% 감면된다. 그러므로 취득세는 2.3%가 된다. 예를 들어 10억 원짜리를 사게 되면 2,300만 원의 취득세를 납부하게 된다. 재산세는 5년간 37.5%가 감면된다.

둘째, 업력 5년 이상이거나 과밀억제권역 밖에 소재한 법인이 지식산업센터를 취득하여 입주 대상 업종에 맞는 업종으로 직접 5년간 사용 시 50% 감면을 받는다.

취득세 중과가 되는 경우

다음 세 가지 경우는 지식산업센터 분양권 상태로 사서 5년간 입주업종으로 5년간 사용 시 취득세 50% 감면 혜택도 있지만 3배 중과도 된다. 앞장의 '취득세의 구조'에 나오는 취득세 중 등록분(2.4%)에 대해서만 3배가 중과된다. 등록분의 3배면 7.2%가 되는데 이것을 취득분 2.2%와 합하면 9.4%가 된다. 이것의 50%를 감면하면 취득세는 4.7%가 되는 것이다. 재산세는 37.5% 감면된다.

- 수도권 과밀억제권역 소재 설립 5년 미만의 법인사업자가 산업단지 밖 지식산업센터를 취득 시 3배 중과된다.
- 수도권 과밀억제권역 밖의 법인사업자가 과밀억제권역 내 산업단지 밖의 지식산업센터를 취득하여 이전 시 3배 중과된다.

- 수도권 과밀억제권역 내 산업단지에서 수도권 과밀억제권역 내로 지식산업센터를 취득하여 이전 시 중과된다. 예를 들면 구로·가산디지털단지 내의 업체가 성수동, 문정동 등 산업단지 밖의 지식산업센터를 취득, 이전하면 중과된다.

지방세법은 과밀억제권역에서 공장을 신설하거나 증설하기 위해 사업용 과세물건을 취득하는 경우 취득세를 중과하도록 규정하고 있다. 과밀억제권역은 수도권 중 인구와 산업이 지나치게 집중됐거나 집중될 우려가 있어 이전하거나 정비할 필요가 있는 지역을 일컫는다. 현재 서울을 포함해 수도권 내 인구가 몰린 지역은 대부분 과밀억제권역으로 분류된다.

설립 5년 미만의 대도시 법인도 중과세를 면할 수 있다

과밀억제권역에서 창업한 지 5년 미만이면 취득세가 중과세되지만 이를 피할 수 있는 경우가 다음 6가지 있다.

첫째, 산업단지 안의 부동산을 구입한다.

둘째, 산업단지 밖 개별입지해 있는 지식산업센터는 소프트웨어 개발 업체, 전기통신사업, 법인으로 전환하는 제조업체 등이 구입 시 중과세 적용을 면제한다. 이 경우는 예외 조항이 34개로 많으므로 일일이 법조문(지방세법 시행령 26조 (대도시 법인중과세의 예외)을 확인하는 것이 좋다.

셋째, 창업 중소기업에 대해 취득세가 감면된다. 창업을 한 중소기업으로서 다음 각 호 어느 하나에 해당하는 기업이 해당 사업을 하기 위하여 창업일로부터 4년 이내에 취득하는 부동산에 대해서는 취득세 75%를 감면한다.

- 2020년 12월 31일까지 대도시(수도권 과밀억제권역) 밖에서 창업을 한 중소기업
- 2020년 12월 31일까지 벤처기업으로 창업일로부터 3년 이내에 벤처기업으로 확인받은 기업(이하 '창업벤처기업'이라 함)
- 재산세의 경우 창업일(창업벤처중소벤처기업의 경우는 확인일)로부터 3년간 면제되고 그 후 2년간은 50% 감면한다.

넷째, 기업 부설 연구소 등에 대한 취득세가 감면된다. 중소기업이 대통령령으로 정하는 기업부설연구소도 직접 사용하기 위해 취득하는 부동산에 대해서는 2021년 12월 31일까지 취득세 60% 감면, 재산세 50%가 감면된다.

다섯째, 법인의 지방 이전에 대해 취득세가 감면된다. 과밀억제권역에 본점 또는 주 사무소를 설치하여 사업을 직접 하는 법인이 해당 본점 또는 주 사무소를 매각하거나 임차를 종료하고 과밀억제권역 밖으로 본점 또는 주 사무소를 이전하는 경우에 해당 사업을 직접 하기 위하여 취득하는 부동산에 대해서는 취득세를 2021년 12월 31일까지 면제하고, 재산세의 경우 그 부동산에 대한 재산세

의 납세 의무가 최초로 성립하는 날부터 5년간 면제하며 그다음 3년간 재산세의 50%를 경감한다.

감면되는 사항이 중복되는 경우, 감면율이 높은 쪽을 적용한다. 예를 들어 서울 소재 법인이 본점 및 지점 등을 폐쇄하고 용인시의 지식산업센터를 분양받아서 이전할 경우, 지식산업센터 취득에 따른 50% 감면이 아니라 취득세 100%를 감면 받게 된다.

여섯째, 공장의 지방 이전에 따라 감면된다. 대도시에서 공장시설을 갖추고 사업을 직접 하는 자가 그 공장을 폐쇄하고 대도시 외의 지역으로서 공장 설치가 금지되거나 제한되지 아니한 지역으로 이전한 후 해당 사업을 계속하기 위하여 취득하는 부동산에 대해서는 취득세를 2021년 12월 31일까지 면제하고, 재산세의 경우 그 부동산에 대한 납세 의무가 최초로 성립하는 날부터 5년간 면제하고 그다음 3년간 재산세의 50%를 경감한다.

벤처기업 인증을 받은 기업인 경우

벤처기업 인증을 받은 기업인 경우 취득세를 중과받는 기업이라도 지식산업센터의 분양권 취득은 50%가 감면이 된다. 분양권이 아니라 일반 매매로 벤처기업육성촉진지구의 지식산업센터를 사면 37.5%가 감면된다. 지식산업센터는 대부분 벤처기업육성촉진지구에 해당하나 정확한 것은 일일이 고시된 지역의 확인이 필요하다. 고시된 지역은 중소벤처기업부 홈페이지 알림소식의 '훈령 / 예규 /

| 벤처기업육성촉진지구의 명칭 및 소재지 |

구분	촉진지구 명칭	소재지	면적 (km²)
서울특별시	영등포 벤처기업육성촉진지구	영등포동, 여의도동, 문래동	2.60
	홍릉·월곡 벤처기업육성촉진지구	KIST 인근(이문동, 전농동)	0.75
	성동 벤처기업육성촉진지구	성수동, 행당동, 도선동	3.00
부산광역시	대연 벤처기업육성촉진지구	대연동, 남천동, 우동	0.62
	하단 벤처기업육성촉진지구	하단동, 엄궁동	2.22
대구광역시	동대구·성서 벤처기업육성촉진지구	신천동, 범어동, 호산동, 호림동	1.29
인천광역시	주안 벤처기업육성촉진지구	주안동, 도화동	0.73
광주광역시	금남 벤처기업육성촉진지구	대인동, 수기동, 호남동	2.48
	첨단 벤처기업육성촉진지구	오룡동, 대촌동, 월출동	3.04
대전광역시	대덕 벤처기업육성촉진지구	어은동, 전민동, 신성동	26.83
울산광역시	울산 벤처기업육성촉진지구	다운동, 무거동, 우정동, 반연리, 두왕동	3.90
경기도	안양 벤처기업육성촉진지구	안양동, 비산동, 관양동, 평촌동, 호계동	3.26
	부천 벤처기업육성촉진지구	상동, 약대동, 삼정동, 오정동, 춘의동	1.00
	안산 벤처기업육성촉진지구	원곡동, 원시동, 초지동	2.83
	성남 벤처기업육성촉진지구	상대원동, 야탑동, 수내동, 정자동	4.47
	수원 벤처기업육성촉진지구	고색동, 서둔동, 천천동	1.20
강원도	춘천 벤처기업육성촉진지구	후평동, 삼천동	0.80
	원주 벤처기업육성촉진지구	태장동, 흥업면	0.34
충청북도	오창 벤처기업육성촉진지구	오창읍, 옥산면	1.34
충청남도	아산 벤처기업육성촉진지구	탕정면, 음봉면, 직산면	2.76
전라북도	전주 벤처기업육성촉진지구	팔복동, 장동	0.85
전라남도	유달 벤처기업육성촉진지구	목포시 석현동, 옥암동	2.87
경상북도	포항 벤처기업육성촉진지구	지곡동, 효자동	2.13
	구미 벤처기업육성촉진지구	공단동, 신평동	3.61
경상남도	창원 벤처기업육성촉진지구	내서읍	0.79
제주도	제주 벤처기업육성촉진지구	이도1동, 이도2동, 아라1동	5.50
계	26개 지구		81.21

2016년 12월 기준

| 중소벤처기업부 홈페이지 |

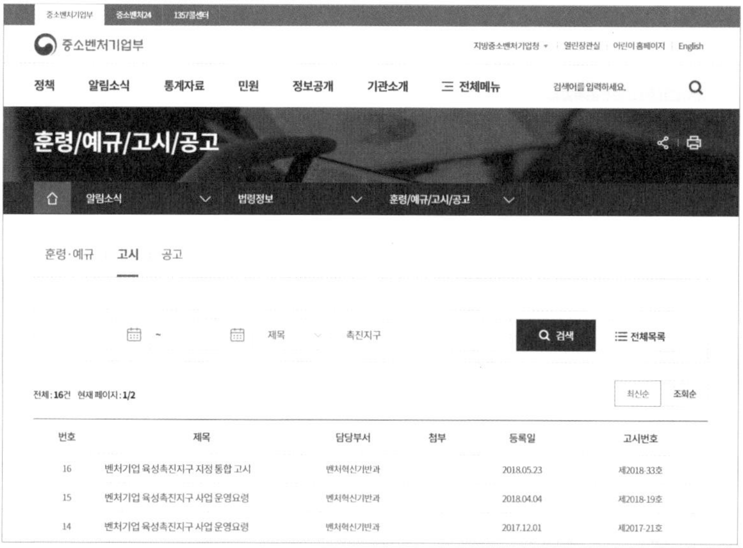

| 중소벤처기업부 홈페이지에서 '촉진지구'를 검색해 가장 최신의 '벤처기업 육성촉진지구 지정 통합 고시'를 보면 벤처기업 육성촉진지구를 알 수 있다.

고시 / 공고' 게시판에서 '고시'를 클릭한 다음 '벤처기업 육성촉진지구 지정 통합 고시'를 검색해서 보면 된다. 앞 페이지 표에 벤처기업 육성촉진지구의 명칭 및 소재지를 열거해놨는데 구입하려는 지식산업센터가 이 촉진지구에 해당되는지 정확히 알려면 그 고시문에 첨부된 파일을 열어 지번을 확인해야 한다.

해당 사항은 없으나 취득세 중과는 피하고 싶다면

법인들이 가장 많이 택하는 방법이 대도시에서 업력 5년 이상 된

| **과밀억제권역**(수도권정비계획법 시행령 별표1 참조) |

1. 서울특별시
2. 인천광역시[강화군, 옹진군, 서구 대곡동·불로동·마전동·금곡동·오류동·왕길동·당하동·원당동, 인천경제자유구역(경제자유구역에서 해제된 지역을 포함한다) 및 남동 국가산업단지는 제외한다]
3. 의정부시
4. 구리시
5. 남양주시(호평동, 평내동, 금곡동, 일패동, 이패동, 삼패동, 가운동, 수석동, 지금동 및 도농동만 해당한다)
6. 하남시
7. 고양시
8. 수원시
9. 성남시
10. 안양시
11. 부천시
12. 광명시
13. 과천시
14. 의왕시
15. 군포시
16. 시흥시[반월특수지역(반월특수지역에서 해제된 지역을 포함한다)은 제외한다]

법인을 구입하는 것이다. 그러나 매수한 기업에 숨겨진 부채가 있을 수도 있고, 행정처분의 이력이 있을 수도 있어 위험하기 때문에 추천할 수 없다. 차라리 과밀억제권역 밖에 법인을 세우고 그 법인 명의로 구입하는 것이 낫다. 과밀억제권역 밖은 예상 외 지역도 많다. '과밀억제권역' 목록에 없는 지역에 법인을 만들면 된다. 법인 설립지로서 가장 사랑받는 지역은 서울에서 가까운 '용인'과 '김포'다. 그리고 의외의 숨은 지역이 남양주시 와부읍 같은 곳이다. 우리가 흔히 알고 있는 이곳의 지명은 '덕소'다. 도농동, 호평동, 평내동 등과는 달리 '읍'으로 되어 있어 시라도 과밀억제권역 밖이다.

법인의 주소는 자기 집이라든가 자기 소유 부동산도 된다. 만일 본인 소유 부동산이 아니면 '임대차계약서'로써 사업장 확보를 증명해야 한다. 그러나 요즘 꼼꼼한 세무서는 본인 소유 부동산이면 사업장 확보 증거를 내라고 한다. 즉 사업장의 사무실로 꾸민 사진을 제출하라고 한다. 집에서 사업장을 꾸밀 여력이 안 된다면 공유형

| 입주 업종 및 법인 업력에 따른 과밀억제권역 내 취득세 비교표 |

세목	입주가능업종 5년 이상 법인 & 개인사업자	입주가능업종 5년 미만 법인	입주불가능업종 5년 이상 법인	입주불가능업종 5년 미만 법인
취득세	1.0% (50% 감면)	1.0% (50% 감면)	2.0%	2.0%
등록세	1.0% (50% 감면)	3.0% (3배 중과, 50% 감면)	2.0%	6.0% (3배 중과)
지방교육세 (등록세의 20%)	0.2%	0.6%	0.4%	1.2%
농어촌특별세 (취득세의 10%)	0.1%	0.1%	0.2%	0.2%
합계	2.3%	4.7%	4.6%	9.4%

| 2021년 1월 기준

오피스에 사업장을 내면 된다. 공유형 오피스들은 대부분 비상주 제도를 운영한다. 물리적 공간의 제공 없이 주소만 두고 우편물 수발신, 전화 수신 등을 도와주는 것이라 저렴하다. 서울은 5만 ~10만 원 정도이고, 서울 외 지역은 2만~5만 원에 가능하다. 그리고 사옥용으로 구입하면 안 되고 임대 목적으로 구입해야 한다.

이상으로 취득세에 대해 알아보았다. 벤처기업을 제외한 내용을 정리하면 위 표와 같다. 감면은 못 받더라도 중과를 받으면 곤란할 것이다. 어떻게 구입할지 미리 잘 생각해서 세금을 절세하자.

5

세금 2 - 소득세, 양도소득세, 법인세, 재산세, 교통유발부담금

다달이 월세가 들어오면 임대소득세를 낸다

지식산업센터를 세주고 있다면 소득세가 발생한다. 주택의 경우 지금까지 임대소득세를 거의 신고하지 않았다. 지식산업센터는 사업자(개인이든, 법인이든)인 임차자를 상대로 임대료를 받는 만큼 임대료에 관해 세금계산서를 발부해줘야 한다. 그러므로 소득을 숨길 수 없다. 이 때문에 주택 투자만 못하다는 사람도 있었다.

그러나 이제 주택도 임대소득세가 강화되었다. 2020년 5월, 2019년에 받은 주택임대 소득에 대해 소득금액이 2,000만 원 이하라도 과세를 했다.

이제 1주택자로서 전세를 놓는 경우만 비과세가 된다. 앞으로는 임대소득이 있다면 그것이 주택이든 아니든 반드시 소득세를 내야

| 양도소득세 기본 세율표 |

보유기간	과세표준	양도소득세율	누진공제액
1년 미만		70%	
1년 이상~2년 미만		60%	
2년 이상	1,200만 원 이하	6%	
	1,200만 원 초과~4,600만 원 이하	15%	108만 원
	4,600만 원 초과~8,800만 원 이하	24%	522만 원
	8,800만 원 초과~1억 5,000만 원 이하	35%	1,490만 원
	1억 5,000만 원 초과~3억 원 이하	38%	1,940만 원
	3억 원 초과~5억 원 이하	40%	2,540만 원
	5억 원 초과~10억 원 이하	42%	3,540만 원
	10억 원 이상	45%	6,540만 원

| 2022년 7월 기준

하는 것이다. 그러므로 떳떳하게 낼 것은 낸다는 마음으로 소득세를 납부하자.

팔아서 남는 게 있다면 양도소득세를 내야 한다

양도소득세는 개인이나 개인 사업자가 매도할 때 살 때보다 가격이 올라서 차익이 발생하는 경우에 낸다. 법인인 경우 법인세를 낸다. 만일 가격이 안 올랐다면(지식산업센터에서 그런 경우는 못 봤지만) 내야 할 양도소득세도 없다.

모든 부동산은 기본 세율하에서 양도소득세를 계산하는데, 1가구 1주택은 비과세 특례가 있으나 상가와 지식산업센터에는 그

| 장기보유특별공제율표 |

보유기간	공제율	보유기간	공제율
3년 이상~4년 미만	6%	10년 이상~11년 미만	20%
4년 이상~5년 미만	8%	11년 이상~12년 미만	22%
5년 이상~6년 미만	10%	12년 이상~13년 미만	24%
6년 이상~7년 미만	12%	13년 이상~14년 미만	26%
7년 이상~8년 미만	14%	14년 이상~15년 미만	28%
8년 이상~9년 미만	16%	15년 이상~	30%
9년 이상~10년 미만	18%		

| 2022년 7월 기준

런 것이 없다. 또한 규제지역 내 주택의 경우 2주택, 3주택인 경우 10%, 20%(2021년 6월부터는 20%, 30%)의 가산세가 있는 것과는 달리 지식산업센터는 몇 개가 있어도 그런 가산세는 없다.

위 표에서 '보유기간'은 취득일부터 양도일까지의 기간을 말한다. 양도일은 잔금을 청산한 날을 말하는데, 잔금 청산일 전에 등기를 했다든가 잔금 청산일이 불분명하면 등기를 접수한 날을 기준으로 한다.

양도소득세는 '양도차익' → '양도소득금액' → '과세표준' 순서로 구하면 된다. 개인이 지식산업센터를 5억 원에 샀는데 5년간 갖고 있다가 7억 원에 팔았다면 양도소득세는 얼마가 될까? 양도소득세 구하는 순서에 맞춰 구해보면 다음과 같다.

누진공제액은 낮은 세율 부분의 금액을 제해주는 것이다. '양도소득세 기본 세율표'에서 2년 이상 보유 시 '1,200만 원 이하는 6%,

| 양도소득세 구하는 순서 |

Step 1. '양도차익'을 구한다.

양도차익은 양도가액에서 취득가액과 필요경비를 빼주면 된다. 필요경비는 취득세, 중개보수, 법무사 비용, 인테리어 비용 등이다.

Step 2. '양도소득금액'을 구한다.

Step 1의 양도차익에서 장기보유특별공제를 빼주면 된다. 장기보유특별공제는 보유한 기간에 따라 다른데, 장기보유특별공제율표의 세율을 곱하면 된다.

Step 3. '과세표준'을 구한다.

Step 2의 양도소득금액에서 양도소득기본공제 250만 원을 빼주면 과세표준이 된다.

Step 4. '양도소득세'를 구한다.

Step 3 과세표준에 양도소득세 기본 세율표의 해당 금액 구간의 양도소득세율을 곱하면 양도소득세가 나온다.

1,200만 원 초과~4,600만 원 이하는 15%'인데 만약 과세표준이 1,500만 원이면 1,500만 원에 대해 전부 15%를 곱하는 것이 아니라 '1200만 원 × 6% + 300만 원 × 15%' 로 계산한다. 1,200만 원에 대해 15%가 아니라 6%가 곱해져서 낮아진 금액만큼 빼주는 것이 누진공제액이다.

양도소득세 쉽게 구하는 법

이 모든 과정이 번거롭다면 '국세청 손택스' 앱을 스마트폰에 설치한다. 이는 국세청에서 만들어 제공한 앱이다. 아직은 이름을 '홈

| 양도소득세 구하는 예 |

양도가액 7억 원에서 취득가액 5억 원과 필요경비 3,000만 원(취득세 2,300만 원 + 법무사비, 중개보수 등 기타 700만 원)을 뺀 1억 7,000만 원이 양도차익이 된다.
양도가액 7억 원 – 취득가액 5억 원 – 필요경비 3,000만 원 = 양도차익 1억 7,000만 원

5년 동안 보유하고 있었으면 장기보유특별공제율은 10%가 된다. 그러므로 1억 7,000만 원의 10%인 1,700만 원을 제한 1억 5,300만 원이 양도소득금액이 된다.
양도차익 1억 7,000만 원 – 장기보유특별공제액 1,700만 원 = 양도소득금액 1억 5,300원

1억 5,300만 원에서 250만 원을 제하면 과세표준은 1억 5,050만 원이 된다.
양도소득금액 1억 5,300만 원 – 기본공제 250만 원 = 과세표준 1억 5,050만 원

양도소득 '1억 5,000만 원 초과~3억 원 이하' 구간은 세율이 38%가 된다. 과세표준 1억 5,050만 원의 38%인 5,719만 원에서 누진공제액 1,940만 원을 제하면 3,779만 원이 양도소득세가 된다.
과세표준 1억 5,050만 원 x 38% = 5,719만 원 5,719만 원 – 누진공제액 1,940만 원 = 양도소득세 3,779만 원

택스'와 '손택스'를 혼용해서 쓰고 있다. 검색할 때는 '국세청 홈택스'로 해야 정확히 나오는데, 앱을 열면 '손택스'로 나온다.

앱을 열면 다음 페이지의 그림 맨 왼쪽과 같은 화면이 나온다. 오른쪽 상단의 세 줄로 된 메뉴를 누르면 가운데 화면으로 바뀐다. 그 왼쪽 중앙부에 '신고/납부'를 누르고 바뀐 세 번째 화면에서 '양도소득세'를 선택한다.

그 후 세부 메뉴에서 '간편모의계산'을 누른다. 양도일자, 취득일자, 양도가액, 취득가액 등을 넣어주면 양도소득세 금액을 국세청에

| '국세청 손택스'에서 양도소득세 구하기 |

| 한국감정원 부동산앱 |

서 친절히 계산해준다.

지식산업센터의 재산세와 종합부동산세

재산세의 기준이 되는 지식산업센터의 기준시가는 스마트폰에서 '한국감정원' 앱을 설치하고 초기 화면의 '상가오피스텔 기준시가'에서 찾아보면 된다.

지식산업센터는 최근 많아진 종합부동산세에서도 자유롭다. 지식산업센터의 건물에 대해서는 종합부동산세가 없다. 지식산업센터의 부속 토지는 별도 합산 대상인데 80억 원까지는 공제되므로 납부 대상이 되는 경우는 드물다고 할 수 있다.

도시의 큰 건물들은 교통유발부담금을 낸다

교통유발부담금은 도시의 교통 혼잡을 완화하기 위해 많은 교통량을 유발하는 원인이 되는 시설물에 대해 '원인자부담원칙'에 따라 부과하는 경제적 부담금이다.

서울 등 상주인구 10만 명 이상의 도시에서 건물 전체의 연면적이 1,000㎡ 이상인 시설물(다만 주택단지에 위치한 시설물로서 도로변에 위치하지 아니한 시설물인 경우에는 각층 바닥면적의 합계가 3,000㎡ 이상인 시설물)에 대하여 부과되며, 구분 소유되는 경우 소유면적이 100㎡ 이상인 시설물에 부과된다.

연 1회 8월경 부과되는데, 부과액은 '연면적 × 단위부담금 × 교통유발계수'라고 한다. 일반적으로 기준시가 5억 원 정도면 70만 원 정도 부과된다. 사용 시에만 부과하므로 만일 공실이든가 하면 신고를 해서 면제 받을 수 있고, 시설물 소유주가 자발적으로 주차장 유료화나 승용차 부제(2·5부제, 요일제) 운영 등 교통량 감축 프로그램에 참여하면 감면 혜택을 준다.

임대사업 시 개인으로 할 것인가, 법인으로 할 것인가?

지식산업센터 임대 사업 시 개인사업자로 하는 것보다 법인사업자로 하는 것이 유리한 경우도 있다.

법인이 지식산업센터를 팔 때는 양도소득세가 아니라 법인세를 납부한다. 적용받는 소득세율과 법인세율을 살펴보면 개인의 경우 6~45%의 누진세율이 적용되지만 법인의 경우 10~25%의 누진세율이 적용되기 때문에 세율 측면에서 보면 법인사업자가 더 유리하다. 법인세는 각 사업 연도 소득금액에서 이월결손금과 비과세소득, 소득공제를 제한 금액이 과세표준이다. 이 과세표준에 따른 법인세율은 위 표와 같다.

그러나 개인사업자는 종합소득세를 납부한 후에는 마음대로 자금을 사용할 수 있지만, 법인사업자는 법인의 자금을 함부로 사용할 수 없다. 낮은 누진세율을 적용해서 법인세를 적게 냈다고 하더라도 이후 법인으로부터 급여·퇴직소득·배당소득 등의 명목으로 이익금을 대표이사나 주주 등이 가져오는 경우에는 다시 개인소득세를 부담해야 한다.

'법인의 돈을 개인이 어떻게 가져갈 것인가'라는 숙제가 남기는 하지만 법인의 세율이 훨씬 낮아서 양도차익에 대한 세금을 적게 낸다. 게다가 지식산업센터를 팔고자 하는 법인의 경우 재무 상태가 안좋아서, 즉 해당 사업연도 소득이 마이너스(-)일 때여서 지식산업센터의 가격이 꽤 올랐음에도 불구하고 지식산업센터의 오른 금액에 대한 세금을 내지 않는 경우도 종종 보았다. 개인의 마이너스 양

| 법인세율 |

과세표준	세율
2억 원 이하	10%
2억~200억 원	20%
200억~3,000억 원	22%
3,000억 원 초과	25%

| 2022년 8월 기준

과세표준	세율	
5억 원 이하	10%(중소·중견기업)	20%
5억~200억 원		
200억 원 초과		22%

| 개편 예정안(22년 9월 정기국회 통과시)

도소득은 1년간 유효하지만 법인의 마이너스 소득은 10년간 플러스 소득과 합칠 수 있다.

단, 업력이 5년 미만인 법인사업자의 경우 과밀억제권역의 산업단지 밖의 부동산을 구입하는 경우 취득세가 중과된다는 점도 유의해야 한다. 그러므로 법인으로부터 자금을 가져오는 경우 발생하는 세금(소득세)과 법인세를 모두 차감한 후의 세후순이익을 잘 추산하여 법인사업자나 개인사업자 중 어느 쪽이 유리한지 잘 판단한 다음 결정해야 한다.

최근 고소득 개인사업자의 경우 장부의 정확성을 세무대리인에게 확인받은 후 신고하도록 하는 성실신고 확인제가 시행되고 있는데 까다로운 검증 절차를 거쳐 종합소득세를 신고해야 한다. 반면 법인 기업의 경우에는 부동산임대업, 서비스업 등은 2020년 이후부터는 과세연도 수입금액 3억 5,000만 원 이상이면 성실확인신고대상에서 제외되기 때문에 법인으로 전환하기도 한다. 법인사업자로 할 것인지 개인사업자로 할 것인지 여부는 세금적인 측면뿐만 아니라 그 이외의 여러 부분까지도 종합적으로 고려해서 결정해야 한다.

최근 법인으로 부동산 매입 시 까다롭게 검증하겠다는 보도가 있었는데 아직은 주택에 포커스가 맞춰져 있다.

6
세금 3
- 부가가치세

건물분 부가가치세는 별도로 있다

10억 원짜리 지식산업센터를 분양받는다면 계약금은 1억 원이고 평균 3분의 2에 해당하는 6,670만 원 정도가 건물가액이므로 667만 원 정도의 부가가치세를 따로 준비해야 한다. 즉 분양가의 7% 정도를 잠시 납입했다가 돌려받게 된다. 지방은 부가가치세가 8%, 9% 등 다소 높아진다. 토지가격은 차이가 없지만 건축비는 어디에 짓든 크게 차이가 없기 때문이다.

매매 시 부가가치세도 매매금액의 10%가 아니다. 토지분은 부가가치세가 없고 건물분에 대해서만 발생하므로 건물분의 가액을 따로 알아야 한다. 나는 매도자와 매수자에게 이 금액을 계약 전에 알려주었는데 보통 세무사에게 금액의 산정을 의뢰하거나 국세청

사이트에서 산출했다. 국세청 홈택스에서 조회/발급을 선택한 후 '기타 조회' 맨 하단의 '기준시가 조회'를 클릭하여 '건물기준시가(양도)'를 클릭해서 계산하면 된다. 오른쪽 페이지에서 보는 바와 같이 입력해야 할 항목 중에 취득 당시와 양도 당시의 개별공시지가가 있다. 개별공시지가는 국토교통부 사이트에서 확인이 가능하다.

산정된 금액의 부가가치세는 일반적으로 매수자가 부담한다. 즉 매매시 부가가치세는 별도로 한다. 잔금 때 부가가치세를 별도로 매수자가 준비해서 매도자에게 준다. 매도자는 이 돈을 받았다가 부가가치세 납부 기간에 국세청에 내면 되고, 매수자는 환급 신청을 해서 국세청에서 받아간다. 아주 드물게 매수자에게 받은 부가가치세를 딴 데 급히 써버리고 안 낸 매도자도 있다. 이 경우 국세청은 매도자에게 부가가치세를 내라고 독촉을 해서 받아간다. 그러나 그때까지 매수자는 부가가치세를 환급 받지 못하는 피해를 입게 된다. 이에 '사업 양수자의 부가가치세 대리납부 특례' 제도가 생겼다. 매수자가 잔금일이 속하는 달의 말일까지 관할 세무서에 부가가치세를 납부하면 매입세액으로 돌려받을 수 있다.

매매 시 부가가치세 포함 여부를 반드시 확인한다

임차자 관계를 승계해서 매매하는 것이라면 계약서상에 '포괄양수도 계약임'이라는 문구를 넣으면 매도자의 부동산 임대사업을 매수자가 승계하는 계약으로 부가가치세를 주고 받지 않아도 된다.

| 국세청 홈택스의 조회/발급 화면 |

| 국세청 홈택스의 건물기준시가 계산 화면 |

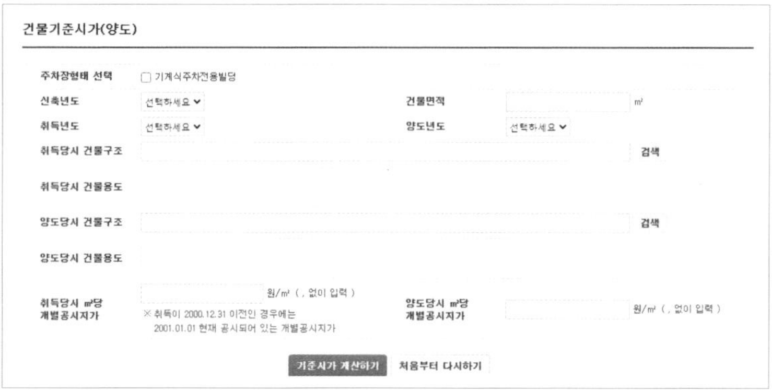

'포괄양수도'라는 것은 사업용 자산을 비롯한 인적시설 및 권리의무를 포괄적으로 승계하는 것이다.

그러나 직접 사용하기 위해 매수하는 경우는 매매금액에 부가가치세가 포함된 것인지, 별도인지 확인하고 계약서 상에 기입해야 한다. 이런 언급을 안 했을 경우 잔금일에 매도자는 "매매금액 외에 부가가치세는 별도이니 부가가치세를 따로 달라"고 하고, 매수자는 "매매금액에 포함된 금액이니 줄 수 없다"고 싸우는 상황이 유발된다.

2년 전까지만 해도 부동산 실거래가 신고 시에 부가가치세에 대한 안내가 제대로 되어 있지 않아 어떤 공인중개사는 부가가치세가 포함된 금액으로 실거래신고를 하고, 어떤 공인중개사는 부가가치세가 별도인 금액으로 실거래신고를 했다. 어떤 공인중개사는 실거래신고 시에 부가가치세가 포함된 금액을 적었다가 매도자에게 양도세가 더 나오게 됨으로써 중개보수를 못 받게 되었다고 한다.

이렇게 부가가치세 포함 여부를 명확히 하지 않으면 부가가치세를 매도자, 매수자 중 누가 내느냐의 문제뿐만 아니라, 부가가치세 포함가, 비포함가에 의해 양도세, 취득세도 차이가 있기 마련이다. 나는 국토교통부에 이 점에 관해 몇 차례 민원을 넣었는데, 그래서일까 지금은 실거래신고시 금액을 적는 난 옆에 '부가가치세가 포함되지 않는 금액을 적는다'라고 표시되어 있어 혼선을 줄일 수 있게 되었다.

강남의 한 부동산중개업자는 지식산업센터를 거래하면서 '포괄양수도 계약임'이라고 쓰고 부가가치세는 주고받지 않았다. 그런데 임차자가 사정이 생겨서 잔금 지급 후 두세 달 된 시점에 나가 버리게 되었고, 언젠가 사무실을 여기로 옮길 요량으로 사두었던 매수자가 그곳에 입주를 했다. 그로부터 6개월이 지났을 무렵 매도자는 국세청으로부터 부가가치세를 내라는 연락을 받게 되었다(이때는 가산세도 붙는다). 그래서 매수자에게 부가가치세를 달라고 연락을 취했으나 매수자는 안 주고 버텨서 소송을 하게 되었다.

부동산중개업자가 다 챙겨줄 것이라고 믿지 말고 계약 시 부가가치세 포함인지 별도인지 여부를 확인하고 매수자는 잔금 시에 토지분에 대해서 '계산서'를, 건물분에 관해서는 부가가치세가 포함된 '세금계산서'를 챙기자.

대출을 받으면 부가가치세를 은행에 돌려줘야 한다

분양을 받고 최초 중도금 납입 시기가 되면 중도금 대출 신청을 하게 된다. 그러면 은행 등 금융기관에서 중도금을 분양받은 수분양자 대신 낸다. 대출에 대한 이자는 시행사에서 납부를 한다. 결국 그 돈은 수분양자의 주머니에서 나가게 되는 돈이지만 말이다.

시행사 입장에서 보면 수분양자가 은행 돈으로 중도금을 납부한 것이 되므로 납입금에 대한 세금계산서를 수분양자에게 발부한다. 그러면 수분양자는 부가가치세를 환급받게 된다. 수분양자가 아니라 은행이 부가가치세를 내준 것인데, 절차상 수분양자에게 부가가치세가 들어온 것이다. 잔금 시 중도금을 갚게 될 때 은행은 은행 돈으로 지불된 부가가치세를 돌려달라고 수분양자에게 요구를 한다. 그러나 수분양자 중에는 부가가치세가 뭔지 이해를 못 하는 사람도 있고, 받을 때 몇 차례에 걸쳐 조금씩 들어왔던 돈을 한꺼번에 큰돈으로 내라니 당황하는 사람도 있고, 자신의 돈으로 알고 "못 주겠다. 왜 줘야 하느냐"고 버티시는 분도 있다. 중도금을 내 돈으로 낸 게 아니라면 부가가치세는 당연히 은행에 돌려줘야 하는 돈이 맞다.

임대차 시의 부가가치세

지식산업센터를 임대하는 경우 임대소득에 대한 부가가치세를 내야 한다. 그러나 걱정할 것이 없다. 임대료에 대한 부가가치세는 임차자 쪽에서 별도 부담하므로 받은 것을 그대로 납부하면 된다. 단, 임차자의 보증금 일부를 '임대료'로 간주해서 이 임대료의 10%도 부가가치세를 내는데, 이 금액은 보증금 총액에 대해 연간 1.8%이다. 보증금 1,000만 원이면 18만 원이 간주임대료이고 1만 8,000원이 1년간의 부가가치세가 된다. 임차자의 부가가치세 부담에 대해서는 이론의 여지가 없이 당연히 더 낸다. 지극히 관례적인 일이다. 왜냐면 임차자가 간이사업자가 아니고 일반사업자라면 다음 분기말에 부가가치세 신고를 해서 환급을 받게 되기 때문이다.

7
600%
투자 수익률을 올리다

나의 첫 지식산업센터 투자

나는 지금까지 집을 사면서 대출을 받아본 적이 없었으니 부동산 투자에 있어서 성향이 꽤 보수적이라 할 것이다. 그런데 지식산업센터를 계속 중개하다 보니 지식산업센터의 좋은 점들이 눈에 많이 들어와서 사고 싶어졌다.

그러던 차에 2013년 지식산업센터가 경매로 하나가 나왔다. 그래서 남편에게 가서 응찰하라고 했다. 그 무렵 부동산 시장은 주택과 업무용을 가리지 않고 많이 침제되어 있었기 때문에 최저가에서 10만원만 더 쓰라고 했다. 그러나 남편은 경매장에서 최저가보다 100만원을 더 썼는데 응찰 결과를 보니 단독 입찰이었다. 최저가에도 낙찰받을 수 있었기에 조금 아쉬웠다.

몇 년이 지나자 그 아쉬움은 싹 가셨다. 100만 원은 문제가 아니게 가격이 올랐고, 다달이 월세를 손에 쥔다는 것은 사람을 매우 여유롭게 해주었다. 이 물건은 대출을 받아서 샀는데 우리 부부가 부동산을 사면서 한 첫 대출이었다. 레버리지 효과를 감안하면 매매차익을 제하고도 연수익률이 30%가 넘는다. 매매차익은 현재 50% 정도 난 것으로 보인다. 경매받은 지식산업센터는 소유주가 직접 사서 사용했던 물건이라 인테리어가 잘되어 있어 임대도 수월했다.

수익률 600%의 놀라운 투자

2015년 어느 날 인근의 지식산업센터가 3억 6,000만 원에 매매로 나왔다. 2005년에 지어진 다소 오래된 건물이기는 해도 실평수가 32평이 넘는 만큼 시세보다 다소 낮은 가격이었다. 왜 싸게 팔까 궁금했는데, 이 업체는 이 지식산업센터를 경매를 통해 낮은 가격에 샀었고 사정이 있어서 다소 낮은 가격에 팔더라도 꽤 남기고 파는 것이었다. 내가 꼭 사고 싶었다. 그러나 당시 남편은 "이미 우리에게 지식산업센터가 하나 있는데, 왜 달걀을 한 바구니에 담으려고 하느냐?"면서 반대했다.

할 수 없이 먼저 K사장님에게 이 지식산업센터의 투자를 권유했다. 이분은 나의 추천과 소개로 다른 지식산업센터를 분양 받아 입주했는데, 꽤 만족하고 있었다. 그래서 다른 지식산업센터도 권유한 것이다. P지식산업센터를 추천하기 4년 전쯤 성수동의 주택 하나를 구입해서 리모델링 후 사옥으로 쓰도록 추천했었다. 지금은 평당 7,000만 원에도 팔 수 있는 물건이 당시 급매로 평당 1,800만 원 정도에 나왔었는데, K사장님은 망설이다 구입하지 않았다. 이번에도 망설이면서 3~4일 시간을 끌었다. 다른 고객에게도 브리핑을 했는데 바로 구입하겠다고 했다. 매도자는 3억 6,000만 원에 팔아 달라고 했는데, 500만 원을 깎아서 3억 5,500만 원에 매매 계약을 했다. 매물을 내놓은 지 불과 일주일도 안 돼서 계약이 체결됐다.

그런데 계약을 앞두고 물건의 대출을 알아보고는 기절할 뻔했다. 매매가가 3억 5,500만 원인데, 대출이 3억 7,000만 원까지 가능하다는 것이다. 은행에서는 3억 5,500만 원에 산 물건에 대해 3억 7,000만 원을 대출해줄 수 없으니 매매계약서를 더 높은 가격으로 다시 써달라고 했다. 이중 계약서는 불법이다. 그래서 그럴 수는 없으니 그 계약서로 대출해줄 수 있을 만큼만 해달라고 요청했다. 그러자 3억 원을 대출해주었다.

그리고 보증금 2,000만 원에 월차임 200만 원으로 세를 놓았다. 그 고객은 대출과 보증금을 제하면 자기자본 3,500만 원, 취·등록세 1,600만 원, 중개보수 220만 원 등 총 5,300만 원이 안 들어간 셈이다. 그리고 다달이 200만 원씩 2년, 임대료를 높여서 210만 원씩 다시 2년을 받았다. 대출 이자 80만 원(사실 80만 원도 채 안 된다)을 제하면 5,300만 원을 투자해서 120만 원을 2년간, 또 130만 원 이상을 3년간 받아서 7,500만 원 이상의 수익을 올린 것이다. 매입 후 4년 만에 투자금을 다 회수하고도 남은 것이다.

얼마 전 이 고객이 내게 시세를 문의해와서 6억 원 정도가 된다고 알려줬다. 그러자 "매도할까 하는데 어떤가요?" 하고 물었다. 나는 "앞으로 더 오를 건데, 왜 파느냐?"라고 말해줬다. 성수동 지식산업센터는 앞으로 더더욱 희소성이 생길 것으로 봤기 때문이다. 이 고객은 아직도 그 물건을 보유하고 있다. 5년간 세전 투자 수익률이 무려 600%에 이르는 엄청나게 성공한 투자였다. 2022년 8월에 문득 이 지식산업센터를 들여다보니 16억 원 이상으로 매도할 수 있다. 이쯤에서는 수익률을 논하는 것이 무의미해졌다.

달걀을 바구니에 담았던 사람들이 계속 담는다

P지식산업센터 투자건 이후로는 남편에게 의견을 묻지 않고 그냥 "가진 돈만 보태"라고 한다. "지금까지는 부동산 가격이 주욱 올라왔기 때문에 그렇게 대출까지 받아 투자해야 한다고 말하는 것 아니냐? 앞으로도 그렇다고 어떻게 보장하느냐?"고 혹자는 말할 것이다. 주식 투자는 우리가 기관과 외국인의 정보력을 당해낼 수 없어서 성공하기 힘들다. 결국 일반인에게는 대기업이나 기관이 손대기 힘든 부동산 투자가 손쉽고 성공확률이 높은 재테크다.

주택은 한때 임대 사업자에게 많은 혜택을 주었지만 집값이 많이 오르자 그 혜택을 없앤 것은 물론이고, 다주택자를 거의 범죄자 취급하고 있다. 주택의 가격이 많이 올라 대출 없이 구입하기 쉽지 않으나 대출을 너무나 꽁꽁 틀어막았다. 적은 돈으로 투자할 수 있는 것이 상가, 오피스텔, 지식산업센터 등의 업무용 부동산이다. 그러나 이런 것들은 지역이나 물건별로 좋고 나쁨의 차이가 크다. 어떤 물건을 골라야 할지 잘 모르겠다면 서울의 역세권 안으로 사면 된다.

남편의 의견을 무시하기로 한 뒤로 성수동의 서울숲역 부근의 지식산업센터 분양권 하나를 프리미엄을 주고 샀다. 1년쯤 뒤 그 지식산업센터가 거의 다 지어졌는데 기존의 지식산업센터와는 다르게 창이 너무 작게 설계되어 있었다. 게다가 한꺼번에 거의 일곱 개의 지식산업센터가 입주를 하는 바람에 당장은 임대에 곤란을 겪을 것 같아서 프리미엄을 더 받고 팔았다. 내 것을 산 사람은 공실 기간을 4개월 이상 겪어야 했다. 그 뒤로 2년이 지난 최근에는 매물은 물론 임대 물건조차 귀해서 분양권을 샀다 팔았던 것도 결과가 꽤 좋았던 투자였지만 그 지식산업센터조차도 계속 갖고 있었으면 좋지 않았을까 하는 생각도 가끔 해본다. 왜냐면 성수동 전체의 지식산업센터 물건이 귀하지만, 특히 서울숲역 부근은 정말 귀하기 때문이다. 지금까지 전국 최고의 지식산업센터 매매가도 서울숲역 부근에서 나왔다. 평당 1,640만 원에 거래된 것이 있다.

그 뒤에 바로 분양권을 하나 더 구입했다. 시행사를 잘 알고 있고 청약 당시부터 참여할 의사가 있었는데, 하필 해외에 일이 있어 잠깐 나가 있는 사이에 분양이 시작됐고, 분양이 시작되자마자 10분 만에 마감되는 바람에 프리미엄을 주고 분양권을 사야 했다. 이 지식산업센터들의 월세를 생각하면 노후가 든든하다. 이후 지켜보니 계란을 지식산업센터란 바구니에 열 몇 개씩 담는 고객들도 많이 보였다.

안 사서 후회하지 사서 후회하는 사람은 없다

예전에 성수동 W지식산업센터 10층이 경매로 나왔다. 이 건물에서 사업체를 운영하고 계시는 J사장님께서 조언을 구해왔다. 경매로 나온 층만 바깥 발코니가 무척 넓었는데, 그분이 여기에 접한 일부 호실을 절반 이상 갖고 계셔서 낙찰 받으면 그 발코니 전체를 다 쓸 수 있었다. 최초 경매의 최저입찰가는 감정가의 100%였고 감정가는 당시 매매가보다 다소 높다 보니 J사장님은 많이 망설였다. 그리고 내게 물어보셨다. "100%에는 낙찰되지 않겠지요?" 나는 "성수동 지식산업센터가 100%에 낙찰된 적이 없습니다"라고 말씀드렸는데, 웬걸 그 물건은 108%로 최초 경매에 낙찰되었다. 그 때까지 80~90%에 머물렀던 낙찰가율이 그때부터 급등했다. J사장님은 "낙찰자가 뭘 모르고 터무니없는 가격을 썼다"라고 했는데, 결과적으로 그분은 잘 낙찰받은 것이 되었다. 그 뒤로 그 가격 이상으로 올랐고, 무엇보다 그렇게 좋은 매물이 잘 나오지 않는다.

그러고 보면 아쉽게 흘려보낸 경매들이 참 많았다. 성수동 코오롱3차 6층이 경매로 나온 적이 있는데, 지상철인 전철이 바로 앞에 있어서 포기했는데, 나중에 보니 소음은 생각보다 작았다. 그래서 그 건물 앞을 지나가면 아쉬움에 그 6층을 쳐다보게 된다. 요즘 지식산업센터 경매는 잘 안 나온다. 값이 많이 올랐기 때문에 오른 만큼 대출이 더 되어 그 돈으로 이자를 갚아나가면 되니 연체가 거의 없기 때문이다.

이 J사장님과의 인연은 이러했다. J사장님이 계신 W지식산업센터가 급매로 나왔다. 경험상 해당 물건을 제일 많이 사는 것은 해당 건물에 있는 입주자이다. 그래서 W지식산업센터 주차장에 가서 차량에 있는 전화번호를 다 적어왔다. 그리고 그곳의 한 호실이 급매로 나왔다고 문자를 보냈다.

이 문자는 이 건물 1층에 있는 은행의 지점장님 핸드폰에도 들어갔는데, 지점장님이 전화를 걸어와서 "정말 그 가격에 물건이 있느냐"고 묻고는 "바로 매수자를 붙이겠다"고 하셨다. 그 지점장님의 소개로 오신 분이 바로 J사장님이셨다. 그분은 그 지식산업센터의 입주자 대표회의의 회장님이신 만큼 그 건물에 애착과 자부심이 많았던 터라 싼 가격에 매매한다고 하자 바로 사셨다. 하루 만에 매수를 결정하고 잔금을 치렀다.

그 물건은 2층이었는데, 그 층은 외부에서는 잘 모르는 나름의 장점이 하나 있었다. 층높이가 다른 층에 비해 1, 2층만 훨씬 더 높았던 것이다. 우리나라는 매매 시 건물의 면적만 중시하지 높이는 별로 고려하지 않기 때문에 몰랐던 것이다. 나중에 임차를 놓을 때 보니 층높이를 알고 꼭 2층만 고집하는 임차자들이 있어서 손쉽게 임대를 놓을 수 있었다. 매수가는 평당 470만 원, 그 지식산업센터는 현재 1,000만 원 이상을 호가한다.

내 주변에 지식산업센터를 안 사서 후회하는 사람은 많이 봤으나 사서 후회하는 사람은 한 명도 없다. 지식산업센터를 구입한 모두가 성공사례가 되었다.

5장

지식산업센터 투자, 이곳을 주목하라

1
지식산업센터 투자의 큰 경계, 산업단지 안과 밖

지식산업센터가 산업단지 안에 세워져 있는지, 산업산지 밖에 세워져 있는지는 투자에 있어서 매우 중요하다. 산업단지 내에 있는 지식산업센터는 산업단지공단이 관리 및 감독을 하고, 산업단지 밖에 있는 지식산업센터는 해당 시·군·구 지자체가 관리와 감독을 한다. 산업단지공단이 담당할 경우 엄격하고 까다롭게 관리하고 있어서 임대가 수월하지 않기 때문이다.

산업단지는 국가산업단지, 도시첨단산업단지, 외국인전용단지, 자유무역지역, 지방산업단지 등이 있는데 이러한 산업단지는 2022년 현재 전국에 1,262개소가 있다.

수도권의 산업단지 현황

서울의 경우 산업단지는 단 세 곳뿐이다. 국가산업단지인 '서울디지털산업단지'와 일반산업단지인 '마곡산업단지'와 '서울온수산업단지'가 있다. 서울디지털산업단지는 구로구 구로동에 1단지가 있고, 금천구 가산동에 2단지와 3단지가 있어서 흔히 '구로디지털산업단지'와 '가산디지털산업단지'로 불리기도 한다. 마곡산업단지는 강서구 가양동에 있고, 서울온수산업단지는 서울 구로구와 경기도 부천시에 걸쳐 있다.

경기도의 경우 국가산업단지가 5개소, 일반산업단지가 175개소, 도시첨단산업단지 11개소와 농공단지 1개소 등 총 192개소가 있다. 인천시의 경우 국가산업단지 2개소, 일반산업단지 12개소, 도시첨단산업단지 2개소의 총 16개소가 있다.

산업단지 내에서의 임대사업

산업단지의 땅은 국가나 지자체에서 조성해서 저렴하게 공급하는데, 여러 가지 혜택이 주어진다. 그래서 그만큼 관리감독을 철저히 하고 있다. 절차적으로도 입주신고, 사업개시신고, 실사, 처분신고 등의 제도를 두고 있다. 사업을 하는 사람에게도 복잡한 절차여서, 투자 목적으로 임대사업을 하려는 사람에게는 이 절차를 이행하는 게 정말 어렵다. 원칙적으로 임대를 목적으로 산업단지 내 지식산업센터의 투자를 금하고 있는 바, 산업단지관리공단에서는 이를 방지하고자 사업개시신고를 바로 받아주지 않는다. 또한 수시 단속을 통해 불법 임대 시 퇴거 명령을 내린다. 산업단지 내에서 임대사업을 하는 경우는 여러 가지 편법이 동원되는 경우가 흔하다. 대부분의 일들이 그렇듯이 불법과 편법이 있는 곳이 수익률은 좋은 편이나 리스크가 크므로 추천하지 않는다. 그러므로 투자 목적으로 지식산업센터를 사려는 사람들은 산업단지 밖을 사는 게 좋다.

만약 임대 목적이 아닌 일반사업 목적으로 산업단지 내 지식산업센터를 구입하는 경우에는 여러 가지 이점이 있다. 일단 저렴하게 조성된 토지이기 때문에 분양가가 저렴한 편이다. 5년 미만의 법인이 과밀억제권역 내의 지식산업센터를 사도 취득세가 중과되지 않는다. 마찬가지로 법인 이전 및 신규 설립 시의 등록면허세도 중과되지 않는다. 정책자금이나 대출 등에서 저렴한 금리 등의 혜택이 있다.

개별입지에서의 임대사업

산업단지 밖, 즉 개별입지에서는 입주자에 대한 업종 제한은 있어도 소유자에 대한 제한이 없으며 임대사업은 합법이다. 입주자는 개인이어도 되고, 법인이어도 된다. 그러나 임차인들이 사업자이므로 임대료에 대해 세금계산서를 발급해줘야 하기 때문에 임대 사업자 등록을 할 수밖에 없다.

개별입지 가운데 판교는 좀 특이하다. 최근 분양 및 임대를 마친 판교 제2테크노밸리는 '공공지식산업센터'란 이름으로 분양을 했는데 5년간 전매가 금지되어 있다. 판교 테크노밸리 1차는 판교 조성 당시 워낙 관심이 뜨거웠기 때문에 해당 지식산업센터를 설립한 경기도시공사에서 분양받은 회사에 10년간 임대를 주는 형식을 취했다. 10년간 임대로 사용한 후 임대보증금을 매매대금으로 전환한 후 부가가치세만 추가로 납부해서 소유권을 가져갈 수 있게 했다. 임대분양권은 중도에 매매가 가능했고, 중도에 샀어도 투자이익을 볼 수 있었다.

아무튼 지식산업센터를 사서 임대사업을 하고자 할 때는 산업단지 밖으로 눈을 돌려야 한다. 그러나 금천구와 구로구에 있다고 다 산업단지 내는 아니다. 금천구 독산동에 있는 현대지식산업센터는

| 씨:리얼 화면 |

산업단지 밖이며, 금천구 가산동에 있는 대성 디폴리스 지식산업센터도 산업단지 밖이다.

산업단지 안도 임대가 절대 불가능한 것은 아니다. 편법이나 불법적인 요소가 들어가기도 하는 만큼, 오히려 수익률이 더 좋다. 그러나 직접 소유자가 몇 달이라도 실제로 사용할 수 없는 경우 권하지 않는다. 단속도 점점 강화되어 가고 있다.

산업단지 밖인지 안인지는 한국토지주택공사에서 만든 '씨:리얼' 스마트폰 앱이나 사이트에서 확인하면 된다. '씨:리얼'에서 주소를 입력한 후 검색한다. '토지이용계획'을 클릭해서 보면 산업단지인 경우 표시가 되어 있다. 임대 목적의 지식산업센터 투자자는 산업단지 표시가 없는 곳을 선택하자.

2
눈여겨봐야 할 택지개발지구

토지가격의 급등과 건설인력의 인건비 상승으로 원가가 높아지면서 지식산업센터의 분양가는 지속적으로 올라갔다. 그럼에도 불구하고 지난 10년간 지식산업센터는 분양만 하면 완판되어 왔다. 지식산업센터의 임대료는 완만하게 상승하거나 제자리걸음 수준이었으나 1~2년 전부터는 임차도 활발해져서 임대료도 상승 추세다. 현재 사무실의 공실률은 2013년 이후 최저라고 한다.

택지개발지구에 지식산업센터가 많이 건립되는 이유

2019년 10월 15일, 국토교통부는 '수도권 30만 호 공급계획'의 일부로 남양주 왕숙·하남 교산·인천 계양·과천의 대규모 택지(100만㎡

이상) 5곳에 대한 공공주택지구 지정을 고시했다. 이외에도 고양 창릉·부천 대장지구 등이 2020년 3기 신도시로 지구 지정이 되었다. 이러한 택지개발지구의 역 주변은 대부분 아파트가 건축되는 공동주택 용지로 시행사와 건설사에 분양한다.

역에서 다소 먼 곳들은 '자족시설용지', '도시지원시설용지'라는 명칭으로 지식산업센터의 신축이 가능한 부지로 판다. 그러므로 이 곳에는 지식산업센터가 많이 공급될 것이다. 이들 지역의 지식산업센터는 조심스럽게 투자를 해야 한다. 공급이 많아지면 임대를 놓는데도 경쟁이 치열하므로 다른 지식산업센터보다 역에서 가깝다든가, 가격이 아주 저렴하다든지, 주변 지식산업센터에는 없는 소형평형 등 장점이나 희소성이 없다면 구입에 신중을 기해야 한다.

다음 이미지는 2019년 말 발표된 '고양 일산테크노밸리 도시개발구역 지정 및 개발계획 수립 고시문' 중 토지이용계획에 관한 내용이다. 지식산업센터의 건립이 가능한 산업시설용지와 도시지원

| '고양 일산테크노밸리 도시개발구역 지정 및 개발계획 수립 고시문' 중 토지이용계획 |

6. 토지이용계획 및 기반시설계획

○ 토지이용계획

구 분		면적(㎡)	구성비(%)	비 고
합 계		850,358	100.0	
산업시설용지	소 계	318,158	37.4	
	첨단제조	86,166	10.1	
	지식기반	213,929	25.2	
	연구	18,063	2.1	
도시지원시설용지		21,033	2.5	
복합지원시설용지		54,383	6.4	
단독주택용지		8,672	1.0	
상업시설용지		8,023	0.9	

시설용지를 합하면 전체 개발구역의 39.9%다. 복합지원시설용지에 지식산업센터의 건축을 허용할지 아직 알 수 없으나 그 6.4%를 더하면 46.3%에 이른다. 850,358㎡(25만 7,233평)의 46.3%라면 대지 평수만으로 11만 9,094평에 이르므로 연면적으로 50만 평이 넘는 지식산업센터의 건축이 가능하다는 계산이 나온다.

산업시설용지와 도시지원시설용지가 모두 지식산업센터로 지어진다는 것은 아니다. 한 개 필지에 한 개 회사의 사옥이나 공장이 들어설 가능성도 높다. 그러나 그 역시 사무실과 같은 근무 시설이 들어서는 것으로 지식산업센터와의 경쟁 시설임에는 틀림이 없다.

택지개발지구 내 지식산업센터는 역에서 먼 곳이 많다

다음 페이지의 '과천지식정보타운 공공주택지구 토지이용계획도'를 살펴보자. 과천지식정보타운 택지개발지구 전체 면적 1,353,090㎡(409,310평) 내에 지식산업센터 부지는 241,341㎡(7만 3,006평)가 지정되었다. 전체 부지의 약 17.8%다. 4호선 정부과천청사역과 인덕원역 사이의 이곳에 과천정보지식타운역(가칭)이 생길 예정인데 오른쪽 상단의 지식5~지식9블록의 지식산업센터들은 역세권에 위치하겠지만 나머지 블록의 경우 역에서 제법 거리가 있으므로 청약 시 주의해야 한다.

최근에는 택지개발지구가 들어서면 지식산업센터도 많이 들어서고 주로 역에서 먼 곳에 지식산업센터 건립 부지를 지정한다는 점

| 과천지식정보타운 공공주택지구 토지이용계획도 |

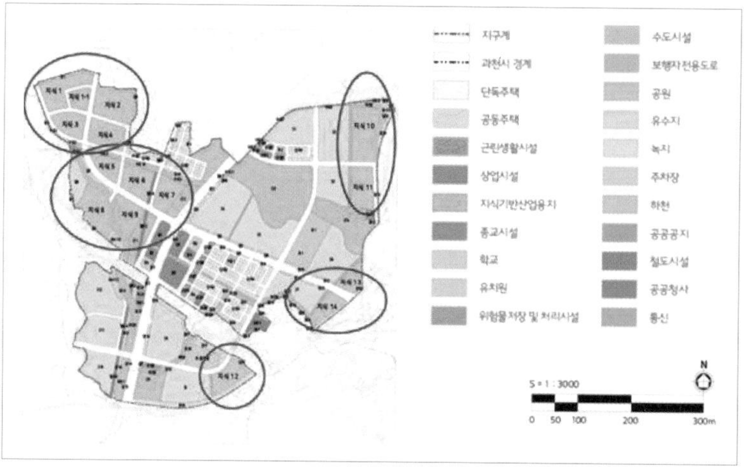

▎원 안이 지식산업센터 건립 부지인데, 택지개발지구 외곽 쪽에 많이 배치돼 있다. 출처: 과천시청

을 염두에 두어야 한다. 과천은 판교처럼 인기가 많은 지역이라, 역에서 멀어도 분양이 100% 되겠지만 투자를 더 잘하고 싶다면 역에서 먼 곳은 고민해봐야 한다.

택지개발지구는 경기권에 많다

급등하는 집값을 잡기 위해 정부는 수도권에 택지개발지구를 지정했다. 그런데 전부 경기권에 위치하고 있어, 경기권의 지식산업센터를 구입할 때는 주의를 요한다. 경기도라도 과천처럼 입지가 좋은 곳은 역에서 멀더라도 분양이 어렵지는 않겠지만, 다른 곳들은 역에서 멀어 공실들을 다 채우기 쉽지 않을 수 있다. 게다가 가격 변화도 서울권이 경기인천권에 비해 월등하게 상승률이 높았다.

2008년 7월부터 5년간 서울의 준공업지들은 토지거래허가제가 시행됐다. 660㎡ 이상의 땅은 허가를 받아야 매수가 가능했는데, 이때 준공업지에 지어진 지식산업센터도 임대 목적의 취득이 불가능했다. 이 토지거래허가제가 해제된 2014년 말부터 서울의 지식산업센터에는 투자자들이 본격적으로 가세하기 시작해 상승률을 부채질했다.

최근 수도권의 분양가와 매매가를 살펴보면 옆 그림과 같다. 성동구 성수동의 포휴지식산업센터 8층은 3,430만 원에 매매가 되었다. 서울숲더스페이스타워는 예상분양가 3,500만 원으로 입주의향서를 받았는데, 순식간에 분양호실의 몇 배의 서류가 접수되었다. 구로동의 구일역 인근의 생각공장도 2,500만 원 내외의 분양가에도 입주의향서는 넘쳤다. 안산시, 인천시, 김포시 등 저렴한 분양가로 분양하였던 곳들도 이제는 500만 원 이상의 분양가를 보이고 있다.

가끔 분양가가 저렴하다는 이유로 매입하려는 분들이 있는데, 분양가가 저렴하다고 상승 가능성이 높은 것은 아니다. 가장 가격대가 높은 강남의 아파트가 지난 몇 년간 다른 지역의 아파트들에 비해 더 높은 상승률을 보여왔던 것처럼 지식산업센터도 분양가가 높은 곳이 앞으로도 더 높은 상승률을 보일 가능성이 높다. 아주 오랫동안 직접 사용할 실수요자라면 어디든 필요한 지역의 지식산업센터를 사도 상관없지만 그렇지 않고 투자 목적이라면 수요와 공급을 살펴보고 분양을 받아야 한다.

| 수도권 지식산업센터 평균 분양가와 매매가 |

(단위: 만 원/평)

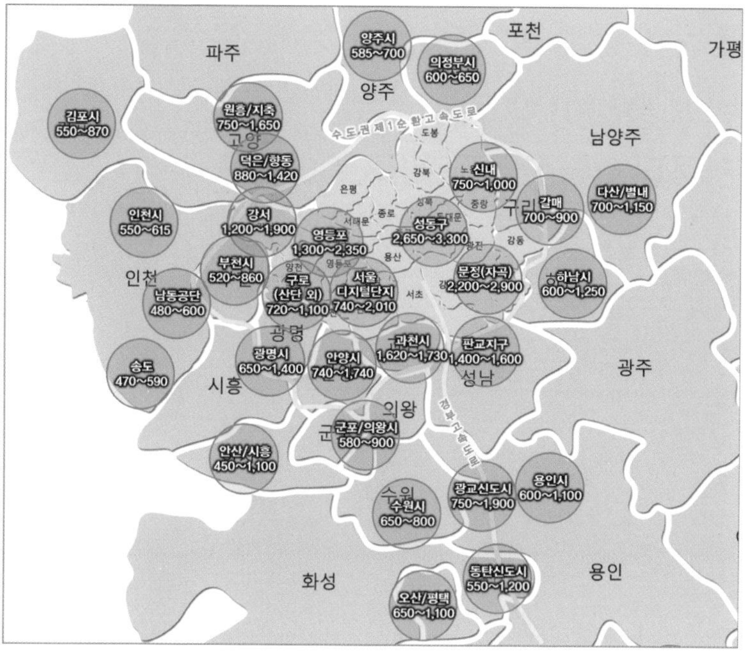

| 2022년 7월 실거래가 기준

그래서 어디를 투자해야 하는가

실수요자라면 땅값이 저렴한 구로구 금천구의 서울디지털산업단지를 추천한다. 원칙적으로 임대사업을 불허하기 때문에 투자자는 곤란하다. 거래처의 고객들이 주로 여의도에 많다면 영등포구 가산 쪽을 알아보고, 주로 강남에 고객이 많다면 성수동 쪽으로 가야 한다. 집이 분당이라면 판교나 성남 쪽을 보는 것도 좋다. 투자자는 산업단지가 아니라 개별입지 쪽을 보기 바란다. 그리고 역세권이나 역이 개설될 곳을 중점적으로 보면 좋다.

3

입주 물량이 풍부한 서울디지털산업단지(구로, 가산)

구로구, 금천구 쪽은 2015년부터 공급 물량이 증가했다. 2019년 한 해에는 공급된 물량이 건축 연면적 기준 약 20만 평에 달하기도 했다. 게다가 한국산업단지공단이 임대 사업자에 대한 단속 및 규제를 강화하면서 분양, 전매, 매매, 임대 등 지식산업센터의 모든 거래에 있어서 부진이 뚜렷해졌다. 그러나 분양률과 분양가는 지속적으로 상승하여 2021년도에는 평당 1,600만 원의 분양가로 공급될 예정인 현장도 있다.

2021년 5월 현재 실거래 최고가는 가산SKV1센터 평당 1,300만 원이며, 최고 분양가는 한성컴퓨터 부지에 지어지는 가산 벤처타워로 평당 1,450만 원에 달했다.

| 구로구 금천구 위치도 |

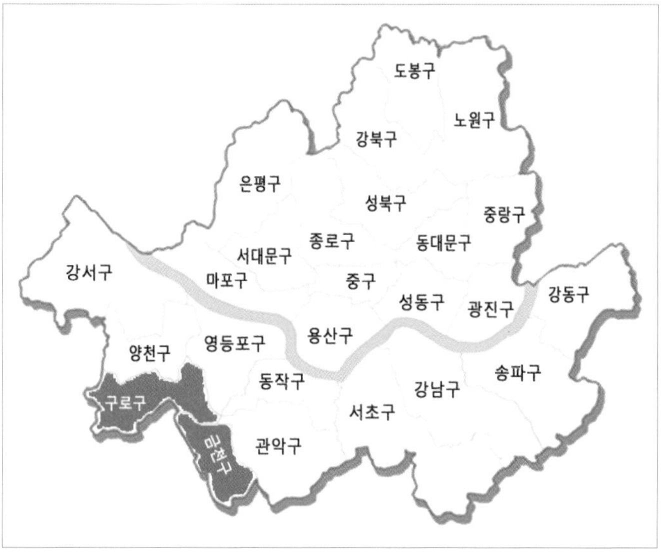

누구나 전국 지식산업센터 현황 자료를 볼 수 있다

2019년까지만 해도 지식산업센터의 자료를 얻기 위해서는 한국산업단지공단에 매번 사유를 밝혀 정보공개청구를 해야 했다. 매우 번거로웠었는데, 지금은 온라인 사이트에서 상시 확인할 수 있다. '팩토리온' 사이트에서 '고객지원'을 클릭한 후 '공장설립 자료실' 메뉴를 클릭해 검색창에 '지식산업센터'를 넣고 검색하면 볼 수 있다. 단 로그인을 먼저 해야 하고 구분은 '전체'로 해야 한다.

여기에서 제공된 자료를 토대로 구로구, 금천구의 2022년 5월 말의 지식산업센터 현황을 살펴보면, 다음 표와 같이 총 185개소가 있다. 그러나 구로구, 금천구라고 해서 모든 지식산업센터가 산업단

| 팩토리온에서 '전국 지식산업센터 현황통계' 자료 찾기 |

| 구로구·금천구의 지식산업센터 현황 |

지자체	산업단지	개별입지	총 합계
구로구	43	9	52
금천구	113	20	133
총 합계	156	29	185

| 2022년 5월 기준

지에 입지해 있는 것은 아니다. 대다수는 국가산업단지인 서울디지털국가산업단지에 위치해 있지만 구로구의 6개소, 금천구의 20개소는 개별입지해 있다. 파일 내용상으로는 '승인' 단계로 나와 있지만 완공되어 입주한 지 몇 년이 지난 것들은 '등록'으로 보정해 분류했다. 금천구의 '대성디큐브폴리스', 코카콜라 부지에 건립된 '현대지식산업센터', 구로구의 '파트너스타워2차' 등이 개별입지해 있는

| 산업단지와 개별입지에 따른 차이점 |

구분	산업단지	개별입지
입주가능 업종	관리기본계획에 의함	분양공고를 통해 확인
제조업을 할 경우	반드시 공장등록 필요	공장등록이 반드시 필요치 않음
관리기관	별도의 관리기관	시·군·구와 같은 지자체
5년 미만 법인 취득세	취득세 중과 배제	3배 중과
건물 연면적 대비 지원시설 가능 면적	30%	수도권 30%, 지방 50%

지식산업센터다.

입지가 왜 중요하냐면 똑같은 지식산업센터라도 산업단지 안이냐 밖이냐에 따라 규제 사항이 달라지기 때문이다. 산업단지는 크게 4종류가 있다. 국가산업단지, 일반산업단지, 도시첨단산업단지, 농공단지가 있다. 2022년 1분기 기준으로, 국가산업단지는 전국에 47개가 있는데, 서울에는 구로구와 금천구에 걸쳐 '서울디지털국가산업단지'가 있다. 일반산업단지는 전국에 701개가 있는데, 서울에는 구로구 온수동에 '온수일반산업단지'가 있다.

산업단지 내는 임대 목적으로 구입할 수도 없고, 구입해서 바로 임대를 줄 수도 없다. 매도 시에도 공장 등록이 되어 있지 않으면 처분신청 절차를 거쳐야 한다. 그에 비해 산업단지 밖 지식산업센터는 일반적인 부동산의 임대 및 매도와 유사하다.

| 산업단지 임대차 절차 |

절차	비고
입주계약 신청	www.femis.go.kr에서 신청서 작성, 사업계획서 제출
↓ 입주 심사	입주자격 및 업종 검토
↓ 입주계약 체결	신청일 5일 이내
↓ 공장설립 등의 완료신고서 / 사업개시신고서 제출	www.femis.go.kr에서 기계·장치설치일로부터 2개월 내에
↓ 현지 확인 심사	입주계약사항과 일치 여부 확인
↓ 공장등록	신청일로부터 3일 이내 처리
↓ 입주계약 변경 신고 / 임대 신고	검토·승인 처리 기간 5일
↓ 임차자의 입주계약 신청	

산업단지 내 지식산업센터의 임대 절차

산업단지 밖, 즉 개별입지의 지식산업센터는 일반 사무실이나 아파트를 임대할 때와 똑같이 계약서를 작성하고 보증금을 주고받는 것으로 끝이다. 그러나 산업단지 내 지식산업센터를 임대하고자 할 때는 소유주는 먼저 한국산업단지공단과 입주계약을 체결하고 공장등록을 완료해야 한다. 여기까지의 절차도 쉽지 않다. 사업자등록을 해야 하고 업체 현황, 생산제품, 공장현황, 투자금액 등을 명시한 사업계획서를 꼼꼼히 작성해서 제출해야 한다. 대개 한 번에 통과가 안 되고 여러 차례 보완하기 일쑤다. 사업시설을 갖추고 실사도 받아야 한다.

이렇게 해서 공장등록을 했다고 해도 끝이 아니다. 여기까지는 소유주의 입주 절차이고, 임대사업을 하기 위해서는 입주 변경 계약 신고절차를 거쳐야 한다. 산업단지공단에 직접 사용하다가 어쩔 수 없이 임대를 놔야 하는 상황을 설명해야 하는데 보통 '경영 악화로 더 이상 사업을 할 수 없다'는 이유를 댄다. 그러면 그동안 사업을 하려 했다는 것을 증명하기 위해 매출증빙서류, 급여 지출 명세서, 원자재 구입 명세서 등을 제출하라고 한다.

요즘은 임대사업을 하는 사람이 워낙 많다 보니 입주계약 변경신청을 해도 바로 받아주지 않고 사업을 1년간 한 뒤에나 받아준다. 이러한 절차들이 귀찮고 번거롭다고 임대신고를 하지 않고 임대사업을 하면 3년 이하의 징역 또는 1,500만 원 이하 벌금에 처해질 수 있다. 직접 사용할 사람에게도 번거로운 절차라서 임대업을 할 사람이 각종 서류를 구비해서 하는 것은 어렵다. 게다가 최근 단속 및 벌금이 점점 더 강화되고 있다. 그러므로 결론적으로 산업단지 안에서는 임대 목적으로 지식산업센터를 구하지 않는 것이 낫다.

4
서울 지역 지식산업센터 시장 동향

성수동 지식산업센터 시장 동향

강남과의 연계성이 좋아 지식산업센터 중에 단연코 가장 인기가 많은 성수동 지역은 20022년 하반기 총 66개가 입주를 완료한 상태며, '성수CF타워', '코리아IT타워' 2개만 공사 중인 분양권 상태다. 2022년 하반기 서울 지역은 신규 상품에 대한 꾸준한 대기 수요가 있어 분양은 아주 잘되고 있지만 준공 예정 상품에 대한 분양권 프리미엄은 보합세이거나 또는 소폭 하락세이다. 지역별 공급 현황을 살펴보자.

성수동은 2022년 7월 말 성수동1가 22-6번지외 2필지의 '서울숲 더스페이스'의 입주의향서를 접수가 완료되었다. 계약은 9월 이후로 예상되고 있다. 토지면적은 923평 정도로 서울숲역, 뚝섬역에서

▎성수동 서울숲 더스페이스 조감도

각각 200m 거리에 있다.

성수역 2분 거리의 성수동2가 273-55번지에도 지식산업센터가 신축될 예정이다. 토지면적 349평으로 작지만 지상 15층, 지하 6층 규모로 2022년 8월 굴토 심의까지 마친 상태다. 성수동2가 279번지 삼원지식산업센터(가칭)도 2023년 초 분양을 목표로 준비 중에 있다. 2022년 8월 현재 입주의향서를 받고 있는데, IT, BT, R&D 업종에 주어지는 용적률 인센티브를 시행사가 받았던 관계로 해당 업종 사업자만 가능하다.

매매시세 최고가는 2022년 6월 초 서울숲역 바로 앞 '서울숲포휴' 8층이 분양 평당 3,430만 원에 거래되었다. 모퉁이 호실은 아니었다. 입주 가능한 호실의 매매 물건은 거의 없고, 임차자가 있어 입

| 성수동 지식산업센터 위치도 |

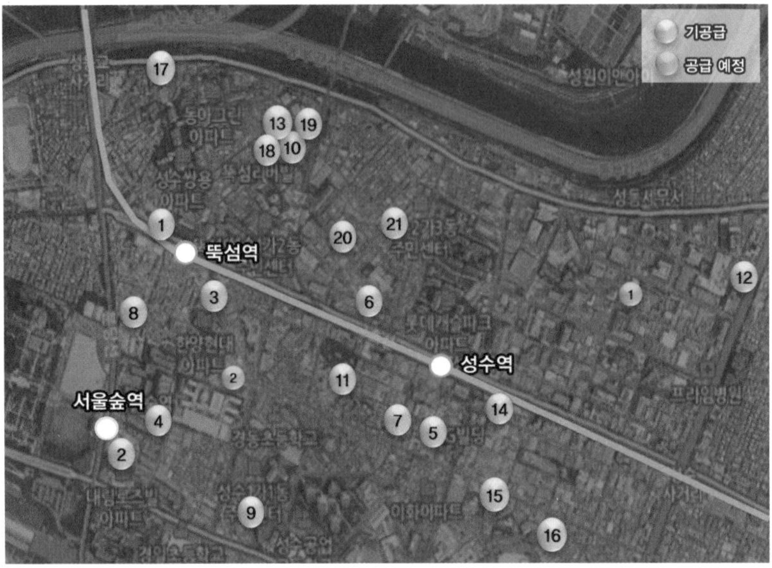

| 성수동 지식산업센터 공급 현황 |

(단위: 만 원/평)

	현장명	연면적	분양 시기	입주 시기	분양가 (매매최고가)	임대료/ 분양률
1	서울숲 L타워	6,875	14.01	16.02	930(2,900)	6.0
2	서울숲 포휴	13,740	14.04	16.05	936(3,320)	6.5
3	서울숲 A타워	10,526	15.03	17.05	965(2,900)	6.5
4	서울숲 M타워	7,425	16.01	17.12	958(2,900)	6.0
5	성수역 SK V1타워	13,257	16.04	18.05	1,025(2,800)	6.5
6	하우스디세종타워	10,909	16.04	18.05	1,010(2,700)	6.0
7	현대 테라스타워	13,774	16.07	19.03	989(3,383)	6.5
8	서울숲 비즈포레	5,332	16.08	18.12	1,020(3,000)	6.0
9	서울숲 ITCT	7,913	16.12	19.01	1,079(2,800)	5.5
10	서울숲 AK 밸리	7,724	17.09	19.10	1,100(2,800)	5.5
11	블루스톤타워	6,044	17.09	19.08	1,160(2,800)	6.0

12	성수 SK V1 센터	18,556	17.12	20.06	1,255(2,800)	6.0
	생각공장 성수	19,285	17.12	20.06	1,227(3,300)	6.0
13	서울숲 동진 IT 타워	4,611	18.09	20.09	1,280(2,700)	5.5
14	성수동 THE LIV 타워(세종 2차)	9,102	18.10	20.11	1,420(2,800)	6.0
15	성수AK밸리(AK밸리 2차)	6,722	19.01	21.01	1,380(2,825)	6.0
16	성수 에이원센터	4,607	19.02	20.11	1,290(2,600)	5.5
17	더 스페이스 타워	5,290	19.03	20.10	1,350(2,800)	5.0
18	서울숲 에이원센터(2차)	11,005	19.07	21.11	1,445(2,800)	5.5
19	선명스퀘어	7,594	20.01	22.03	1,440(2,800)	6.0
20	CF 타워	2,630	21.06	23.04	2,200(P450)	100%
21	코리아 IT 센터	5,155	21.12	23.09	2,470(P350)	100%
21개 지식산업센터		약 20만 평				

❙ 2022년 8월 기준, 임대료는 분양평당 가격으로 전용은 '×2' 하면 된다.

| 성수동 공급 예정 지식산업센터 현황 |

(단위: 만 원)

현장명		대지면적(평)	예상 분양 시기	사전 영업 가격	비고
1	성수동2가 279	약 980	미정	3,200	임주의향서 접수 중
2	성수동1가 22-6	약 550	미정	3,400	임주의향서 접수 완료

❙ 2022년 8월 기준

주 불가능한 호실만 매매로 나와있다. 임차자가 있는 호실은 RTI 때문에 대출도 많이 나오지 않고 있기 때문이다. 임대 시세는 신축 기준 일반호실이 평당 6.5만 원, 모퉁이 호실이 평당 7만 원 정도다.

성수동 지역은 기업체들의 사옥 부지나 오피스를 지어 임대할 곳으로도 인기가 많아 분양 수익이 생기지 않을 정도로 높은 가격의 토지가 매물로 나와도 팔리고 있어서 지식산업센터의 분양 물건은 점점 희소해질 전망이다.

문정동 지식산업센터 시장 동향

문정동의 지식산업센터는 택지개발지구 위에 들어선 것이다. 택지가 경기도권에 비해 크지 않아서 문정동 지식산업센터는 비교적 역 주변에 지어져 있다. 오래전에 문정동 지식산업센터의 전망을 사람들이 물었을 때 "처음엔 2~3년간은 투자자들이 고생하지만, 입지들이 나쁘지 않기 때문에 시간이 지날수록 좋아질 것이다"라고

| 문정동 지식산업센터 위치도 |

| 2022년 7월 기준

| 문정동 지식산업센터 공급 현황 |

(단위: 만 원)

현장명		연면적(평)	분양 시기	입주 시기	분양가(최고매매가)	평균 임대료
1	현대지식산업센터(6BL)	49,916	13.11	16.02	890(2,700)	5.0
2	엠스테이트(2BL)	47,855	13.12	16.10	930(2,900)	6.0
3	유탑테크밸리(3-12BL)	4,336	14.01	16.01	850(2,500)	5.0
4	대명밸리온(4-3BL)	17,645	14.03	16.04	876(2,700)	5.5
5	테라타워(3-1BL)	52,256	14.06	16.10	898(2,900)	5.8
6	테라타워2(1-1BL)	43,391	14.12	16.10	909(2,850)	5.5
7	H 비지니스파크(7BL)	49,662	14.12	17.04	870(2,600)	5.0
8	아르페온 1차(5-1BL)	2,693	15.02	16.03	790(2,200)	-
9	GL 메트로시티(1-2BL)	45,445	15.10	17.11	920(2,850)	5.5
10	문정역 2차 SK V1	9,350	21.11	24.03	2,750(P~180)	-
10개 지식산업센터		322,549평				

| 2022년 7월 기준

대답했는데, 말 그대로 되었다.

이곳의 지식산업센터들은 2014~2016년에 걸쳐 평당 880만~930만 원 수준의 분양가로 공급되었고 모든 지식산업센터들이 입주까지 완료된 지금은 매매가는 평균 평당 약 2,700만 원 정도에 이른다. 최고가는 2,900만 원에 거래되었다.

문정동 지식산업센터는 성수동과는 달리 택지개발이 완료되어 더 지어질만한 자리가 없다. 강남구 바로 옆인 송파구에 위치해 있어서 강남의 수요자들이 관심을 두는 곳이지만, 가까운 듯 다소 멀다. 선릉역에서 문정역까지 지하철로 거의 30분이 소요된다. 언급한 대로 분양 물건은 없고, 매매, 임대 물건이 많은 편이고 시세는

| 자곡동 지식산업센터 위치도 |

| 자곡동 지식산업센터 공급 현황 |

(단위: 만 원)

현장명		연면적 (평)	분양 시기	입주 예정	분양가 (매매가)	분양률/ 임대료
1	자곡동 에이스타워 (강남구 자곡동 649)	10,741	16.04	17.09	700(2,400)	5.0
2	자곡동 엑슬루프라임 (강남구 자곡동 650)	13,041	20.09	22.12	2,170(P500)	100%

| 2022년 7월 기준

보합세다.

영등포 지식산업센터 현황

영등포에는 2022 년 상반기에도 다수의 신규 공급 물량이 있었다. 4월에 양평동2가 '영등포C타워(평당 2200만 원)'가 있었고, 인근에 '영등포 디스테이트'가 분양(평당 2300만 원)을 완료했다. 양평동1가에서는 'BH 메타플렉스 양평'의 분양이 있었다 (분양가 평당 2,350만 원).

2022년 하반기 당산역 바로 옆 이화산업부지에도 지식산업센터의 분야이 있을 예정인데, 위치도 좋고 연면적도 3만 2000평 이상

| 영등포 지식산업센터 위치도 |

| 2022년 7월 기준

| 영등포 지식산업센터 공급 현황 |

(단위: 만 원/평)

	현장명	연면적(평)	분양 시기	입주 시기	분양가(매매가)	임대료/분양률
1	에이스 하이테크시티 1차	59,485	05.07	07.04	570(1,600)	4.3~4.7
2	금강펜테리움	5,081	08.02	09.12	730(2,100)	5.0~6.0
3	선유도코오롱	12,215	10.10	12.04	700(1,800)	4.2~4.5
4	KNK 디지털타워	21,155	10.11	13.01	690(1,950)	4.0~4.5
5	동아프라임밸리	8,790	10.04	11.11	650(1,300)	3.4~3.8

6	선유도 IS 1차	12,143	11.05	13.03	720(2,150)	4.5~4.8
7	에이스 하이테크시티 2차	19,099	12.08	14.10	640(1,400)	3.5~4.0
8	당산 SK V1센터	30,192	12.10	15.03	760(2,350)	5.0~6.0
9	선유도 IS 2차	13,137	13.02	14.12	699(1,900)	4.0~4.5
10	트리플렉스	6,559	15.10	17.10	781(1,800)	4.5~4.7
11	세종앤까뮤스퀘어	7,252	17.05	19.05	870(1,600)	3.8~4.1
12	에이스 하이테크시티 3차	12,242	17.08	19.09	914(2,000)	4.4~5.0
13	문래 SK V1센터	18,285	17.07	19.09	805(1,800)	3.5~4.5
14	투웨니퍼스트밸리	8,542	18.10	20.10	1,320(1,900)	5.0~5.5
15	리드원	10,824	19.10	21.11	1,380(2,000)	5.0~6.0
16	생각공장 당산	30,249	20.05	22.10(예정)	1,560(p)~550	100%
17	에이스 NS타워	10,335	21.03	23.07(예정)	1,600(P)~200	100%
18	자이 비즈타워	3,389	21.03	23.02(예정)	1,450(P)~250	100%
19	KLK 유원시티	4,327	21.03	22.09(예정)	1,650(P)~200	100%
20	반도아이비밸리	11,758	21.05	23년 예상	1,930(P)~200	100%
21	하이퍼타워	4,019	21.12	24년 예상	1,940(P)~100	100%
22	C타워	5,201	22.03	24년 예상	2,200(P)~50	100%
23	BH메타플렉스	5,243	22.06	24년 예상	2,350	공장 100%
24	디스테이트	6,791	22.06.30	24년 예상	2,300	100%
24개 지식산업센터		326,313평				

❙ 2022년 7월 기준

❙ 영등포 분양 예정 지식산업센터 현황 ❙

(단위: 만 원)

현장명		연면적(평)	예상 분양 시기	사전 영업 가격
1	이화산업 (당산동5가 9-9)	약 33,000	22년 하반기	3,000~3,200

❙ 2022년 7월 기준

가능한 대어급이라, 많은 관심을 받고 있다. 분양가는 평당 3,000만~3,200만 원으로 예정되어 있다. 신축 지식산업센터의 매매는 평당 1,800만~2,300만 원으로 형성되어 있고 임대시세는 평당 4.0만~5.5만 원이다. 매매 최고가는 2,350만 원으로 보인다.

| G밸리 2, 3단지 지식산업센터 위치도 |

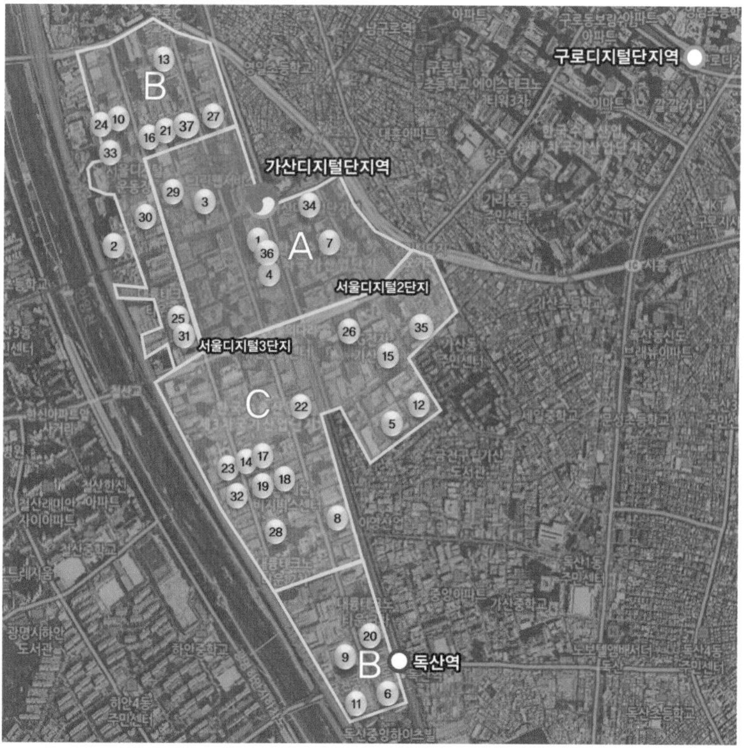

| 2022년 7월 기준

| G밸리 2, 3단지 지식산업센터 공급 현황 |

(단위: 만 원/평)

현장명		연면적 (평)	분양 시기	입주 시기	분양가(매매가)	임대료/ 분양률
1	우림라이온스밸리 1차	57,719	02.07	04.12	390(1,900)	3.6~3.8
2	대성디폴리스	48,178	10.05	12.09	605(1,250)	2.9~3.6
3	가산 SK V1, W Center	41,197	15.12	18.04	760(2,000)	3.6~3.8
4	더스카이밸리 1차	10,205	16.08	18.05	806(1,200)	3.7~4.6
5	에이스 하이엔드타워 클래식	23,225	16.11	18.12	691(1,400)	3.3
6	더스카이밸리 2차	9,066	17.03	18.12	797(1,100)	2.9~3.4
7	삼성 IT 헤링턴타워	10,015	17.06	19.09	815(1,000)	3.5~4.2
8	에이스 한솔타워	15,543	17.07	19.11	632(720)	2.9~3.2
9	대륭테크노타운 20차	25,511	17.08	19.12	740(1,150)	2.7~2.9
10	에이스 비즈포레	7,577	17.08	19.08	825(1,140)	4.5
11	대륭테크노타운 21차	8,309	17.08	19.12	740(950)	2.6~3.5
12	가산 테라타워	26,087	17.12	20.02	799(1,000)	2.8~3.6
13	에이스 가산포휴	26,458	18.04	20.12	784(850)	4.3~4.6
14	에이스 태세라타워	7,486	18.05	20.05	697(800)	2.7~3.3
15	더리즌밸리	25,139	18.07	20.09	820(920)	2.4~3.0
16	에이스 K1타워	7,634	18.07	20.08	820(1,200)	3.2~3.7
17	가산 IS 비즈타워	8,501	18.12	21.03	750(900)	2.6~3.3
18	하우스디 와이즈타워	9,464	19.01	20.11	786(800)	2.4~2.5
19	더리브스마트타워	10,487	19.09	21.09	820(830)	2.5~3.0
20	SKV1 센터 2차 가산 AP 타워	20,159	19.05	21.08	860(1,000)	2.8~3.1
21	가산 A1 타워(아이레보)	10,568	19.05	21.07	870(1,300)	3.5~3.7
22	가산 골드타워(코웨이)	11,003	19.05	21.09	820(870)	2.7~3.0
23	한화비즈메트로 2차	19,183	19.08	22.04	897(p~50)	2.7~3.2
24	가산 하우스디퍼스타	8,038	19.10	21.12	900(1,000)	2.9~3.5
25	한라원앤원타워(세계물류)	22,635	19.11	22.07	986(P~100)	100%
26	가산 현대 퍼블릭	78,415	19.12	23.08 예정	1,100(p~150)	100%

27	가산 반도아이비밸리	12,348	20.09	23.상반기	1,000(p~150)	100%
28	YPP 아르센타워	12,446	20.11	23.04.예정	830	100%
29	현대 테라타워 가산 DK	26,078	20.12	23.예정	1,210(p~150)	100%
30	가산 어반워크(양지사)	46,380	20.12	23.예정	1,300(p~200)	100%
31	가산 KM타워	8,649	21.02	22.예정	900(p~100)	100%
32	가산 YS타워	4,494	21.02	23.01.예정	870 (p~80)	100%
33	가산 모비우스타워 셀립	13,166	21.03	23.04.예정	1,029 (p~70)	100%
34	가산 KS타워	11,993	21.04	23.하반기	1,400 (p~150)	100%
35	아스크타워	23,225	21.11	23.하반기	1,460	100%
36	대륭테크노타운 22차	8,375	21.07	22.12.예정	1,670 (p~100)	100%
37	SH 드림타워	9,228	22.04	24년 예상	1,750	100%

2022년 7월 기준

G밸리 지식산업센터 현황

2022년 하반기 분양 예정 물건으로는 3곳이 가시권에 들어와 있다. G밸리2단지 '비젼파크'는 연면적 약 1.9만 평으로 7월에 공급될 것으로 예상되어 있다. 분양 예상가는 평당 1,800만 원이다. 3단지의 '태림타워'는 연면적 약 8,000평 규모이다. 분양가는 평당 2,000만 원 이상으로 예상되고 있다.

10월경 공급 예정인 '가산U1센터'는 연면적 약 1.7만 평 규모로 예상 분양가는 평당 3,000만 원으로 예상되고 있다. 기축의 매매가나 임대가는 보합세다. 입주 지정기간이 끝난 가산동의 '한화비즈메트로2차'는 입주가 거의 다 되어가고 있고(입주율 90% 이상), '한라원앤원타워'가 9월 20일까지 입주지정 기간으로 있다. 매매의 최고가는 평당 2,010만 원, 최저가는 740만 원으로 알려져 있다.

| G밸리 2, 3단지 공급 예정인 지식산업센터 위치도 |

| 2022년 7월 기준

| G밸리 2, 3단지 공급 예정인 지식산업센터 현황 |

(단위: 만 원/평)

현장명		연면적(평)	예상 분양 시기	사전 영업 가격	입주의향서 &청약률
1	태림M타워 (태림모피 부지)	약 8,000	22년 예정	2,000	사전영업 진행 중
2	S&T부지	약 17,000	22.06. 청약 예상	3,000	청약률 40% 추정
3	비젼파크 부지 (가산동 219-8)	약 19,000	22.07. 예상	1,800	사전영업 진행 중
	당초 일부 분양 → 전체 분양 계획 / 공급 용도: 근생, 공장, 기숙사				

| 2022년 7월 기준

| G밸리 1단지 지식산업센터 위치도 |

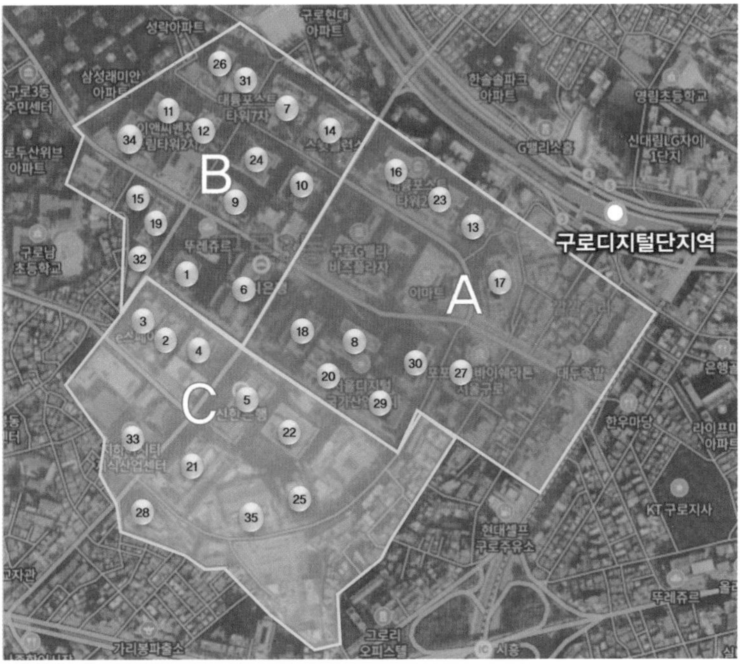

| 2022년 7월 기준

| G밸리 1단지 지식산업센터 공급 현황 |

(단위: 만 원/평)

현장명		연면적(평)	분양 시기	입주 시기	분양가 (매매가)	임대가
1	에이스테크노타워 3차	11,519	1999.08	2001.10	760(1,098)	3.5
2	벽산디지털밸리 1차	10,322	2000.09	2002.04	820(1,150)	3.3
3	e스페이스	11,530	2000.12	2003.03	750	3.3
4	벽산디지털밸리 3차	11,671	2001.04	2004.06	800(1,200)	3.1~3.3
5	한신 IT 타워	24,775	2001.04	2003.05	850(1,400)	3.7
6	에이스트윈타워	25,039	2001.08	2003.08	1,030(1,100)	3.9
7	우림이비즈센터 1차	18,190	2001.12	2003.02	900(1,400)	3.8
8	코오롱디지털타워빌란트 1차	17,279	2002.07	2004.06	1,100(1,200)	3.8

9	에이스테크노타워 5차	12,227	2002.09	2002.11	860(1,200)	3.3~3.5
10	에이스테크노타워 8차	12,812	2003.02	2004.08	1,300(1,400)	3.7
11	이앤씨벤처드림타워 2차	14,344	2003.05	2004.10	820(1,100)	3.2
12	이앤씨벤처드림타워 3차	9,775	2003.05	2004.10	840	3.7
13	코오롱사이언스밸리 1차	12,148	2003.07	2005.06	1,300(1,450)	4.0
14	우림이비즈센터 2차	16,526	2003.11	2005.04	1,110(1,400)	3.5
15	이앤씨벤처드림타워 5차	6,040	2003.11	2005.05	920(1,400)	3.1~3.6
16	대륭포스트타워 2차	23,418	2003.11	2005.10	(1,650)	4.0
17	코오롱사이언스밸리 2차	28,263	2003.11	2005.12	(2,000)	4.1
18	대륭포스트타워 1차	28,285	2003.12	2005.11	950(1,500)	4.0
19	이앤씨드림타워 6차	9,979	2004.10	2005.10	900	3.7
20	코오롱디지털타워빌란트 2차	12,010	2004.10	2006.12	1,150(1,500)	3.8
21	에이스하이엔드타워 1차	22,476	2004.11	2005.10	920(1,000)	3.3
22	마리오타워	22,421	2004.11	2005.10	910(1,400)	3.5
23	대륭포스트타워 3차	15,440	2005.06	2007.07	(1,700)	3.8
24	삼성 IT 밸리	14,105	2005.07	2007.03	960(1,300)	3.6
25	에이스하이앤드타워 2차	13,015	2006.04	2008.03	(1,200)	3.3
26	벽산디지털밸리 7차	7,695	2007.10	2009.06	(1,500)	3.2~3.5
27	파트너스타워 2차	5,645	2008.08	2009.12	1,160(1,400)	3.8
28	구로한화비즈메트로 1차	16,291	2009.02	2011.01	850(1,100)	3.3
29	JNK 디지털타워	17,213	2010.02	2012.02	1,190(1,300)	3.8~4.0
30	지플러스코오롱디지털타워	14,207	2011.06	2013.06	1,300(1,500)	3.8
31	대륭포스트타워 7차	15,000	2012.04	2012.12	1,270 (1,500)	3.5
32	오닉스 지식산업센터	2,529	2017.06	2018.12	1,290(1,400)	4.3
33	지하이시티	14,530	2018.04	2018.09	930(1,400)	3.7
34	아티스포럼	19,083	2021.06	2023.하반기	1,650 (P~150)	–
35	대륭포스트타워 8차	30,101	2021.11	–	1,940(P~70)	–
	35개 지식산업센터	545,903평				

| 2022년 7월 기준

| 구로/금천 산단 외 지식산업센터 위치도 |

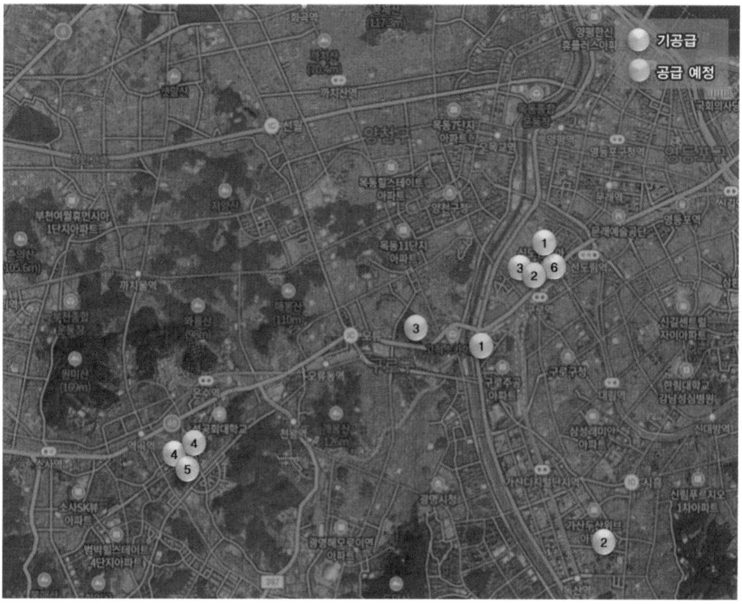

▎2022년 7월 기준

| 구로/금천 산단 외 지식산업센터 공급 현황 |

(단위: 만 원/평)

현장명		연면적 (평)	분양 시기	입주 시기	분양가 (매매가)	임대가
1	STX-W 타워	16,055	09.11	11.11	690(900)	2.7~3.0
2	독산동 현대지식산업센터	53,017	11.01	14.03	665(1,100)	2.7~3.0
3	구로 대명밸리온	11,570	16.07	18.07	747(990)	2.8~3.0
4	구로 SK V1 센터	16,366	19.05	21.05	718(850)	2.5~2.8
5	구로항동 에이스캠프	26,328	20.04	22.01	766(860)	2.8~3.3
6	구로 미래에코타워	6,081	20.01	22.01	850(900)	3.4

▎2022년 7월 기준

| 구로/금천 산단 외 공급 예정인 지식산업센터 현황 |

(단위: 만 원/평)

현장명		연면적(평)	예상 분양 시기	사전 영업 가격	비고
1	생각공장 구로 (구로동 636-89)	약 40,000	22.07	2,350	
2	한영 IT 타워 (구로동 609-9 외 3 필지)	약 5,200	미정	1,600 이상	
3	하이큐브 구로	약 8,400	22.10	2,600	
4	항동 업무시설1	대지면적	미정		낙찰가 4,466 만 원 /평

| 2022년 7월 기준

강서구 지식산업센터 현황

초창기 인근 마곡 택지개발지구 내의 오피스텔과 섹션오피스로 인해 가격 상승률이 높지 않았으나 지식산업센터 나름의 매력으로 가격을 계속 올려왔다. 2024년 초 준공 예정인 마곡R&D센터가 공사 진행 중이고 2022년 11월에는 D18B에 착공 예정이며 2023년에는 D13에 예정인 지식산업센터가 있다.

2023년 상반기에는 CJ 공장 부지에 '스타필드 빌리지', 지식산업센터, 오피스 구성 예정인 지식산업센터를 착공할 예상이다. 기축의 매매나 임대 가격은 보합세이며, 준공 예정 지식산업센터의 분양권의 프리미엄은 가격이 소폭 하락했다. '한강G트리타워'의 공식 입주기간이 7월 19일까지 마감되었고 공실이 있으나 몇 개월 내로 입주가 완료될 것으로 보인다.

| 강서구 지식산업센터 위치도 |

| 2022년 7월 기준

| 강서구 지식산업센터 공급 현황 |

(단위: 만 원/평)

	현장명	연면적 (평)	분양 시기	입주 시기	분양가 (매매가)	분양률/ 임대료
1	우림블루나인	40,867	06.08	08.11	540(1,400)	3.7
2	한화비즈메트로 1	13,821	10.03	12.02	663(1,200)	3.8
3	한화비즈메트로 2	8,762	10.03	12.02	655(1,200)	3.8
4	강서 IT 밸리	7,177	10.04	12.03	656(1,200)	4.0
5	강서 한강자이타워	30,143	12.02	13.03	670(1,700)	4.3
6	아벨테크노	9,049	16.10	18.11	815(1,600)	4.0
7	골드퍼스트	10,846	17.12	19.10	950(1,400)	4.0

8	강서 더 스카이밸리 5차	13,677	19.03	21.06	1,400(1,850)	4.2
9	강서 데시앙플렉스	14,139	19.09	21.12	1,350(1,600)	4.2
10	G 트리타워	3,732	20.05	22.05	1,420(1,530)	4.4
11	더리브 아너비즈타워	9,794	21.04	22.하반기	1,640(P~100)	100%
12	마스터밸류 에이스	8,972	21.06	23.하반기	1,778(P~100)	100%
13	놀라움 마곡	9,290	21.07	24.01	1,640(P~100)	100%
13개 지식산업센터		180,000평				

| 2022년 7월 기준

| 강서구 공급 예정인 지식산업센터 현황 |

현장명		대지 면적(평)	예상 분양 시기	사전 영업 가격	비고
1	마곡 R&D 센터-D38	1,779	미정 (착공률 70% 이상 분양 공고 가능)		핍스웨이브개발
2	마곡 R&D 센터 - D18A	3,051			HDC 현대산업개발
3	마곡 R&D 센터 - D18B	3,532			계룡건설
4	마곡 R&D 센터 - D13 (마곡동 779-1번지)	4,500			우미건설
5	CJ 제일제당 부지	3.4만 평	23년 상반기		현대건설

| 2022년 7월 기준

5
경기 지역 지식산업센터 시장 동향

고양시 지식산업센터 현황

2022년 9월 덕은 6, 7블록에 연면적 약 4.8만 평 규모의 지식산업센터가 분양될 예정이다. 분양가는 평당 1,600만 원으로 예상하고 있다.

거의 같은 시기에 향동 1블록에서는 어반워크 지식산업센터를 분양할 예정이다. 연면적 약 3.3만 평 규모로 분양가는 평당 1,600만 원으로 예상되고 있다. 기축의 매매나 임대는 보합세이며 향동에 준공 예정인 지식산업센터의 프리미엄은 평당 10만~20만 원 소폭 하락했다.

| 고양시 지식산업센터 위치도 |

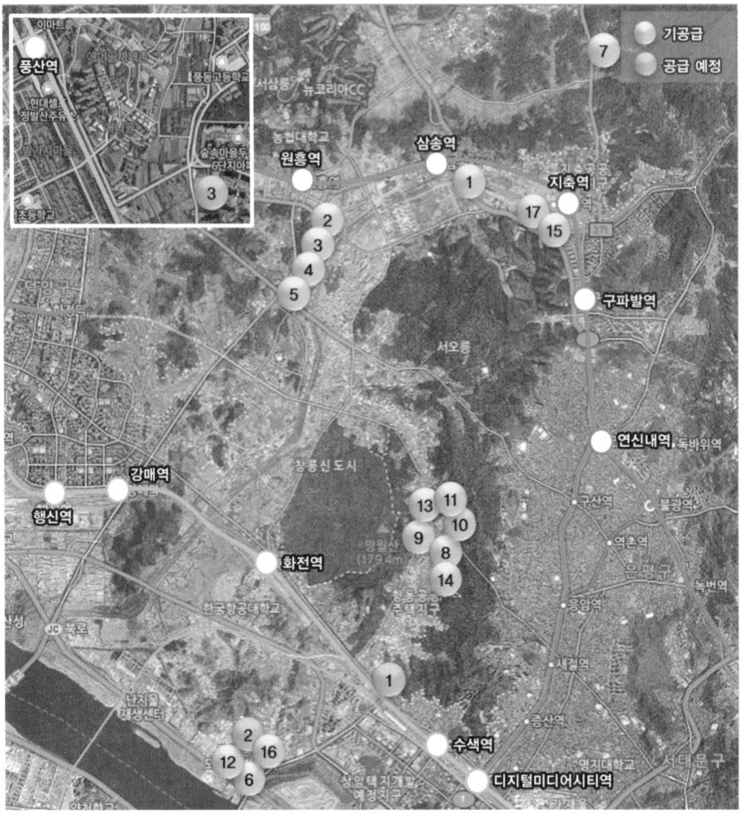

| 2022년 7월 기준

| 고양시 지식산업센터 공급 현황 |

(단위: 만 원/평)

현장명		연면적 (평)	분양 시기	입주 시기	분양가 (매매가)	임대가 /분양률
1	삼송테크노밸리	56,911	12.11	15.01	550	3.0
2	원흥 하이필드	4,921	18.08	20.08	670(750)	2.5
3	고양 아크비즈	11,693	19.07	22.05	735(740)	-
4	한일 윈스타	11,768	19.11	21.09	720(750)	2.5

5	광양프론티어밸리 6차	13,922	20.01	21.08	728(800)	2.6
6	덕은 리버워크	26,505	20.06	23.03	940(P~250)	100%
7	한강 지축 듀클래스	19,891	21.02	23(예정)	675(P~80)	100%
8	DMC 아미	6,402	21.03	23.09	880	100%
9	GL 메트로시티	58,143	21.03	23.06	850(P~200)	100%
10	현대테라타워 향동	25,803	21.04	24.02	공장 950(P~70) 라이브 1,100	100%
11	현대테라타워 DMC	41,890	21.06	24.01	1,100(P~70)	100%
12	DMC GL 메트로시티	52,604	21.06	24(예정)	A동 1,100 B동 1,300 (P~100~200)	100%
13	DMC 플렉스데시앙	43,395	21.07	24.02	1,000(P~100)	100%
14	마스터원	22,409	21.08	24(예정)	930(P~50)	100%
15	현대프리미어캠퍼스	40,290	21.10	24(예정)	섹션 1,350 제조 1,650 평균 1,400(P~50)	100%
16	덕은 IS 비즈타워센트럴	46,384	22.04	25.04	1,420	100%
17	에이스하이엔드타워 지축	14,014	22.04	24.03	1,400	100%
17개 지식산업센터		약 497,000평				

❙ 2022년 7월 기준

| 고양시 공급 예정인 지식산업센터 현황 |

현장명		연면적(평)	예상 분양 시기	사전 영업 가격	비고
1	어반워크(향동 1BL)	약 33,000	22.09	1,600	모델하우스 조성 중
2	덕은 6,7BL	약 48,000	22.09	1,600(예정)	입주의향서 접수 중
3	일산 풍동 1282번지	약 17,000	22년	미정	아파트 민원으로 인허가 난항

❙ 2022년 7월 기준

구리/남양주시 지식산업센터 현황

구리와 남양주에 공급되는 지식산업센터는 구리갈매지구, 별내택지개발지구, 다산택지개발지구 총 3개의 택지개발지구로 나눠져 있다.

2022년 6월 다산택지개발지구에 '엠큐브스퀘어 다산' 지식산업센터가 공급되었다. 연면적 약 6만 평 규모다. 분양가는 일반 오피스는 평당 1,000만 원 정도였고 라이브 오피스는 1,300만 원 정도였다. 엠큐브스퀘어를 비롯해 왕숙천 주변에 입지한 지식산업센터에는 제조업종은 수질보호를 위해 입주할 수 없다. 기축의 매매는 평당 700만~1,000만 원, 임대료는 평당 2.5만~2.8만 원 수준이다.

구리갈매지구에는 지식산업센터 905호실과 오피스텔 390실, 근생 95실 등 5만 2000평의 대규모인 '구리갈매금강펜테리움IX타워' 지식산업센터가 공사 지연으로 예정보다 한 달 늦게 9월부터 입주가 시작될 예정이다. 이어 '서영아너시티' 지식산업센터가 2022년 12월, '힐스테이트 스칸센' 지식산업센터가 2023년 3월, '현대테라타워'가 2023년 10월, 휴밸니안이 2024년 3월 등으로 줄줄이 예정되어 있어 1년 넘게 구리갈매지역에는 공실이 많이 있을 것으로 예상된다.

다산지구에는 '현대프리미어캠퍼스'가 입주를 시작했다. 2022년 9월 16일까지 공식 입주 지정기간이다. 연면적이 10만 평이 넘는 초대형 지식산업센터인 현대프리미어캠퍼스의 입주가 시작되면서 나온 전매 물건들의 영향으로 'SY비즈라클' 지식산업센터와 같은 분

| 구리/남양주시 지식산업센터 위치도 |

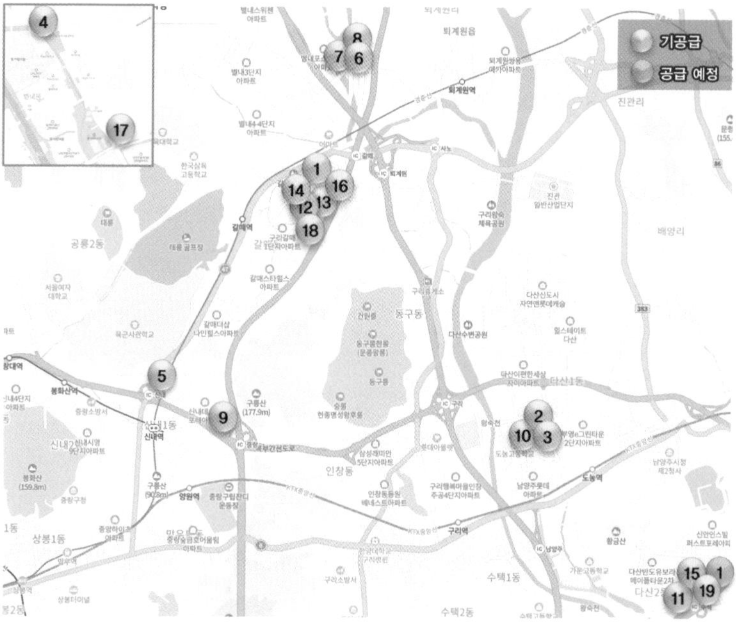

| 2022년 7월 기준

| 구리/남양주시 지식산업센터 공급 현황 |

(단위: 만 원/평)

	현장명	연면적 (평)	분양 시기	입주 시기	분양가 (매매가)	임대가 /분양률
1	구리스마트벤쳐타워	5,008	17.06	19.01	620(720)	2.9
2	다산 블루웨일 1차	17,104	18.04	20.10	580(700)	2.8
3	다산 블루웨일 2차	18,621	18.04	20.10	600(760)	2.8
4	블루오션별내	4,322	18.01	20.05	600(870)	–
5	신내데시앙플렉스	25,109	18.02	20.06	785(960)	3.5
6	별내 동광비즈타워	27,146	18.09	20.10	720(1,000)	2.8
7	별내역 파라곤 스퀘어	44,030	18.09	21.05	600(840)	2.8
8	별내에이스하이엔드타워	11,107	18.10	20.12	730(930)	2.6

9	신내 SK V1 센터	30,209	19.05	21.06	840(1,040)	3.0
10	현대프리미어 캠퍼스	100,264	19.06	22.06	650(720)	2.8
11	한강 DIMC 테라타워	75,555	19.08	22.05	680(720)	2.4
12	서영 아너시티	31,982	20.04	22.12	760	–
13	금강펜테리움 lx 타워	52,393	20.04	22.08	740(P~50)	–
14	스칸센 알토	34,496	20.07	23.03	780(P~30)	–
15	한강프리미어 갤러리	19,647	21.02	23.04	780(970)	공장 100%
16	구리갈매 휴밸나인	45,234	21.03	24.03	780 (P~50)	공장 100%
17	현대그리너리 캠퍼스	24,041	21.05	23.하반기	1,100 (P~30)	공장 100%
18	구리갈매 현대테라타워	31,441	21.05	23.10	950	공장 100%
19	다산 SY 비즈라클	24,108	22.05.27	24년 예상	1,150	분양률 저조
19개 지식산업센터		약 621,817평				

| 2022년 7월 기준

| 구리/남양주시 공급 예정인 지식산업센터 현황 |

	현장명	연면적(평)	예상 분양 시기	사전 영업 가격
1	엠큐브스퀘어 다산 (남양주 다산 지금지구 1BL)	60,479	22.07	오피스: 1,000 라이브오피스: 1,100~1,250

| 2022년 7월 기준

양 물건의 분양률이 저조한 편이다. 전매 물건들은 평당 680만~1,150만 원 정도로 거래되었다.

과천지식정보타운 지식산업센터 현황

과천 지식정보타운 내 지식산업센터 공급 가능 부지는 4개 필지 정도다. 공급물량이 적은 데다 우수한 입지로 분양이 아주 잘 되고 있다. 2020년 8월 분양한 디테크타워는 저렴한 분양가(1,330~1,413만 원/평)와 개통 예정인 역에서 가까운 입지적 장점으로 30배수의 경쟁률 속에 초단기로 분양이 완료되었다. 3블럭의 상상자이타워 지식산업센터 역시 초단기로 분양이 마감되었다. 입주는 2022년 하반기다. 과천 지식산업센터는 워낙 인기가 높아 홍보도 거의 하지 않는다. 분양대행사 직원에게 미리 분양을 부탁하지 않으면 안 될 지경이다.

| 과천시의 분양 완료 지식산업센터 |

| 2021년 3월 기준

동남권 지식산업센터는 판교 > 수지 > 광교 > 안양 순으로 가격이 형성되어 있는데, 과천지식정보타운은 향후 판교와 유사하게 형성될 것으로 보인다. 과천지식정보타운은 약 7만 평의 업무지구인데, 이곳에는 2025년에 과천정보타운역이 개통 예정이다. 정부과천청사역과 인덕원역 사이에 역이 하나 더 생기는 것이다.

과천지식산업센터는 택지개발지구 내라 추가 공급은 어려운 형편이다. 이에 따라 분양권 물량이 아주 적다. 기존에 분양한 분양권의 프리미엄 가격은 강보합세다. '디테크타워'는 평당 400만 원까지, '상상자이타워'는 평당 350만 원까지 프리미엄이 형성되어 있다. 최고가 거래는 디테크타워 지식산업센터에서 이루어졌는데, 평당 1,780만 원에 거래된 것이 있다.

안양시 지식산업센터 현황

인덕원어반플렉스(혼다 부지)은 연면적 약 2,600평인 건물로 지하 1층~지상 13층이다. 2022년 4월 청약, 6월 본계약이다. 분양가는 평당 1,740만 원이다. 인덕원LDC 비즈타워(관양동 954-11 일원)은 연면적 약 1만 평으로 총 4층에 드라이브인이다. 2022년 6월에 공급이 예상되며 사전영업가격은 평당 1,500만 원이다. 안양 에이스프롬(박달동 617-12 외 4필지)은 연면적 약 2만 1,000평으로 지하 4층~지상 14층이다. 2022년 6월에 공급이 예상되며 입주의향서 접수 중이다. 사전영업가격은 평당 1,300만 원이다.

| 안양시 인덕원/평촌권역 지식산업센터 위치도 |

❙ 2022년 7월 기준

| 안양시 인덕원/평촌권역 지식산업센터 공급 현황 |

(단위: 만 원/평)

현장명		연면적 (평)	분양 시기	입주 시기	분양가(매매가)		임대가 /분양률
					제조	오피스	
1	인덕원 IT 밸리	60,302	12.06	14.06	(840)	502(740)	3.0
2	오비즈타워	37,561	12.09	15.02	560(1,100)	587(1,200)	3.5
3	평촌 스마트베이	14,098	13.04	14.06	(1,000)	574(1,200)	3.0
4	평촌디지털엠파이어	15,675	16.03	18.03	620(1,200)	620(1,300)	3.0
5	평촌 IS 비즈타워	17,432	16.05	18.01	630(1,130)	618(1,300)	3.2
6	평촌 하이필드	27,983	16.09	18.11	640(1,250)	629(1,150)	3.0
7	에이스청계타워	17,088	16.09	18.02	–	530(840)	3.0
8	K 비즈리움	5,953	18.08	20.07	–	730(1,200)	3.5
9	에이스하이테크시티 평촌	13,400	19.04	21.08	730(1,000)	758(950)	3.3
10	더리브 디하우트	10,924	22.02	24.04	1,500 (P~100)	1,600 (P~50)	100%

11	어반플렉스	2,697	22.06	24년		1,740	-
12	인덕원 LDC 비즈타워	10,325	22.06	24년 예상		1,500	100% 추정
12개 지식산업센터		233,438평					

| 2022년 7월 기준

| 안양시 인덕원/평촌권역 공급 예정인 지식산업센터 현황 |

	현장명	연면적(평)	예상 분양 시기	사전 영업 가격
1	평촌동 119 일원	약 9,000	미정	-
2	평촌 The H Tower919 (관양동 919 외 2필지)	약 8,000	22.07	1,750

| 2022년 7월 기준

금정역 SK V1 Center 3차(호계동 555-26 LIS부지)은 연면적 약 1만 7,000평이다. 2022년 6월에 공급 예상이며 입주의향서 접수 중이다. 사전영업가격은 공장은 평당 1,300만 원, 라이브는 평당 1,500만 원이다. 평촌동 119번지 일원은 연면적 약 9,000평으로 2022년 공급이 예상된다. 평촌The H Tower919(관양동 919 외 2필지)은 연면적 약 8,000평으로 2022년 하반기 공급이 예상된다. 사전영업가격은 평당 1,750만 원이다.

임대가를 살펴보면, 평촌권역은 평당 3만~3만 5,000원, 명학, 금정권역은 평당 2만 5,000~3만 원이다. 매물호가는 평촌권역이 평당 최대 1,300만 원, 명학권역이 평당 최대 1,000만 원, 금정권역이 평당 최대 1,100만 원이다.

특이사항으로는 명학 아너비즈타워(준공 21.06)의 입주율은 50%

| 안양시 명학권역 지식산업센터 위치도 |

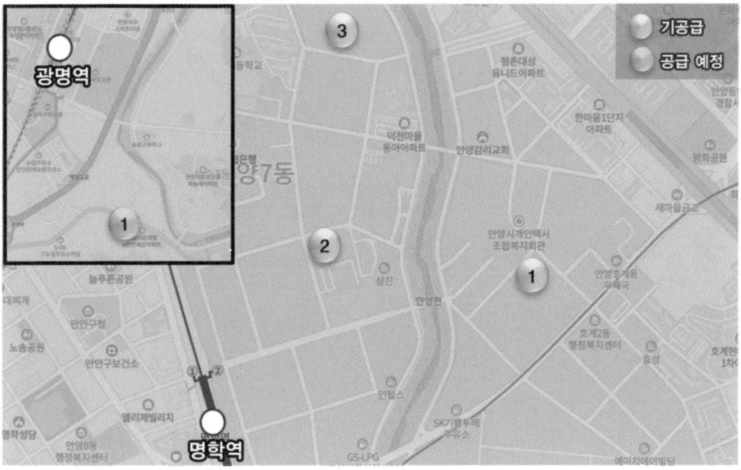

| 2022년 7월 기준

| 안양시 명학권역 지식산업센터 공급 현황 |

(단위: 만 원/평)

현장명		연면적 (평)	분양 시기	입주 시기	분양가(매매가)		임대가 /분양률
					제조	오피스	
1	에이스하이테크시티 범계	16,660	18.10	21.01	750(850)	759(900)	3.0
2	명학 아너비즈타워	13,802	19.02	21.06	750(870)	750(800)	2.5
3	안양 IS 비즈타워센트럴	65,426	19.04	22.02	720(980)	680(950)	2.5
3개 지식산업센터		95,888평					

| 2022년 7월 기준

| 안양시 명학권역 공급 예정인 지식산업센터 현황 |

현장명		연면적(평)	예상 분양 시기	사전 영업 가격	비고
1	안양 에이스프롬 (박달동 617-12 외 4필지)	약 21,000	미정	1,500	공급 시기 지연

| 2022년 7월 기준

수준이며, 안양IS비즈타워센트럴(준공 22.02)의 입주율은 20% 수준이다.

| 안양시 금정권역 지식산업센터 위치도 |

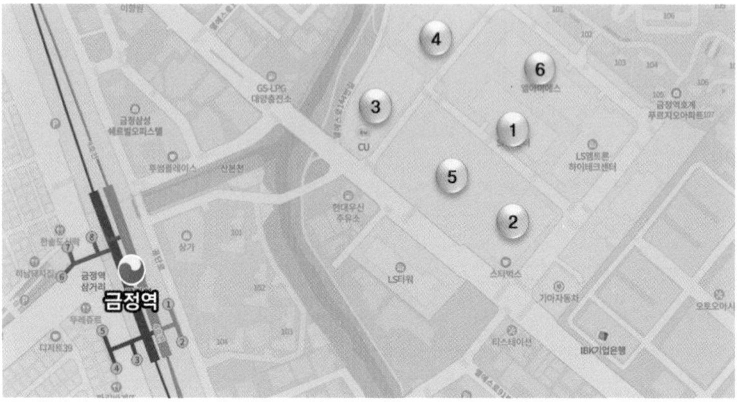

| 2022년 7월 기준

| 안양시 금정권역 지식산업센터 공급 현황 |

(단위: 만 원/평)

현장명		연면적(평)	분양 시기	입주 시기	분양가(매매가)		임대가/분양률
					제조	오피스	
1	안양SKV1센터	19,310	16.11	18.11	600(920)	591(1,140)	2.9
2	호계 데시앙플렉스	11,720	18.02	20.02	670(900)	646(920)	3.0
3	금정역SKV1센터	15,460	18.09	20.11	720(850)	735(1,150)	2.9
4	안양2차SKV1센터	15,473	18.12	20.12	710(850)	710(1,050)	3.0
5	금정역2차 SK V1 tower	22,057	20.11	22.12	810 (P~150)	830 (P~100)	100%
6	금정역3차 SK V1센터	16,954	22.06	24년 예상	1,355	1,338	100% 추정
6개 지식산업센터		95,888평					

| 2022년 7월 기준

군포·의왕시 지식산업센터 현황

군포시에 29개소, 의왕시에 15개소의 총 44개소의 지식산업센터가 있는데, 단 2곳을 제외하고는 모두 개별 입지해 있다. 군포의 '에이스더블유밸리'가 군포첨단산업단지에 입지해 있고, 의왕시의 '에이스하이테크비전21'이 의왕테크노파크산업단지 내에 있다.

군포의 에이스더블유밸리는 21년 7월에 준공되었으나 입주율이

| 군포 / 의왕시 지식산업센터 위치도 |

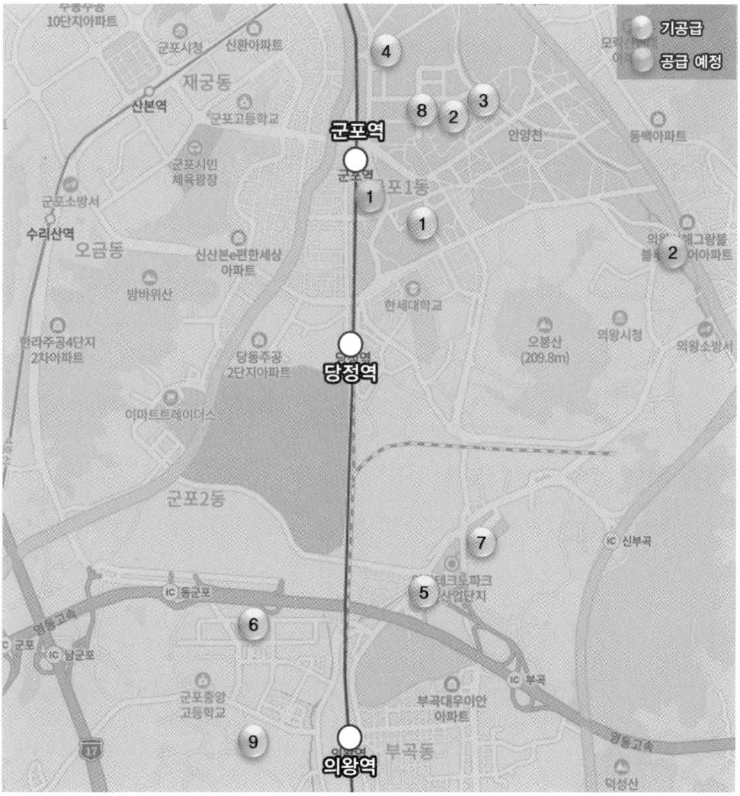

| 2022년 7월 기준

| 군포 / 의왕시 지식산업센터 공급 현황 |

(단위: 만 원 / 평)

현장명		연면적(평)	분양 시기	입주 시기	분양가(매매가)		임대가/분양률
					제조	오피스	
1	군포 IT 밸리	41,455	10.12	13.06	420(700)	477(690)	2.3
2	군포 M 테크노	20,641	16.07	18.03	550(700)	550(700)	2.3
3	에이스하이테크시티군포	15,306	17.09	19.08	560(710)	540(730)	2.4
4	군포 스카이비즈	10,981	18.01	20.04	590(660)	590(690)	2.3
5	의왕 테크노파크 더리브비즈원	18,473	19.03	21.02	650(720)	620(750)	2.5
6	군포 에이스 더블유밸리	11,567	19.05	21.07	없음	660(700)	2.4
7	의왕 테크노파크 에이스하이테크비전 21	19,396	19.10	21.11	560(700)	550(580)	2.4
8	군포 센트럴비즈파크	8,270	20.09	22.08	690	735	100%
9	스마트시티 퀀텀	83,068	21.10	24.02	드라이브 830(P70)	850	100%
9개 지식산업센터		229,157평					

| 2022년 7월 기준

| 군포 / 의왕시 공급 예정인 지식산업센터 현황 |

현장명		연면적(평)	예상 분양 시기	사전 영업 가격
1	트리아츠 (군포시 당동 150-1번지 일대)	약 74,000	미정	-
2	의왕시 고천동 316번지	약 17,000	미정	-

| 2022년 7월 기준

30% 수준이고, 의왕 '더리브비즈원'이 21년 2월 준공되었으나 아직 10% 정도 공실이 있다. 의왕 '에이스하이테크비전2'1이 21년 11월 준공되었는데, 입주율은 30% 수준이다. 군포 '센트럴비즈파크' 지

식산업센터도 곧 준공 예정인데 프리미엄이 없이 분양권이 거래되고 있다.

아직 공실이 많음에도 연면적 약 74,000평 규모의 트리아츠 지식산업센터가 22년 하반기 공급될 예정이고 의왕시청역(예정) 고천동316외 12필지에 연면적 약1.5만평 규모의 지식산업센터도 22년 하반기 공급될 예정이다. 평당 580만~900만 원 정도로 기축의 거래가 이루어지고 있다.

하남시 지식산업센터 현황

2022년 하반기 다수의 지식산업센터의 분양이 예정되어 있다. 미사강변스카이폴리스 지식산업센터의 입주로 인해 인근 지식산업센터의 입주세대의 임대 주기가 만료되면서 공실이 발생 중이다. 그래도 기축의 매매 시세나 임대 시세는 보합세이다. 매매가는 평당 600만~1250만 원으로 형성되어 있다.

'더프론트미사' 지식산업센터는 2022년 7월 말부터, '현대클러스터 한강미사3차' 지식산업센터는 2022년 9월부터 입주가 시작될 예정이다.

| 강동구/하남시 지식산업센터 위치도 |

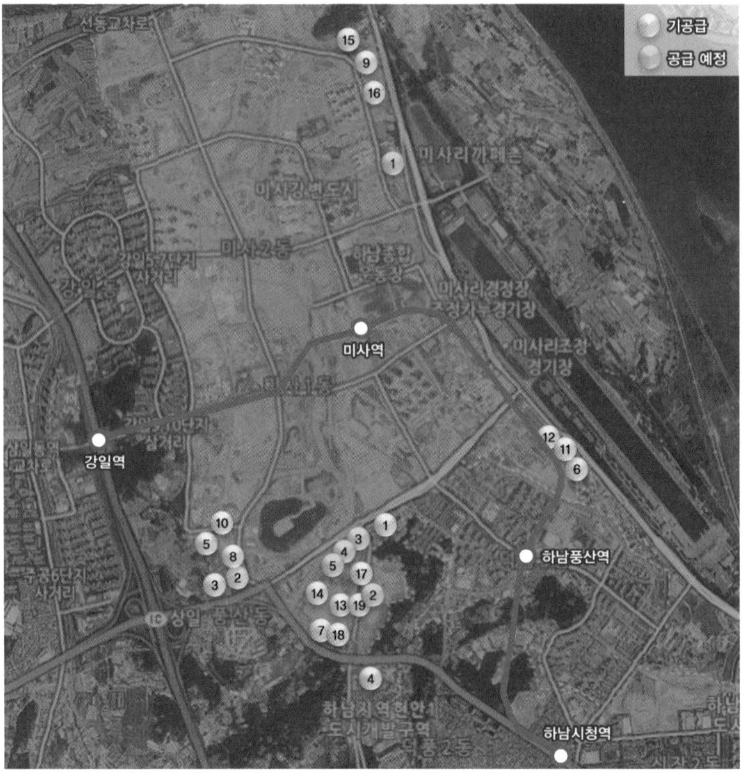

| 2022년 7월 기준

| 강동구/하남시 지식산업센터 공급 현황 |

(단위: 만 원/평)

현장명		연면적(평)	분양 시기	입주 시기	분양가(매매가)		임대가
					제조	오피스	
1	하남 아이테코	59,884	09.03	11.01	-	400(600)	2.4
2	미사 센텀비즈	41,451	15.10	18.02	-	606(800)	2.4
3	미사 하우스디엘타워	20,481	16.09	18.07	-	617(1,020)	2.4
4	하남테크노밸리 U1 센터	81,693	17.01	19.09	650 (1,250)	630(900)	3.0

5	미사 테스타타워	47,638	17.01	19.05	638 (1,200)	–	3.0
6	현대지식산업센터 1차	37,444	17.07	19.10	–	663(1,050)	2.3
7	미사다인로얄팰리스 1차	7,461	17.08	19.09	–	618(680)	2.2
8	하우스디스마트밸리	17,830	17.08	19.09	–	618(700)	2.3
9	미사 SK V1 센터	26,196	17.10	19.12	–	670(1,000)	2.1
10	에코큐브	8,236	17.12	19.10	–	613(730)	2.5
11	현대지식산업센터 2차	71,516	18.03	20.12	–	725(1,000)	2.3
12	한강미사 IS 비즈타워	20,001	18.04	20.09	–	693(900)	2.5
13	희가로 프리미어	7,305	19.01	21.03	–	630(750)	2.3
14	하남미사 U 테크밸리	26,853	19.01	21.07	–	680(780)	2.3
15	미사강변 스카이폴리스	95,360	19.09	22.01	–	750(950)	2.2
16	현대클러스터한강미사3차	27,828	19.12	22.09 예정	–	775(P80)	–
17	미사 동일넥서스	8,754	20.01	22.03	–	680(P50)	–
18	더 프론트 미사	11,310	20.05	22.09 예정	–	685(P80)	
19	영동스마트타워	7,424	22.04	24. 상반기	–	750	공장 분양 100%
19개 지식산업센터		약 62만 평					

| 2022년 7월 기준

| 강동구 / 하남시 공급 예정인 지식산업센터 현황 |

현장명		내용
1	자족용지 4–2,3BL	망월동 941–1, 화이트코리아 4–2BL 매입 1,300만 원 분양가 검토중
2	자족13–2BL	토지 2,300만 원/평 매입, 분양가 1,000만 원/평 예상, 사업시기 지연
3	자족 8–1BL	대지 8,769평, 인창개발 → 5,500만 원/평 토지 매각 가능성 있음

4	자족 8-2BL	대지 1,498평, 에이스건설 → 4,100만 원/평 매입, 설계 검토 중, 사업 시기 내년 연기
5	자족 8-5BL	구 햇살병원 부지, 토지 2,500만 원/평 매입, 병원or지산 미정

| 2022년 7월 기준

화성 동탄신도시 지식산업센터 현황

경기 남부 지역은 신규 공급 상품 대부분 지역 내 시세 대비 높은 분양가에 공급되고 있으나 양호한 분양률을 보이고 있다. 단, 준공

| 화성 동탄신도시의 주요 지식산업센터 위치도 |

| 2022년 7월 기준

시 장기간의 입주장이 지속되는 편이다. 구축의 경우 최근 시세 상승의 한계를 보이고 있다.

화성시에는 52개의 지식산업센터가 개별입지해 있다. 기축의 매매가는 소폭 상승세이다. 기존 지식산업센터 대비 높은 분양가에도 불구하고 신규 분양 지식산업센터의 분양률이 양호한 편이다. 2022년 하반기 곧 분양 예정인 것은 연면적 약2.5만평 규모의 '더챔버 라티파니'가 있다. 분양가는 평당 1,400만 원으로 예상하고 있다.

| 화성 동탄신도시의 주요 지식산업센터 |

(단위: 만 원/평)

현장명		연면적(평)	분양 시기	입주 시기	분양가(매매가)	분양률
1	동탄 IT 타워	4,645	15.10	16.12	592(600)	100%
2	에이팩시티	21,801	15.12	17.11	570(720)	100%
3	더퍼스트비즈타워	17,407	16.02	18.04	588(750)	100%
4	YK 퍼스트타워	3,884	16.02	17.04	575(570~580)	100%
5	으뜸 U 테크밸리	3,638	16.02	17.04	598(580~600)	100%
6	삼성테크노타워	3,602	16.03	17.04	580(570~590)	100%
7	골든아이타워	9,064	16.04	17.12	590(620)	100%
8	금강펜테리움 IT 타워	13,126	16.04	17.12	551(720)	100%
9	KTX 밸리	4,608	16.06	17.10	600(590~660)	100%
10	SH 타임스퀘어	13,225	16.09	18.12	551(680)	100%
11	동탄비즈타워	9,218	16.10	17.10	420(600)	100%
12	루체스타	9,410	16.10	19.03	579(700)	100%
13	SK-V1 Center	27,166	17.01	19.03	582(800)	100%

14	삼성어반타워	4,610	17.01	18.03	580(630)	100%
15	더퍼스트타워 3	9,931	17.02	19.04	570(630)	100%
16	메가비즈타워	14,818	17.02	18.06	570(620)	100%
17	센테라 IT 타워	4,272	17.06	18.11	595 (600~620)	100%
18	더퍼스트타워 2	19,053	17.07	19.12	600(650)	100%
19	퍼스트코리아타워	6,312	17.10	19.07	603 (610~620)	100%
20	동탄 M 타워	20,838	18.01	20.01	520(730)	100%
21	금강펜테리움 IX 타워	86,733	18.03	21.07	650 (750~1,000)	100%
22	동익 미라벨 타워	11,271	18.08	20.08	550(730)	100%
23	코너원스마트타워	7,336	20.01	21.10	700(750)	100%
24	샹보르줌타워	9,064	19.07	21.08	720(730)	100%
25	실리콘 앨리	72,140	20.04	23.10	750(850)	공장 100%
26	동탄 우미뉴브	15,089	20.12	23.06	770(830)	공장 100%
27	HKL 타워	5,659	20.04	23.04	820(830)	100%
28	W-SPACE	5,388	21.05	23.상반기	950	100%
29	이든앤 스페이스	28,450	21.12	23.12	950	100%
30	동탄 G 타워	9,700	22.03	24.03 (예정)	1,200	약 80%

❙ 2022년 7월 기준

| 화성 동탄신도시의 공급 예정 지식산업센터 |

(단위: 만 원)

	현장명	연면적(평)	예상 분양 시기	사전 영업가격	비고
1	더챔버 라티파니	약 25,000	22.07	1,400(예정)	22.07.15. 청약

❙ 2022년 7월 기준

용인시 지식산업센터 현황

용인시에는 기흥구에 14개, 수지구에 7개, 처인구에 1개의 지식산업센터가 개별입지해 있다. 매매가 및 임대가는 지속적인 상승세이다. 특히 신분당선 역세권 현장의 전매가 높은 상승세를 보이고 있다.

곧 분양이 예정되어 있는 것은, 연면적 약1만 평 규모의 광교 시

| 용인시 주요 지식산업센터 위치도 |

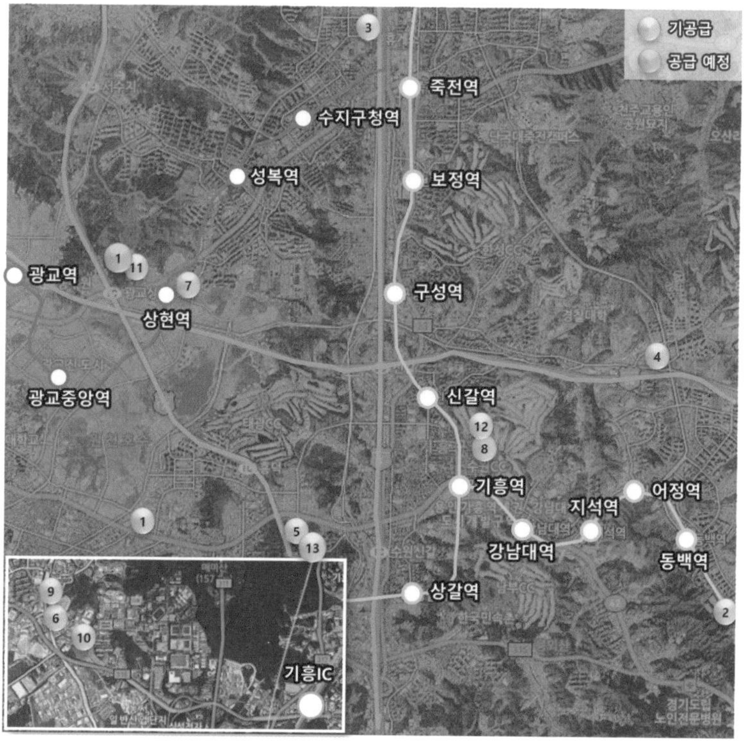

| 2022년 7월 기준

| 용인시 주요 지식산업센터 |

(단위: 만 원)

	현장명	연면적(평)	분양 시기	입주 시기	분양가 (매매가)	분양률
1	흥덕 IT밸리	64,351	11.04	13.11	565(830)	100%
2	에이스동백타워	23,076	12.03	13.01	380(600)	100%
3	분당수지U타워	65,653 (지산 30,325)	13.09	16.04	630 (1,900)	공장 100%
4	용인테크노밸리	35,890	15.03	16.10	460(680)	공장 100%
5	기흥힉스유타워	59,970	17.01	19.10	570(750)	공장 100%
6	원희캐슬	22,349	17.08	19.04	550 (제조 800, 업무 560)	100%
7	광교 우미뉴브	31,183	17.02	19.11	640(1,680)	100%
8	ICT 밸리(A, B동)	66,229	18.03	21.05	650(850)	100%
9	기흥테라타워	50,015	18.06	20.06	580(850)	공장 100%
10	이너매스허브시티	4,110	18.10	20.04	580(920)	약 95% (시행사 홀딩)
11	시그니처 광교	18,391	20.11	23.01 (예정)	920 (P 300)	100%
12	ICT 밸리 C동	6,635	20.12	23.상반기 (예정)	790(P 50)	공장 100%
13	힉스유타워 2차	6,535	22.05	24년 예상	900 추정	–

| 2022년 7월 기준

| 용인시의 공급 예정 지식산업센터 |

(단위: 만 원)

	현장명	연면적(평)	예상 분양 시기	사전 영업가격	비고
1	시그니처 광교 2차	9,831	22.07(예정)	1,650~(예정)	–

| 2022년 7월 기준

그니처2차 지식산업센터가 있으며 분양가는 평당 1,650만 원이상일 것으로 예상되고 있다. 기축의 매매가는 최저 평당600만 원에서 최고 1,900만 원 수준이다.

에필로그

부동산 투자 블루오션 지식산업센터를 붙잡아라!

지식산업센터에 관한 박사학위 논문을 마쳤던 해에 책 쓰기를 결심했을 때는 서너 달이면 다 쓸 수 있으리라 생각했었다. 간신히 1년여 만에 한 권의 책이 완성되는가 싶었는데, 책의 출판을 목전에 두고 계속 발표되는 굵직한 부동산대책들로 해서 여러 번의 수정이 필요했다.

서울에서 부동산중개업에 종사하니 내 주변에는 다주택자들이 많다. 그러나 주택 수를 불문하고 고민을 안겨주는 대책들이었다. 국민 모두를 대책 발표문을 공부하게 하고, 세무사에게 물어보게 하고 공인중개사에게 확인을 하게 한다. 취득세도 주택 수에 따라, 가격에 따라 달라지면서 질문할 필요가 가장 없었던 법무사에게도 질문을 하게 된다. 상담을 하고자하는 사람들마다 같은 케이스가 없다. 사람들이 세금을 계산하게 하고, 보유와 매도, 매수를 저울질하게 만드는 정책의 홍수들로 아수라장이고, 누구도 "이거다"라고 답을 못 주고 각자도생하게 만들었다.

이 혼돈 속에서 지식산업센터, 상가 등 업무용 부동산들은 살짝 벗어나 있다. 지식산업센터가 투기 대상화가 되어 가고 있다는 기사가 나오기도 했지만, 대책으로 법이 바뀌거나 하지 않고 용도에 맞게 쓰는지 단속을 강화하고 대출을 DSR(Debt Service Ratio, 총부채원리금상환비율)을 통해 내부적으로 약간 강화시키는 선에서 끝났다. 아직까지는 다행이다.

이 책을 쓰는 와중에 드디어 TV에서 지식산업센터의 분양 광고가 나오는 것을 보았다. 이 블루오션도 몇 년을 갈지 모르므로, 독자분들도 발 빠르게 움직여서 노후의 생활이 더욱 풍족하게 되기를 바란다.

| 부록 | 지식산업센터 입주 가능 업종

| 제조업 관련 입주 가능 업종 |

중분류	코드	소분류
음식료	10	식료품 제조업
	11	음료 제조업
	12	담배 제조업
섬유, 의복	13	섬유제품 제조업
	14	의복, 의복액세서리 및 모피제품 제조업
	15	가죽, 가방, 마구류 및 신발
목재, 종이, 출판	16	목재 및 나무제품 제조업
	17	펄프, 종이 및 종이제품 제조업
	18	인쇄 및 기록매체복제업
석유화학	19	코크스, 석유정제품 및 핵연료
	20	화학물질 및 화학제품 제조업
	21	의료용 물질 및 의약품 제조업
비금속 소재	22	고무제품 및 플라스틱제품 제조업
철강	23	비금속광물제품 제조업
기계	24	제1차 금속산업
	25	금속가공제품 제조업(기계 및 가구 제외)
	29	기타 기계 및 장비 제조업
전기전자	26	전자부품, 컴퓨터, 영상, 음향 및 통신장비 제조
	27	의료, 정밀, 광학기기 및 시계 제조업
	28	전기장비 제조업
운송장비	30	자동차 및 트레일러 제조업
	31	기타운송장비 제조업
기타	32	가구제조업
	33	기타 제품 제조업

첨단업종	34110	자동차용 엔진 제조업
	34121	승용차 및 기타 여객용 자동차 제조업
	34301	자동차 엔진용 부품 제조업
	34302	자동차 차체용 부품 제조업
	34309	기타 자동차 부품 제조업
	35310	항공기, 우주선 및 보조장치 제조업
	35321	항공기용 엔진 제조업
	35322	항공기용 부품 제조업

| 지식산업 관련 입주 가능 업종 |

중분류	코드	소분류
연구개발업 (701, 702)	70111	물리, 화학 및 생물학 연구개발업
	70112	농학 연구개발업
	70113	의학 및 약학 연구개발업
	70119	기타 자연과학 연구개발업
	70121	전기전자공학 연구개발업
	70129	기타 공학 연구개발업
	70201	경제학 연구개발업
건축기술, 엔지니어링 및 관련기술 서비스업 (721)	70209	기타 인문 및 사회과학 연구개발업
	72111	건축설계 및 관련 서비스업
	72112	도시계획 및 조경설계 서비스업
	72121	건물 및 토목 엔지니어링 서비스업
	72122	환경컨설팅 및 관련 엔지니어링 서비스업
	72129	기타 엔지니어링 서비스
그밖의 과학기술 서비스업 (729)	72911	물질 성분 검사업
	72919	기타 기술 시험, 검사 및 분석업
	72921	측량업
	72922	제도업
	72923	지질조사 및 탐사업
	72924	지도제작업

광고업 중 일부 (713)	71393	광고물 작성업
영화, 비디오물 및 방송 프로그램 제작업 (5911)	59111	일반 영화 및 비디오물 제작업
	59112	애니메이션 영화 및 비디오물 제작업
	59113	광고 영화 및 비디오물 제작업
	59114	방송 프로그램 제작업
음악 및 기타 오디오물 출판업	59201	음악 및 기타 오디오물 출판업
전문 디자인업 (732)	73201	인테리어 디자인업
	73202	제품 디자인업
	73203	시각 디자인업
	73209	기타 전문 디자인업
출판업 (581)	58111	교과서 및 학습서적 출판업
	58112	만화 출판업
	58119	기타 서적 출판업
	58121	신문 발행업
	58122	잡지 및 정기간행물 출판업
	58123	정기 광고간행물 출판업
	58190	기타 인쇄물 출판업
포장 및 충전업	75994	포장 및 충전업
번역 및 통역서비스업	73902	번역 및 통역서비스업
전시 및 행사 대행업	75992	전시 및 행사 대행업
교육서비스업	85640	직원훈련기관
환경 정화 및 복원업	39001	토양 및 지하수 정화업
	39009	기타 환경 정화 및 복원업
시장조사 및 여론조사업	71400	시장조사 및 여론조사업
사업 및 무형재산권 중개업	73903	사업 및 무형재산권 중개업
물품감정, 계량 및 견본 추출업	73904	물품감정, 계량 및 견본 추출업
무형재산권 임대업	69400	무형재산권 임대업
경영컨설팅업	71531	경영컨설팅업

| 정보통신산업 관련 입주 가능 업종 |

중분류	코드	소분류
소프트웨어 개발 및 공급업(582)	58211	온라인 및 모바일게임 소프트웨어 개발 및 제작업
	58219	기타 게임 소프트웨어 개발 및 제작업
	58221	시스템 소프트웨어 개발 및 제작업
	58222	응용 소프트웨어 개발 및 제작업
	62010	컴퓨터 프로그래밍 서비스업
컴퓨터 시스템 통합 자문 및 구축 시스템업 (62021)	62021	컴퓨터 시스템 통합 자문 및 구축 서비스업
자료처리, 호스팅 및 관련 서비스업 (6311)	63111	자료처리업
	63112	호스팅 및 관련 서비스업
	62022	컴퓨터시설 관리업
데이터베이스 및 온라인 정보제공업 (639)	63991	데이터베이스 및 온라인 정보제공업
	63120	포털 및 기타 인터넷 정보 매개 서비스업
기타 정보기술 및 컴퓨터 운영 관련 서비스업	62090	기타 정보기술 및 컴퓨터 운영 관련 서비스업
전기통신업 (612)	61210	유선통신업
	61230	위성통신업
	61291	통신재판매업
	61299	그외 기타 전기통신업
기타 확대 입주 업종	75991	콜센터 및 텔레마케팅 서비스업: 통신판매업 / 대부업 / 다단계 제외
	71391	옥외 및 전시 광고업
	7131	광고대행업
	73909	그외 기타 분류 안 된 전문, 과학 및 기술 서비스업: 보존서적 방부처리 서비스
	74100	사업시설 유지관리 서비스업: 사업시설 유지관리·기관시설 유지관리
	75320	보안시스템 서비스업

북큐레이션 • 한 발 앞서 미래를 준비하는 이들을 위한 라온북의 책

《상위 1%만 알고 있는 돈 버는 지식산업센터》와 함께 읽으면 좋은 책. 기존의 공식이 통하지 않는 급변의 시대에 미래를 준비하는 사람이 주인공이 됩니다.

수익형 부동산의 마지막 기회

나만 몰랐던 마지막 투자처 생활형 숙박시설

권주영 지음 | 16,000원

청약통장, 가점 없어도 OK!
주택 있어도 OK! 대출도 OK!

이 책은 저자가 생숙 투자를 시작하면서 몸으로 겪은 노하우와 현장감 있는 투자 플랜을 자세하게 풀어낸다. 어떻게 대출을 사용해 소규모 자본으로 투자할 수 있는지, 분양업자의 말에 넘어가지 않고 성공적인 생숙 투자를 할 수 있는지, 좋은 위탁운영 업체를 만나 매달 공실률 없는 수익을 달성할 수 있는지 알려준다. 이 책 한 권이면 누구나 어렵지 않게 생숙에 투자할 수 있다. 규제로 막혀 있는 부동산투자에 새로운 기회로 찾아온 생숙! 수익형 부동산의 블루오션인 생숙에 이 책을 들고 뛰어든다면 고수익을 달성하고 꾸준한 수익을 건져낼 것이다.

큰돈 없이 건물주 되는 법

3천만 원으로 빌딩 한 채 사십시오!

이대희 지음 | 15,000원

투자가 '투잡'이 된 시대
'공동투자'면 당신도 빌딩주로 살 수 있다!

어떤 상황에서도 투자 시장의 틈새는 있다. 그리고 투자의 귀재들은 이 틈을 정확히 공략한다. 답은 '빌딩 공동투자'에 있다. 빌딩은 정부의 초강력 부동산 규제책을 비껴가며, 대출 제한에서도 상대적으로 자유롭기 때문이다. 이 책은 좋은 빌딩을 고르는 법, 빌딩주가 되었을 때의 관리 및 운영방법, 임차인과 원만히 계약하고 결별하는 법까지 성공적인 빌딩주가 될 수 있는 노하우를 전부 담아냈다. 혼자서는 살 수 없었던 빌딩, 이제 3천만 원이면 당신도 빌딩주가 될 수 있다! 지금 당장 빌딩 투자에 성공해 플렉스하는 삶을 살아보자!

감정평가사 사용법

박효정 지음 | 15,000원

내 부동산의 감정(鑑定)을 제대로 파악하고
가격 전쟁에서 승률을 높여주는 '똑똑한 감정평가'!

감정평가란 부동산의 경제적 가치를 판단해 그 결과를 가격으로 표시하는 일을 말한다. 감정평가는 언제 해야 하는 걸까? 감정평가는 내 부동산의 가치를 높여 재산 손실을 막는 데 필요하다. 그렇다면 감정평가 '잘' 받는 방법이 따로 있을까? 나의 재산 가치를 높여주고 평가를 통해 재산 손실 막아주는 감정평가! 그리고 그 중심에 있는 감정평가사들의 업무 처리 과정부터 착수금 납부, 의뢰서 작성, 실력 좋은 감정평가사를 고르는 방법, 감정평가사의 역할과 중요성 그리고 의뢰인이 미리 알아두면 좋은 tip까지! 그 모든 것이 이 책에 담겨 있다!

잘 팔리는 부동산은 따로 있다

장미정 지음 | 16,000원

낡고 오래된 집도, 교통이 불편한 집도
더 높은 가격에 팔리는 신개념 부동산 재테크

홈스테이징은 리모델링보다 적은 비용으로 주택의 가치를 빠르게 상승시킬 수 있는 효과적인 재테크 비책이다. 집을 상품으로 생각해 판매자의 마음에 들도록 해서 주변 매물보다 '더 사고 싶게' 만든다. 그러면 더 높은 가격으로 더 빠르게 팔리게 되는 것이다. 게다가 집에만 적용하는 것이 아니라, 비거주용 부동산에도 충분히 적용할 수 있다. 부동산 정책이 언제, 어떻게 바뀔지 몰라 밤잠을 설치는가? 그렇다면 이 책을 펼치며 걱정을 내려놓길 바란다. 정책과 상관없이 '더 빠르게', '더 비싸게' 부동산을 팔 수 있는 홈스테이징 재테크가 이 책에 있다!